제7판

M / A / C / R / O / E / C / O / N / O / M / I / C / S

거시경제학

- 연습문제 해설집 -

김경수·박대근·김진욱 공저

박영사

머리말

Preface

이 책은 김경수, 박대근 교수님의 『거시경제학 제7판』(박영사) 학습을 위한 연습문제 해설서입니다. 이번 개정판에서는 각 장별로 국가고시 기출문제를 엄선하여 추가함으로써, 각종 시험을 준비하는 학생들의 학습에 실질적인 도움이 되도록 하였습니다. 또한 제6장 '국제자본이동과 거시경제'와 제18장 '경제성장'에는 난도 높은 연습문제를 새롭게 수록하였습니다. 이와 함께 그동안 발견된 오탈자를 다수 수정하고, 문장의 표현도 보다 자연스럽게 다듬었습니다.

편집 과정에서 미흡한 점이나 오류는 전적으로 저의 책임입니다. 개선에 대한 의견은 아래 이메일로 보내주시면 감사히 검토하겠습니다. 본서의 편집을 맡겨주신 교수님들께, 그리고 다양한 질문을 통해 본서의 완성도를 높이는 데 도움을 준 학생 여러분께 진심으로 감사드립니다.

e－mail: treenamu@naver.com

2025년 6월

교수님들을 대신해서 김 진 욱

Contents

Contents

Chapter 01

거시경제학이란?

01. 다음 질문 중 어느 것이 미시경제학과 거시경제학의 연구대상으로 적절한지 구분하라.

해설

미시경제학은 주로 개별시장에서 나타나는 현상을 분석대상으로 삼는 데 반하여, 거시경제학은 경제전반적인 현상을 분석대상으로 삼는다.

(1) 한 국가의 실업률과 인플레이션율과의 관계는 무엇인가?

해설

거시

(2) 경기가 후퇴할 때에는 이자율이 어떻게 변하는가?

해설

거시

(3) 서리가 내려서 배추 수확이 피해를 입으면 김치 가격은 어떻게 변하는가?

해설

미시

(4) 건설산업의 노동자들이 조합을 결성하면 이들의 임금이 어떻게 변하는가?

해설

미시

(5) 원화의 가치가 달러화에 비해서 상승하면 우리나라의 대미 수출은 어떻게 영향을 받을까?

해 설

거시

(6) 김 여사가 일하는 음식점 근처에 있는 큰 회사가 문을 닫으면 김 여사의 수입에는 어떤 변화가 생길까?

해 설

미시

02. 경기순환상의 확장국면과 장기 경제성장이 서로 어떻게 다르며 이들을 구분해야 하는 이유를 설명하라.

해 설

경기순환상의 확장국면은 GDP의 장기추세에 비해 실제 GDP가 높아지는 현상을 말한다. 반면 경제성장은 GDP장기적인 추세자체가 높아지는 현상을 의미한다. 동일한 GDP의 변화가 나타나는 경우라도 경기순환에서 나타나는 현상과 경제성장에서 나타나는 현상이 상이하며 이에 대한 정부의 대응도 상이할 수 있기 때문에 양자를 구분하는 것은 매우 중요하다.

03. [그림 1-8]에 제시된 노동시장 모형에서 인구 증가에 따른 노동공급 증가가 단기와 장기에 있어서 각각 어떤 결과를 가져올지 설명하라.

해 설

[그림 1-3]에서 노동시장이 E_0의 균형에 있었다고 하자. 생산가능인구가 증가하면 노동공급곡선이 우측으로 이동하는데 단기에는 임금이 w_0에서 경직적이기 때문에

$\overline{E_0A}$만큼의 비자발적 실업이 발생하며 완전고용을 달성하지 못한다. 장기에는 임금이 신축적이기 때문에 임금이 w_1으로 하락하며 새로운 균형인 E_1에 이르게 된다. 이 경우 완전고용이 달성되며 비자발적 실업이 존재하지 않는다. 참고로 이 경우 고용은 증가하지만 그 폭은 생산가능인구의 증가폭($\overline{E_0A}$)보다 작다.

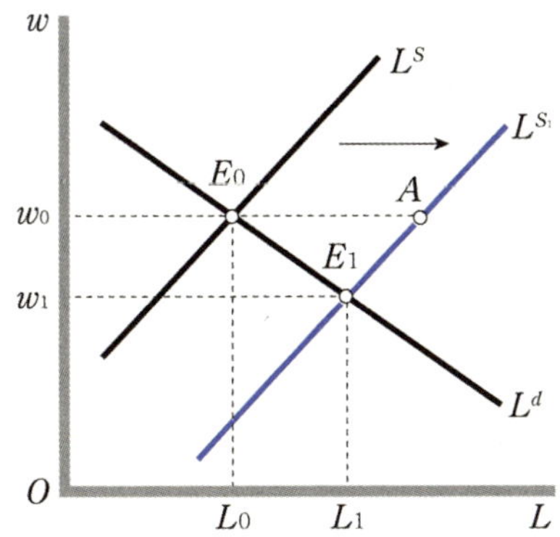

그림 1-3 생산가능인구의 증가

04. 대공황은 경제에 있어서의 정부의 역할에 대한 경제학자들의 견해와 거시경제 분석수단에 어떤 영향을 미쳤는가?

해 설

대공황(the Great Depression)이란 1929년부터 약 10여 년 이상 지속된 급격한 경기 침체를 의미하는 것으로 주식가격을 포함한 자산시장의 붕괴, 총생산의 급감, 실업의 급등 및 물가의 하락현상 등으로 특징지어진다. 대공황은 경제의 보이지 않는 손(자기치유기능)을 강조하던 고전학파의 견해가 한계를 가지고 있음을 인식하는 계기가 되었다. 또한 급격한 침체를 극복하기 위해 때로는 정부의 적극적인 개입이 필요할 수 있다는 케인즈의 견해가 많은 사람들에게 받아들여지는 계기가 되었다(대공황에 대한 보다 자세한 내용은 본서 11장을 참고하기 바란다).

Chapter

02 국민경제의 구조와 측정

01. 다음 각 항목이 한국의 국민총소득과 국내총생산에 포함되는지의 여부를 밝히고, 포함되지 않는 경우 왜 그런지 이유를 설명하라.

(1) 한국인의 토지 매각대금

해 설

GDP – 포함되지 않음(새로운 생산이 아님)

GNP – 포함되지 않음(새로운 생산이 아님)

(2) 일본인이 한국전력으로부터 받는 배당금

해 설

GDP – 포함됨

GNP – 포함되지 않음(자국민의 소득이 아님)

(3) 가정주부가 장만한 저녁식사의 가치

해 설

GDP – 포함되지 않음(측정상의 문제로 제외)

GNP – 포함되지 않음(측정상의 문제로 제외)

(4) 유모가 받는 일급

해설

GDP – 포함됨

GNP – 포함됨

(5) 한국인 교수가 미국 대학에서 강의하고 받은 강사료

해설

GDP – 포함되지 않음(자국내 생산이 아님)

GNP – 포함됨

(6) 복덕방의 복비

해설

GDP – 포함됨

GNP – 포함됨

(7) 금년에 생산되어 자동차 재료로 사용된 강철

해설

GDP – 포함되지 않음(중간재 제외)

GNP – 포함되지 않음(중간재 제외)

(8) 금년에 생산되어 공장의 재고로 남은 강철

해설

GDP – 포함되지 않음(중간재 제외)

GNP – 포함되지 않음(중간재 제외)

(9) 금년 중 주식을 사고 팔아서 번 이득

해설

GDP – 포함되지 않음(새로운 생산이 아님)

GNP – 포함되지 않음(새로운 생산이 아님)

(10) 서울시장 출퇴근용으로 사들인 새 자동차

해설

GDP – 포함됨

GNP – 포함됨

02. 1990년대 초반 우리나라는 주택 200만호 건설을 추진함에 따라 건설투자가 급격하게 증가하였다. 이와 같은 건설투자의 증가가 경상수지에 어떤 영향을 미쳤을 것인지를 국민소득계정상의 항등식을 이용하여 설명해 보라. (Hint: 해외저축이 양의 값을 가지는 경우가 경상수지 적자, 음의 값을 가지는 경우가 경상수지 흑자에 해당된다.)

해설

개방된 국민경제에서 국민저축을 구성하는 각 요소와 국내투자간의 관계를 정리하면 다음과 같은 항등관계가 성립한다.

$$S+(T-G-TR)+(Q-X)\equiv I$$

즉 민간저축+정부저축+해외저축≡국내투자

이때 우변의 투자가 증가할 때 다른 요인이 일정하다면 해외부문의 저축이 증가하여야 한다. 해외부문의 저축증가란 경상수지의 적자를 의미한다.

03. 다음은 2010년~2012년의 우리나라의 국내총생산에 대한 자료다.

(단위: 10억원)

	2010년	2011년	2012년
경상가격	1,265,308	1,332,681	1,377,456
불변가격(2010년)	A	1,311,893	1,341,967

(1) 2012년의 우리나라의 경제성장률은 얼마인가?

해설

일반적으로 경제성장률(g)이라고 하면 실질 GDP(y)의 상승률을 의미한다.

$$g_{2011} = \frac{y_{2011} - y_{2010}}{y_{2010}} \times 100 = \frac{1,341,967 - 1,311,893}{1,311,893} \times 100 \fallingdotseq 2.29(\%)$$

(2) 2011년과 2012년의 GDP 디플레이터의 값을 각각 구하라.

해설

GDP 디플레이터는 명목 GDP(Y)와 실질 GDP(y)의 비율로 구해진다.

$$P_{2011} = \frac{Y_{2011}}{y_{2011}} \times 100 \fallingdotseq 101.58$$

$$P_{2012} = \frac{Y_{2012}}{y_{2012}} \times 100 \fallingdotseq 102.64$$

(3) GDP 디플레이터를 이용하여 2012년의 물가상승률을 구해 보라.

해설

물가상승률: $\pi_{2012} = \dfrac{P_{2012} - P_{2011}}{P_{2011}} \fallingdotseq 1.04(\%)$

(4) 위 표에서 A에는 어떤 값이 들어가야 하는가?

해설

기준연도의 명목 GDP와 실질 GDP는 정의상 일치한다. 따라서 A에 들어갈 값은 1,265,308이다(이상의 계산은 Excel을 사용하였으며 소수점 처리에 따라 답에 약간의 차이가 발생할 수 있다).

04. 한국은행이 발간하는 「조사통계월보」, 「경제통계연보」, 또는 「국민계정」에서 '국내총생산과 지출'이라는 표를 찾아서 다음 빈칸을 메우라. 비중은 그 해의 국내총생산에서 차지하는 비중이다.

(단위: 10억원, 경상가격)

	2000년	비중(%)	2018년	비중(%)
민간최종소비지출				
정부최종소비지출				
총고정자본형성				
재고증가				
재화와 용역의 수출				
재화와 용역의 수입				
국내총생산		100		100

해설

한국은행 웹사이트 참조(www.bok.or.kr)

05. 다음은 어떤 가상적 경제의 국민소득계정이다. 다음 각각의 값을 구하라.

국내총생산	6,000억원
투자	200억원
소비	4,000억원
정부구매	1,100억원
정부저축	30억원

(1) 순수출(수출수입)

해설

순수출 $= (X - Q) = Y - C - I - G$

$= 6{,}000 - 4{,}000 - 200 - 1{,}100 = 700$(억원)

(2) 조세수입-이전지출

해설

재정흑자 $= T - (G + TR) = 30$(억원)이며

정부구매 $G = 1{,}100$(억원)이므로,

조세수입 − 이전지출 $= (T - TR) = T - (G + TR) + G$

$= 1{,}130$(억원)

(3) 가처분소득

해설

개인가처분소득 $YD = Y - (T - TR) = 6{,}000 - 1{,}130$

$= 4{,}870$(억원)

(4) 가계저축

해설

가계저축 $S = YD - C = 4{,}870 - 4{,}000 = 870$(억원)

06. 국내총생산이 6조원, 가처분소득이 5.1조원, 재정적자가 0.2조원, 소비지출이 3.8조원, 순수출이 0.1조원일 때 국민소득계정상 항등관계를 이용하여 다음에 답하시오.

(1) 가계저축은 얼마인가?

해설

가계저축 $S = YD - C = 5.1 - 3.8 = 1.3$(조원)

(2) 정부저축은 얼마인가?

해설

정부저축(= −재정적자) = $T - G - TR = -0.2$(조원)

(3) 투자는 얼마인가?

해설

국내투자 $= I = S + (T - G - TR) + (Q - X)$

$= 1.3 + (-0.2) + 0.1 = 1.2$(조원)

(단, 무역적자 = 경상수지 적자 = −순수출의 관계가 성립함을 가정하였음)

07. 다음은 국내총생산에 대한 지출항목별 성장기여도 및 기여율에 대한 통계다. 이 표를 보고 다음 질문에 답하라.

	2000년	2001년	2002년
기여도(단위: %)			
내수	7.0	1.9	6.8
최종소비지출	4.1	2.5	5.0
민간소비	4.1	2.4	4.3
총자본형성	2.9	-0.6	1.8
설비투자	3.8	-1.3	0.8
건설투자	-0.7	0.8	0.9
재고투자	-0.2	-0.1	-0.2
재화와 용역의 수출	9.5	0.3	5.1
재화와 용역의 수입	6.5	-1.1	5.3
통계상불일치	-0.7	-0.2	0.4
국내총생산	9.3	3.1	7.0
기여율(단위: %)			
내수	74.6	60.1	97.6
최종소비지출	43.7	80.5	72.3
민간소비	43.6	77.1	61.8
총자본형성	30.9	-20.3	25.2
설비투자	40.4	-40.8	12.1
건설투자	-7.2	24.6	13.0
재고투자	-2.3	-4.1	-3.2
재화와 용역의 수출	102.1	10.8	72.7
재화와 용역의 수입	69.3	-34.5	75.8
통계상불일치	-7.4	-5.4	5.6
국내총생산	100.0	100.0	100.0

(1) 각 연도의 기여도와 기여율은 각각 어떻게 구한 것인가 설명하라.

해 설

특정 경제부문이 전체 경제성장에 어느 정도 기여했는가를 나타내는 것이 성장기여도 또는 성장기여율인데, 어느 경제활동부문이 경제성장을 주도했는가를 보는 데 유용하다. 예를 들면 설비투자부문의 경제성장기여율과 기여도는 다음과 같이 구한다.

설비투자의 경제성장기여율(%)

$$= \frac{\text{금년도설비투자의실질부가가치} - \text{전년도설비투자의실질부가가치}}{\text{금년도실질 GDP} - \text{전년도실질 GDP}} \times 100$$

설비투자의 경제성장기여도(%포인트)

$$= \frac{\text{금년도설비투자의실질부가가치} - \text{전년도설비투자의실질부가가치}}{\text{전년도실질 GDP}} \times 100$$

이렇게 구한 각 경제활동부문별 성장기여도를 합하면 전체 GDP성장률이 되며, 경제성장에 대한 각 부문의 비중을 나타내는 성장기여율을 합하면 100%가 된다.

(2) 2000년~2002년의 국내총생산에 대한 지출의 구성이 어떻게 변화하고 있는지 설명하라.

해 설

2000년에서 2002년 사이의 성장기여도 및 성장기여율의 변화를 살펴보면 내수의 비율이 증가한 반면, 순수출이 차지하는 비율은 감소했음을 확인할 수 있다. 특히 내수 중에서도 소비지출이 큰 폭으로 증가하는 추세를 살펴볼 수 있다.

08. 다음은 IMF 외환위기 이후 5년간 우리나라 저축률과 투자율의 추이를 표시한 것이다. 문제 7의 (2)의 답과 관련하여 저축률의 감소는 어떤 함의를 가지는지 설명하라.

	1998	1999	2000	2001	2002
총저축률(%)	37.5	35.3	33.7	31.7	31.3
민간저축률	28.6	26.1	21.9	20.7	19.6
개인저축률	19.9	14.1	10.6	8.0	5.1
개인순저축률	23.0	16.0	10.5	6.0	1.5
총투자율	25.2	29.3	31.1	29.4	29.1
고정투자율	30.5	29.9	31.2	29.6	29.1

* 주: 개인순저축률은 가계처분가능소득 대비이고 나머지 지표는 국민총처분가능소득 대비임.

해 설

1998년에서 2002년까지 총저축률은 6.2%p, 민간저축률은 9%p감소했다. 여기서 민간저축률의 감소는 개인저축률의 감소를 반영하며 곧 소비의 증가를 의미한다. 이러한 변화는 외환위기 이후에 극도로 위축되었던 내수가 회복되면서 나타난 현상이라고 볼 수 있다. 이 당시 소비의 증가에는 신용카드 보급확대 등 소비자 금융의 확대도 크게 영향을 미친 것으로 평가된다.

09. 1999년 1월 1일에 정부가 100만개의 새 일자리를 창출하였다고 가정하고, 직장이 없는 사람만 새 직업을 신청할 수 있다고 할 때, 새 직장에 300만명이 지원하였다. 이 300만명 중의 절반은 정부가 새 일자리를 창출하지 않았다면 일자리를 찾고 있지 않았을 사람들이라고 한다.

(1) 다른 조건이 일정할 경우 새로운 일자리의 창출로 인하여 1월 동안 발생한 경제활동인구의 변화는 얼마인가?

해 설

경제활동인구란 현재 구직의사가 있는 사람, 즉 일자리가 있거나 구직활동을 하고 있는 사람을 말한다. 300만명 중 절반에 해당하는 사람들이 새로 일자리를 신청하게 되었으므로 경제활동인구는 150만명 증가하였다(이 경우 취업자는 100만명 증가하고 실업자는 50만명 증가한다).

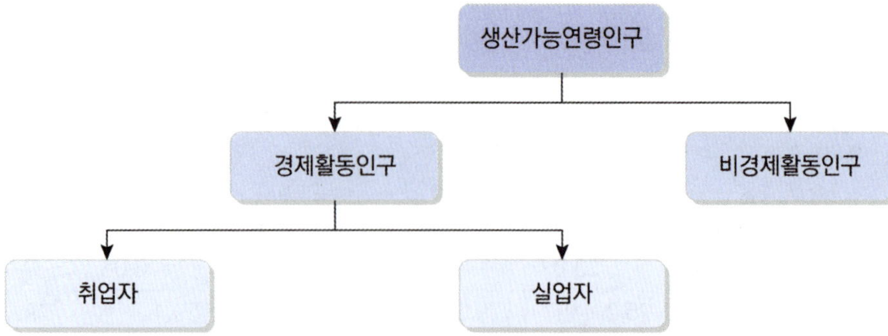

그림 2-9 취업자, 실업자 및 비경제활동인구의 관계

(2) 1998년 12월 31일 현재 경제활동 인구가 3,000만명이고 실업률이 6%라고 한다면 정부가 창출한 100만개의 일자리 이외에 새로운 일자리의 창출이 더 이상 없을 경우 1월 중의 실업률은 얼마인가?

해 설

12월의 경제활동인구$(L)=3{,}000$(만명)

1월의 경제활동인구$(L)=3{,}000+150=3{,}150$(만명)

12월의 실업인구$(U)=$(경제활동인구×실업률)

12월의 실업인구$(U)=L\times\dfrac{U}{L}=3{,}000\times0.06=180$(만명)

1월의 실업인구$(U)=180+50=230$(만명)

따라서 1월의 실업률$=\dfrac{U}{L}=\dfrac{230}{3{,}150}\fallingdotseq7.3\%$

10. 2016년 이후 우리나라의 총인구에서 차지하는 생산가능인구의 비율이 감소할 것으로 예상된다. 2016년 이후에 우리나라의 일인당 생산량이 증가할 수 있는가? 왜 그런지 이유를 설명하라.

해 설

경제성장을 설명하는 신고전파모형에 따르면 노동의 한계생산은 체감하기 때문에 다른 모든 조건이 일정할 때 생산가능연령인구의 투입이 증가함에 따라 1인당 생산량이 감소한다. 반대로 생산가능연령인구의 비율이 감소한다면 생산가능연령인구 1인당 생산량은 증가할 것이다.

Chapter

03 국민소득의 결정

01. 폐쇄경제의 단순모형에서 생산물시장의 균형조건은 국민저축과 투자가 같다는 조건과 동일한 조건임을 증명하라.

해 설

정부부문이 존재하는 폐쇄경제를 가정할 때 생산물시장의 균형조건은 다음과 같다.

생산물시장의 균형조건: $Y = AD = C + I + G$

즉 총생산 = 총수요

이 식을 정리하면 다음과 같다.

$I = Y - C - G$

위 식의 우변을 정리하면 다음과 같다.

$$
\begin{aligned}
Y - C - G &= (Y - T + TR - C) + (T - TR - G) \\
&= S + (T - TR - G) \\
&= \text{민간저축} + \text{정부저축} = \text{국민저축}(= NS)
\end{aligned}
$$

즉 생산물시장의 균형조건은 국내투자가 국민저축과 같다는 조건($I = NS$)과 동일하다.

02. 폐쇄경제인 B국에 있어서 2009년의 소비함수, 투자함수, 정부구매함수 등이 각각 다음과 같다고 하자. 그런데 2009년에 실제로 실현된 총생산량은 4,000이라 하자. 국민소득계정에 따르면 이 경제의 국민소득, 소비, 투자, 정부구매의 회계는 어떻게 처리될까? 만일 소비함수, 투자함수, 정부구매함수 등에 아무런 변화가 없다면 2010년의 국민소득은 어떤 방향으로 변할 것으로 기대되며 그 이유는 무엇인가?

$C = 200 + 0.8\,YD,\ \ I = 300,\ \ G = 500,\ \ T = TR = 0$

해설

생산물시장의 균형식을 써보면 다음과 같다.

$$Y = AD = C + I + G = 200 + 0.8Y + 300 + 500$$

위 식을 정리하면 균형국민소득 $Y^* = 5{,}000$이 된다. 그러나 2009년 현재 총생산 $Y = 4{,}000$이라면 총수요(계획된 지출) $AD = 4{,}200$이 되어 초과수요가 유발된다. 이 경우 200의 계획되지 않은 재고감소가 발생하며 이는 부(−)의 재고투자로 반영된다. 따라서 2009년 현재 소비 $C = 3{,}400$, $I = 100$, $G = 500$이 된다. 그리고 기업은 계획하지 않은 재고감소가 나타나지 않을 때까지 생산을 늘릴 것이므로 2010년의 총생산은 증가할 것이다.

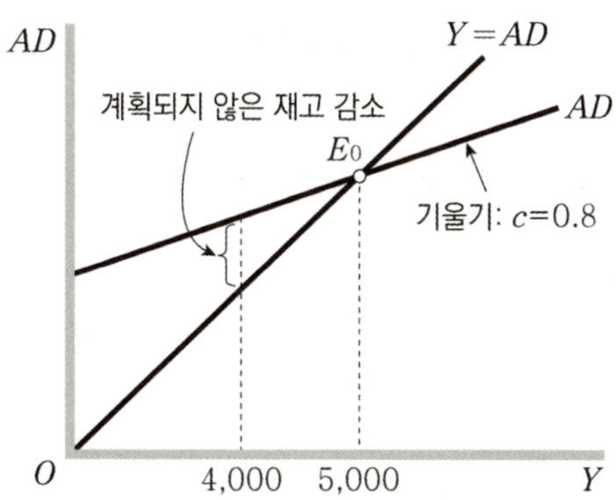

그림 3-2 생산물 시장의 조정과정

03. 단순모형에서 $\Delta \overline{G} = 1$인 경우 정부구매승수를 동태적 방법으로 구하라.

해설

한계소비성향이 c로 주어져 있다고 가정하자. 이는 총수요를 나타내는 AD의 기울기에 해당한다. 정부구매가 증가하기 전 소득이 Y_0, 정부구매 증가 후 소득을 Y^*라고 하고 정부지출 증가의 효과를 나타내면 다음과 같다.

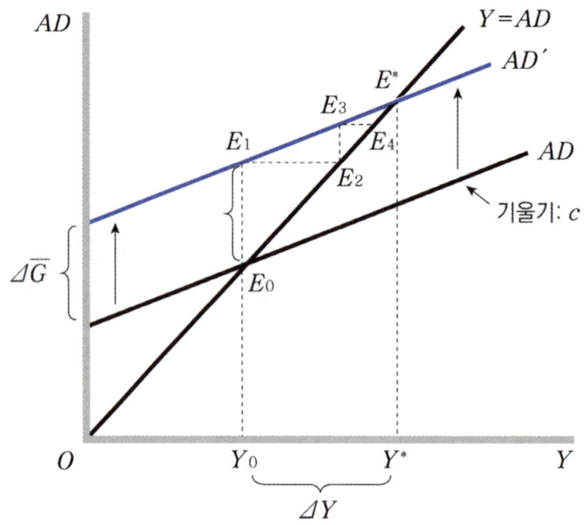

그림 3-3 정부구매승수의 동태적 도출

[그림 3−3]에서 다음의 관계가 성립한다.

$E_0E_1 = E_1E_2 = 1$

$E_2E_3 = E_3E_4 = c$

……

따라서 국민소득의 변화를 구하면 다음과 같다.

국민소득의 변화 $\Delta Y(= Y^* - Y_0) = E_1E_2 + E_3E_4 + \cdots\cdots$

$$= 1 + c + c^2 + \cdots\cdots = \frac{1}{1-c}$$

04. 현재 경제가 침체 상태에 빠져 있기 때문에 정부는 다음 세 가지 경기부양조치의 시행을 검토하고 있다. 국민소득 증가의 효과를 최대한 달성하기 위해서는 어떤 정책이 가장 유용한지를 기준으로 세 정책의 순위를 정하고 그 근거를 단순모형을 이용하여 설명하라.

A. 5조 원의 정부구매 증가

B. 5조 원의 이전지출을 모든 국민에게 똑같이 나눠 줌

C. 5조 원의 이전지출을 소득 하위계층 30%에만 나눠 줌

해 설

첫째, 단순모형에서 정부구매증가의 효과는 $\Delta Y^* = \frac{1}{1-c}\Delta \overline{G}$이며 이전지출의 효과는 $\Delta Y^* = \frac{c}{1-c}\Delta \overline{TR}$이다. 따라서 정부구매의 효과가 이전지출의 효과보다 강하다. 둘째, 똑같은 이전지출이라고 하더라도 최초에 이를 받은 사람의 소비성향에 따라 그 효과가 다를 수 있다. 만약 소득하위계층일수록 한계소비성향이 크다면 정책의 효과도 더 커진다. 이상의 내용을 종합하면 국민소득을 많이 증가시키는 순서는 A, C, B의 순서가 된다.

05. 재정수지에 관한 다음과 같은 식을 생각해보자.

$$BS = T - \overline{G} - \overline{TR}$$

$$T = tY$$

세율 t의 인상이 정부의 재정흑자를 나타내는 변수 BS에 어떤 영향을 주는가. 즉 $\Delta BS/\Delta t$의 부호와 크기는 얼마인지를 구하라. (Hint: 국민소득의 균형을 나타내는 식 $Y^* = \overline{A} + c(1-t)Y^*$를 세율 t와 소득 Y에 대해 차분하여 다음의 식을 구한다.

$$\Delta Y^* = -cY^*\Delta t + c(1-t)\Delta Y^*)$$

해 설

주어진 식을 차분하여 정리하면 다음 식을 얻는다.

$\Delta BS = \Delta T = Y^*\Delta t + t\Delta Y^*$　　양변을 Δt로 나누면

$$\frac{\Delta BS}{\Delta t} = Y^* + t\frac{\Delta Y^*}{\Delta t} \quad \cdots\cdots \text{식 } 1$$

문제에서 주어진 식 $\Delta Y^* = -cY^*\Delta t + c(1-t)\Delta Y^*$의 양변을 Δt로 나누면 다음 식을 얻는다.

$$\frac{\Delta Y^*}{\Delta t} = \frac{-cY^*}{1-c(1-t)} \quad \cdots\cdots \text{식 } 2$$

식 2를 식 1에 대입하면 다음의 식이 도출된다.

$$\frac{\Delta BS}{\Delta t} = Y^* + t\frac{\Delta Y^*}{\Delta t} = Y^* + \frac{t \times (-c) \times Y^*}{1-c(1-t)} = \frac{(1-c)Y^*}{1-c(1-t)}$$

(단, Y^*는 세율변화 후의 균형 국민소득임)

06. 정부의 이전지출이 다음과 같이 국민소득이 증가함에 따라 감소한다면 경기의 자동안정장치가 될 수 있음을 보여라. (Hint: 승수의 크기를 비교할 것)

$TR = \overline{TR} - \tau Y, \ \tau > 0$

해설

본문에서 사용되었던 균형국민소득 결정모형을 정리하면 다음과 같다.

소비함수 : $C = \overline{C} + cYD$

가처분소득 : $YD = Y - T + TR$

투자함수 : $I = \overline{I}$

정부구매 : $G = \overline{G}$

조세수입 : $T = \overline{T}$

이전지출 : $TR = \overline{TR}$

위 식들을 생산물시장의 균형식에 대입하면 균형국민소득을 얻을 수 있다.

생산물시장의 균형식 $Y = AD = \overline{C} + c(Y - \overline{T} + \overline{TR}) + \overline{I} + \overline{G}$

균형국민소득 $Y^* = \frac{1}{1-c}\overline{A}$ ······ 식 1

(단, $\overline{A} = \overline{C} - c\overline{T} + c\overline{TR} + \overline{I} + \overline{G}$)

만약 이전지출이 $TR = \overline{TR} - \tau Y$가 된다면(즉 호황이 될수록 보조금의 지급이 감소하고, 불황이 되면 자동으로 보조금의 지급이 증가한다면) 생산물시장의 균형식과 균형국민소득은 다음과 같이 바뀐다.

생산물시장의 균형식 $Y = AD = \overline{C} + c(Y - \overline{T} - \tau Y + \overline{TR}) + \overline{I} + \overline{G}$

균형국민소득 $Y^* = \dfrac{1}{1 - c(1-\tau)}\overline{A}$ ·· 식 2

(단, $\overline{A} = \overline{C} - c\overline{T} + c\overline{TR} + \overline{I} + \overline{G}$)

식 1과 식 2를 비교하면 투자 및 정부구매 등에 대한 승수가 $\dfrac{1}{1-c}$에서 $\dfrac{1}{1-c(1-\tau)}$로 감소하였음을 알 수 있다. 이는 외생적 충격에 대해 국민소득의 변동이 감소하였음을 의미하며 이러한 이전지출제도가 일종의 자동안정화장치로 작용할 수 있음을 의미한다.

07. 국민소득이 단순모형에 의해 결정된다고 할 때 다음 내용의 진위를 가리고 그 이유를 설명하라.

단순모형의 가정에 따라 특별한 언급이 없는 한 모든 계층의 한계소비성향이 동일하다고 전제하자.

(1) 대학에 대한 기부행위는 국민소득을 증가시킨다.

해설

기부행위는 그 자체로는 국민소득에 영향을 미치지 않는다. 또한 기부자의 한계소비성향과 대학의 한계소비성향이 같은 경우에도 국민소득에 영향을 미치지 않는다. 그러나 기부자의 한계소비성향이 더 크다면 총지출이 감소함에 따라 국민소득은 감소하고, 대학의 한계소비성향이 더 크다면 총지출이 증가함에 따라 국민소득은 증가한다.

(2) 소득재분배정책은 국민소득을 증가시킨다.

해 설

모든 계층의 한계소비성향이 동일한 한 소득재분배정책은 총지출 및 국민소득에 영향을 미치지 않는다.

(3) 100원 짜리 동전을 길에서 주웠다면 국민소득이 증가한다.

해 설

100원짜리 동전을 주은 것 그 자체는 국민소득에 영향을 미치지 않지만 가처분소득이 증가한 셈이므로 이 중 일부를 지출하면 국민소득이 증가한다.

(4) 균형재정은 국민소득의 안정에 기여한다.

해 설

예를 들어 불황이 와서 세금이 잘 걷히지 않는 경우 정부가 지출을 감소시킨다면 불황은 더욱 심각해질 것이다. 즉 정부가 기계적으로 균형재정을 지키려고 할 경우 국민소득은 더욱 불안정해질 수 있다.

08. 일하지 않는 공무원을 감원하고 대신 봉급수준과 같은 액수의 실업수당을 지급한다면 국민소득에 어떤 변화가 일어날 것인지를 설명하라.

해 설

공무원이 일하지 않는다는 것은 아무런 서비스를 생산하지 않는 것을 의미하므로 공무원을 감원하더라도 GDP에는 아무런 변화가 없다(이 경우 일하지 않는 공무원에 대한 봉급은 이전지출의 성격을 가지는데 봉급을 실업급여로 대체하는 것이므로 이전지출 내의 변화에 불과하다고 볼 수 있으므로 국민소득은 아무런 변화가 없다).

09. 국민소득 균형조건 $NS = I$로부터 IS곡선의 식을 직접 유도하고 그 과정을 설명하라.

해 설

국민소득의 균형조건을 변형하면 다음과 같이 쓸 수 있다(3장 1번 문제 참고).

$NS = I \Rightarrow Y - C - G = I$

이 식에 소비함수 $C = \overline{C} + c(Y - \overline{T} + \overline{TR})$, 정부구매 $G = \overline{G}$, 투자함수 $I = \overline{I} - bi$를 대입하면 다음 식을 얻을 수 있다.

$(1-c)Y - \overline{C} + c(\overline{T} - \overline{TR}) - \overline{G} = \overline{I} - bi$

이 식을 Y 또는 i에 대해 정리하면 IS곡선을 도출할 수 있다.

IS곡선: $Y = \dfrac{1}{1-c}(\overline{A} - bi)$ 또는 $i = \dfrac{\overline{A}}{b} - \dfrac{(1-c)}{b}Y$
(단 $\overline{A} = \overline{C} - c\overline{T} + c\overline{TR} + \overline{I} + \overline{G}$)

10. 현금직불카드나 ATM의 도입 등 금융기법의 발전으로 인하여 화폐수요가 감소한다고 하자.

(1) 화폐수요의 감소를 구체적으로 화폐수요함수 $L = kY - hi$에 어떻게 도입할 것인지를 설명하라.

해 설

화폐수요에 독립적인 요인이 포함된다면 화폐수요함수는 다음과 같이 수정된다.

$$L = \overline{l} + kY - hi$$

이 식에서 금융기법의 발전으로 인한 화폐수요의 감소는 모든 소득수준에 대하여 화폐수요가 감소하는 것을 의미한다. 이를 함수로 표시하면 $\overline{l}$가 감소하는 것으로 나타낼 수 있으며 그림으로는 화폐수요곡선이 좌측(아래)로 이동하는 것으로 나타낼 수 있다.

(2) 화폐수요의 감소가 LM곡선에 어떤 영향을 미칠 것인지 분석하라.

해 설

독립적 화폐수요감소로 화폐수요곡선이 아래로 이동하면 각각의 소득에 대응되는 이자율이 하락한다. 따라서 LM곡선도 아래로 이동하게 되는데 이를 나타내면 [그림 3-10]과 같다.

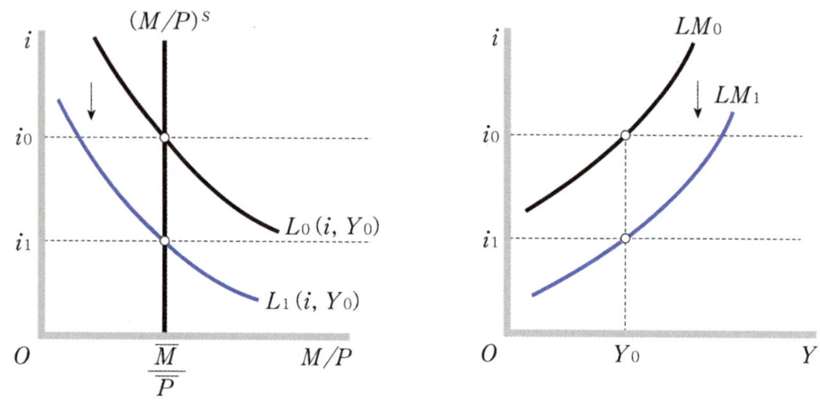

그림 3-10 독립적 화폐수요의 감소

11. 어떤 경제가 현재 다음 그림에서의 C점과 같은 상태에 있다고 하자.

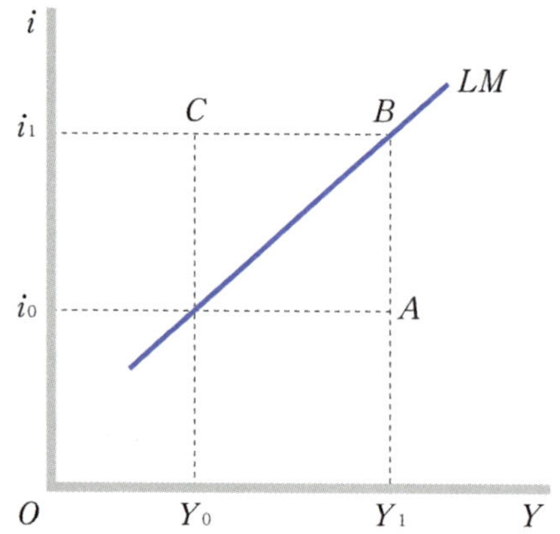

(1) 화폐의 수요곡선과 공급곡선을 그리고 위 그림의 B점과 C점에 해당하는 점을 표시하라.

해설

각 점들을 화폐시장에 나타내면 [그림 3-11]과 같다.

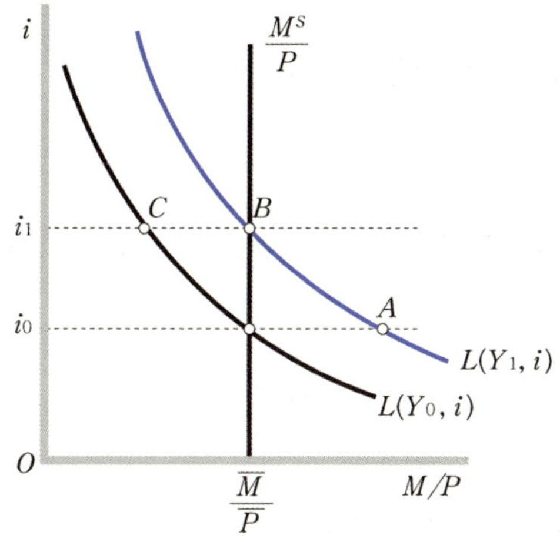

그림 3-11 화폐시장의 불균형

(2) 앞으로 이자율에 있어서 어떤 변화가 발생할 것이라 예상되나?

해설

현재 C점에서 화폐시장은 초과공급상태이다. 총소득이 외생적으로 주어져 있다고 할 때 초과공급이 해소되기 위해서는 이자율이 하락해야 한다(화폐시장이 초과공급 상태일 때 채권시장은 초과수요 상태이므로 채권가격이 상승하면서 이자율이 하락한다고 이해해도 좋다).

12. 다음 IS곡선과 LM곡선의 식을 생각해보라.

$$IS\text{곡선: } Y=\frac{1}{1-c(1-t)}(\overline{A}-bi)$$

$$LM\text{곡선: } i=\frac{k}{h}Y-\frac{1}{h}\frac{\overline{M}}{\overline{P}}$$

(1) 균형국민소득과 균형이자율을 구하라.

해설

우선 균형국민소득(Y^*)을 도출하기 위하여 주어진 IS곡선에 LM곡선을 대입하면 다음의 식을 얻는다.

$$Y=\frac{1}{1-c(1-t)}\left[\overline{A}-b\left(\frac{k}{h}Y-\frac{1}{h}\frac{\overline{M}}{\overline{P}}\right)\right]$$

위 식을 Y에 대해 정리하면 균형국민소득을 얻을 수 있다.

$$Y\left[1+\frac{1}{1-c(1-t)}\frac{bk}{h}\right]=\frac{1}{1-c(1-t)}\left[\overline{A}+\frac{b}{h}\frac{\overline{M}}{\overline{P}}\right]$$

$$\text{균형국민소득: } Y^*=\frac{1}{1-c(1-t)+b\dfrac{k}{h}}\left[\overline{A}+\frac{b}{h}\frac{\overline{M}}{\overline{P}}\right]$$

다음으로 균형이자율(i^*)을 도출하기 위하여 주어진 LM곡선에 IS곡선을 대입하면 다음의 식을 얻는다.[1)]

$$i=\frac{k}{h}\left[\frac{1}{1-c(1-t)}(\overline{A}-bi)\right]-\frac{1}{h}\frac{\overline{M}}{\overline{P}}$$

위 식을 i에 대해 정리하면 균형이자율을 얻을 수 있다.

$$i\left[1+\frac{b}{1-c(1-t)}\frac{k}{h}\right]=\frac{k}{h}\frac{\overline{A}}{1-c(1-t)}-\frac{1}{h}\frac{\overline{M}}{\overline{P}}$$

1) 앞에서 주어진 균형국민소득을 LM곡선에 대입하여 구해도 동일한 결과를 얻는다.

$$균형이자율:\ i^* = \frac{k\overline{A} - [1-c(1-t)]\dfrac{\overline{M}}{\overline{P}}}{[1-c(1-t)]h + kb}$$

(2) $h=0$일 때 즉, 고전학파의 경우 균형국민소득과 균형이자율을 구하고 (1)의 답과 비교하라.

해 설

주어진 LM곡선을 정리하면 다음의 식을 얻는다.

$$LM곡선:\ hi = kY - \frac{\overline{M}}{\overline{P}}$$

만약 $h=0$이라면 $hi = kY - \frac{\overline{M}}{\overline{P}} = 0$이 성립하므로 균형국민소득 $Y^* = \frac{1}{k}\frac{\overline{M}}{\overline{P}}$이 되고, 이자율은 $i^* = \frac{\overline{A}}{b} - \frac{[1-c(1-t)]}{kb}\frac{\overline{M}}{\overline{P}}$이 된다. $h=0$인 경우를 그림으로 나타내면 [그림 3-12]와 같다(이 문제는 $h=0$일 때 LM곡선은 수직이 되며 이때 균형국민소득은 LM곡선에 의해 결정된다는 것을 의미한다. 반면 균형이자율은 IS곡선에 의해 영향받는다).

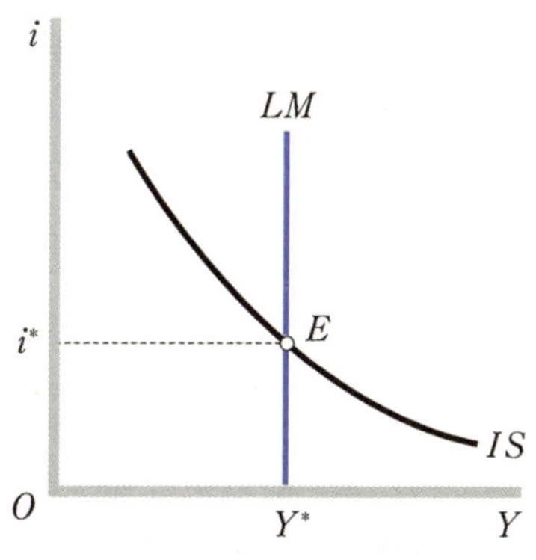

그림 3-12 화폐수요의 이자율탄력성과 LM곡선의 형태

Chapter

04 *IS–LM* 모형과 거시경제정책

01. 다음의 각 경우에 있어서 *IS*곡선과 *LM*곡선 중 어느 곡선(들)이 어느 방향으로 이동하는지를 밝히고 그 이유를 간단히 설명하라.

해설

(1)과 (2)에서는 설문의 사건이 유발하는 직접적인 충격만을 설명하고 이로 인한 불균형의 조정과정은 생략한다(자세한 내용은 6장의 먼델–플레밍 모형을 참고할 것).

(1) 외국인 투자가의 국내기업 매입

해설

고정환율제도를 가정하고 중화정책이 이루어지지 않는다고 가정하자. 여기서 투자는 실물투자가 아니라 금융투자를 의미하므로 *IS*곡선은 이동하지 않는다. 반면 해외투자자가 국내기업을 매입하면 국제수지 흑자로 인해 통화량이 증가한다. 따라서 *LM*곡선이 우측으로 이동한다(반면 변동환율제를 가정한다면 국제수지 흑자요인이 환율을 하락시키면서 *IS*곡선을 좌측으로 이동시킬 수 있다).

(2) 자본의 해외유출

해설

고정환율제도를 가정하고 중화정책이 이루어지지 않는다고 가정하자. 자본의 유출이란 투자자들이 국내자산을 매각하고 해외자산을 구매하는 것을 의미한다. 이 경우 국제수지는 적자가 되고 국내통화량이 감소하면서 *LM*곡선이 좌측으로 이동할 것이다(반면 변동환율제를 가정한다면 국제수지 적자요인이 환율을 상승시키면서 *IS*곡선을 우측으로 이동시킬 수 있다).

(3) 실업보험금의 현금지급

해 설

정부가 이전지출을 증가시키면 민간의 가처분소득이 증가하고 이로 인해 소비가 증가하면서 *IS*곡선이 우측으로 이동한다(만약 이러한 이전지출이 신규통화발행으로 이루어진 것이라면 *LM*곡선 역시 우측으로 이동할 것이다).

(4) 국채발행을 통한 은행의 부실채권 인수

해 설

국채를 신규발행하여 그 중 일부를 은행이 구입한다면 신용창조가 감소하면서 직접적으로는 통화의 공급이 감소하며 이는 *LM*곡선을 좌측으로 이동시킨다. 그러나 이 자금으로 은행의 부실채권을 인수할 경우 인수대금을 받은 은행에 의해 새로운 신용창조가 이루어질 수 있으며 이는 *LM*곡선을 우측으로 이동시킨다. 이 두 가지 효과가 상충되어 *LM*곡선이 어느 쪽으로 이동할지는 명확하지 않다. 국채발생시 신용창조 감소효과보다 부실채권인수로 인한 신용창조 증가효과가 크다면 *LM*곡선은 우측으로 이동할 것이다.

(5) 모토롤라사가 1억 달러를 해외에서 조달하여 국내에서 공장을 건설

해 설

고정환율제도를 가정하고 중화정책이 이루어지지 않는다고 가정하자. 해외기업의 국내투자는 자본수지를 개선시키고 이는 국내 통화량을 증가시켜 *LM*곡선을 우측으로 이동시킬 것이다. 또한 국내에 신규공장의 건설투자가 이루어졌으므로 *IS*곡선 역시 우측으로 이동할 것이다(반면 변동환율제를 가정한다면 *LM*곡선이 이동하는 대신 환율하락으로 인한 *IS*곡선의 좌측이동이 나타날 것이며 투자증가에 의해 *IS*곡선이 우측으로 이동할 것이므로 두 가지 효과가 상충되어 *IS*곡선이 어느 쪽으로 이동할지는 명확하지 않다).

(6) 신용카드 가맹점 수의 증가

해설

신용카드 가맹점의 증가로 신용카드를 쉽게 발급받을 수 있게 되었다면 사람들의 화폐보유는 감소할 것이다. 이러한 화폐보유의 감소는 LM곡선을 아래쪽(우측)으로 이동시킨다.

(7) 한계저축성향의 증가

해설

한계저축성향의 증가는 한계소비성향의 감소와 동일하다. 한계소비성향이 감소하면 승수가 하락하면서 IS곡선이 가팔라진다. 이 경우 다른 요인들이 일정하다면 이자율축의 절편은 변화가 없을 것이므로 전체적으로 IS곡선이 좌측으로 회전이동할 것이다.

02. 감세의 효과를 $IS-LM$ 모형을 이용하여 설명하라.

해설

감세가 이루어지면 민간의 가처분소득이 증가하고 이로 인해 소비가 증가한다. 이로 인해 IS곡선은 조세감소액에 대한 승수$\left(\frac{(-)c}{1-c}\right)$배만큼 우측으로 이동하게 된다. 이러한 과정에서 소득이 증가하면서 화폐수요가 증가함에 따라 이자율이 상승하게 됨에 따라 승수효과 중 일부는 구축된다. [그림 4-2]상에서 E점에서 F점까지의 거리는 승수효과에 해당하며, F점에서 G점까지의 효과가 구축효과에 해당한다.

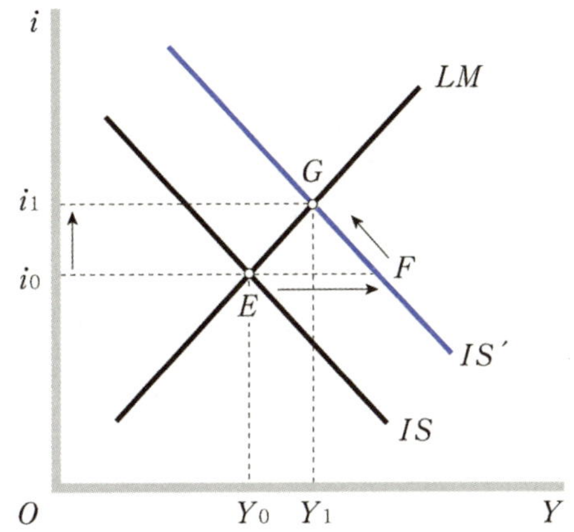

그림 4-2 감세정책의 승수효과와 구축효과

03. *IS*곡선의 기울기가 작을수록 통화정책의 효과가 커짐을 *IS*– *LM*모형의 그래프를 통해 확인해 보라.

해 설

[그림 4-3]에서 통화정책으로 인해 *LM*곡선이 이동했을 때 *IS*곡선이 가파른 경우의 새로운 균형은 *F*점이 되고, *IS*곡선이 완만한 경우의 새로운 균형은 *G*점이 된다. 즉 *IS*곡선이 완만한 경우에 통화정책의 효과가 더 크게 나타남을 확인할 수 있다.

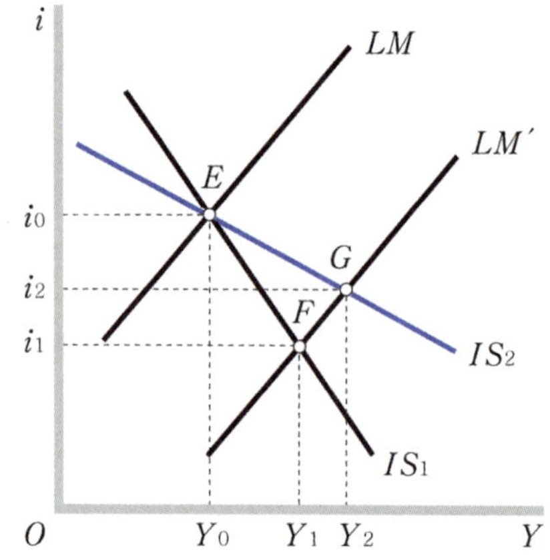

그림 4-3 *IS*곡선의 기울기와 통화 정책의 효과

이러한 결과에 대해 다음과 같은 설명이 가능하다. 통화정책의 효과는 이자율 하락으로 인한 투자증가와 이로 인한 승수효과로 구성된다. 따라서 투자의 이자율탄력성이 크고 승수가 클수록 그 효과가 강력하다. 그런데 *IS*곡선의 기울기는 투자의 이자율탄력성이 높고, 승수가 클수록 완만하다. 따라서 *IS*곡선이 완만할수록 *LM*곡선을 이동시키는 통화정책의 효과가 강화된다.

04. 통화량의 증가가 소득에 미치는 효과를 다음의 식을 이용하여 그 경로를 살펴보고자 한다.

$$\frac{\Delta Y}{\Delta M} = \frac{\Delta Y}{\Delta I} \times \frac{\Delta I}{\Delta i} \times \frac{\Delta i}{\Delta M}$$

(1) 다음에 주어진 *IS*곡선과 *LM*곡선의 식을 이용하여 위 식의 오른쪽 각 항 즉, $\frac{\Delta Y}{\Delta I}$, $\frac{\Delta I}{\Delta i}$, $\frac{\Delta i}{\Delta M}$의 값을 각각 구하라.

- *IS*곡선: $Y = \alpha(\overline{A} - bi)$, 단 α는 승수를 표시
- *LM*곡선: $i = \frac{k}{h}Y - \frac{1}{h}\frac{\overline{M}}{\overline{P}}$

해설

IS곡선과 LM곡선이 다음과 같이 주어졌다고 하자.

IS곡선: $Y=\alpha(\overline{A}-bi)$ (단 α는 승수)

LM곡선: $i=\frac{k}{h}Y-\frac{1}{h}\frac{\overline{M}}{\overline{P}}$

IS곡선으로부터 다음의 관계를 얻을 수 있다.

투자의 이자율 민감도: $\frac{\Delta I}{\Delta i}=-b$ ………………………………………………………… 식 1

투자승수: $\frac{\Delta Y}{\Delta I}=\frac{\Delta Y}{\Delta \overline{A}}=\alpha$ ………………………………………………………… 식 2

이제 균형이자율의 변화를 알기 위해 주어진 LM곡선에 IS곡선을 대입하면 다음 식들을 얻는다.

$$i=\frac{k}{h}[\alpha(\overline{A}-bi)]-\frac{1}{h}\frac{\overline{M}}{\overline{P}}$$

$$i\left(1+\alpha b\frac{k}{h}\right)=\frac{k}{h}\alpha\overline{A}-\frac{1}{h}\frac{\overline{M}}{\overline{P}}$$

이 식을 i에 대해 정리하면, 균형이자율을 얻는다.

균형이자율: $i^*=\frac{\alpha k\overline{A}-\frac{\overline{M}}{\overline{P}}}{h+\alpha bk}$

편의상 $\overline{P}=1$이라 두고 M으로 미분하면 다음 식을 얻는다.

통화정책시 이자율의 변화: $\frac{\Delta i^*}{\Delta M}=\frac{-1}{h+\alpha bk}$ ………………………………………… 식 3

식 1~3을 정리하면 통화증가로 인한 국민소득의 변화는 다음과 같이 나타낼 수 있다.

$$\frac{\Delta Y}{\Delta M}=\frac{\Delta Y}{\Delta I}\times\frac{\Delta I}{\Delta i}\times\frac{\Delta i}{\Delta M}=\alpha\times(-b)\times\frac{-1}{h+\alpha bk}$$

(2) 위 결과를 이용하여 각 항의 값을 결정하는 요인이 무엇인지 설명하라.

해설

위 결과를 차례로 살펴보면, 통화정책의 효과는 다음 3가지 단계로 이루어져 있음을 알 수 있다.

1단계 통화증가로 인한 이자율하락: $\dfrac{\Delta i}{\Delta M} = \dfrac{-1}{h + \alpha bk}$

2단계 이자율하락으로 인한 투자증가: $\dfrac{\Delta I}{\Delta i} = -b$

3단계 투자증가로 인한 승수효과: $\dfrac{\Delta Y}{\Delta I} = \dfrac{\Delta Y}{\Delta \overline{A}} = \alpha$

1단계에는 화폐수요의 이자율탄력성(h), 화폐수요의 소득탄력성(k), 승수(α), 투자의 이자율탄력성(b) 등이 영향을 미치며 각각의 값이 클수록 이자율감소폭이 감소한다.
2단계에서는 투자의 이자율탄력성(b)이 영향을 미치며 이 값이 상승할수록 투자의 증가폭이 커진다.
3단계에서는 승수(α)가 영향을 미치며 이 값이 상승할수록 소득의 증가폭이 커진다.

참고사항

이 문제는 그림을 사용하여 풀 수도 있다.

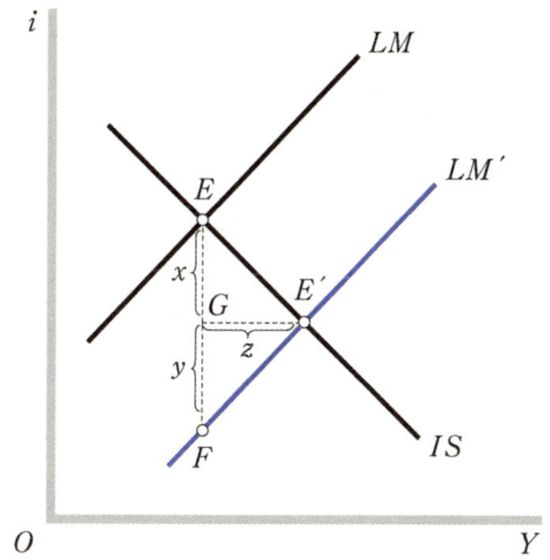

그림 4-4 통화정책의 효과

[그림 4−4]에서 $x = EG$, $y = GF$, $z = GE'(\Delta Y)$로 두었을 때 IS곡선과 LM곡선의 기울기는 다음과 같이 나타낼 수 있다.

$(-)IS$곡선의 기울기$= \frac{x}{z} = \frac{1}{\alpha b} \Rightarrow x = \frac{1}{\alpha b} \times z$ ························ 식 1

LM곡선의 기울기$= \frac{y}{z} = \frac{k}{h} \Rightarrow y = \frac{k}{h} \times z$ ························ 식 2

한편 $x+y$는 소득이 일정할 때 통화량 증가시 금리의 하락 분이므로 LM곡선에서 $\frac{1}{h}$이 된다.

$x+y = \frac{1}{h}$ ························ 식 3

식 3에 식 1과 식 2를 대입하여 정리하면 다음의 관계를 얻는다.

$$x+y = \left(\frac{1}{\alpha b} + \frac{k}{h}\right) \times z = \frac{1}{h}$$

$$z = \frac{1}{h} \frac{1}{\left(\frac{1}{\alpha b} + \frac{k}{h}\right)} = \alpha \times (-b) \times \left(-\frac{1}{h + \alpha bk}\right)$$

05. 화폐수요가 이자율에 대해 완전비탄력적인 경우 즉, LM곡선이 수직인 경우 다음의 각 재정정책이 총지출의 구성(C, I, G)에 어떤 변화를 가져오는지를 설명하라.

(1) 정부구매의 증가

해설

[그림 4-5-1]의 (a)에서 정부구매가 증가하면 IS곡선이 우측이동한다.

(이동폭: $\frac{1}{1-c}\Delta\overline{G}$) 이때 새로운 균형 G점에서 소득과 가처분소득이 불변이므로 소비는 변함없다. 반면 이자율이 상승했기 때문에 투자는 감소하는데 투자의 감소폭은 정부구매의 증가폭과 동일하다.

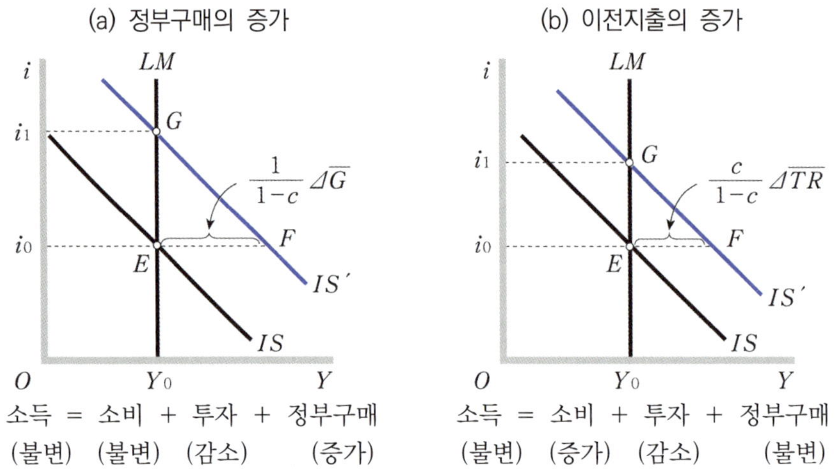

그림 4-5-1 재정정책이 총지출 구성에 미치는 영향

(2) 이전지출의 증가

해설

[그림 4-5-1]의 (b)에서 이전지출이 증가하면 소비가 증가하면서 IS곡선이 우측이동한다(이동폭: $\frac{c}{1-c}\Delta\overline{TR}$). 새로운 균형 G점에서 소득은 불변이지만 가처분소득이 증가했으므로 소비는 증가하였다. 정부구매는 불변이며 투자는 이자율이 상승했기

때문에 감소하는데 이때 감소폭은 소비의 증가폭과 동일하다.

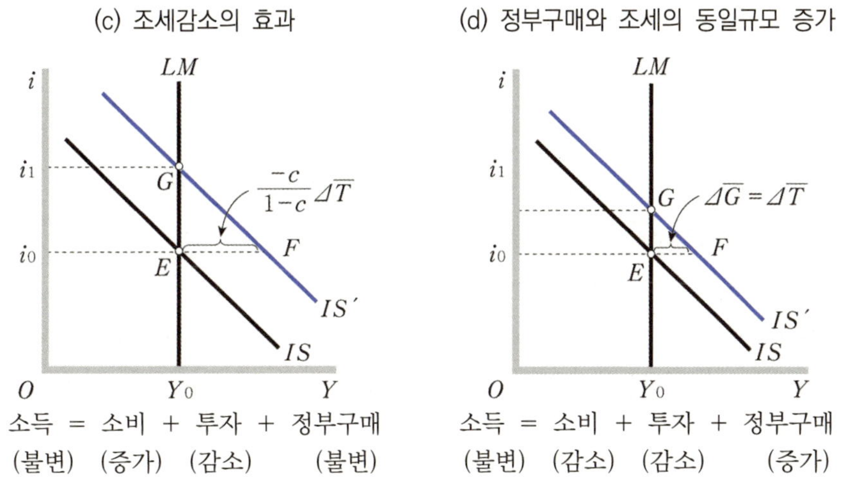

그림 4-5-2 재정정책이 총지출 구성에 미치는 영향

(3) 조세의 감소

해설

[그림 4-5-2]의 (c)에서 조세를 감소시키면 소비가 증가하면서 *IS*곡선이 우측이동한다(이동폭: $\frac{-c}{1-c}\Delta\overline{T}$). 이때 소득은 불변이지만 가처분 소득이 증가했으므로 소비는 증가하였다. 정부구매는 불변이며 투자는 이자율이 상승했기 때문에 감소하는데 이때 감소폭은 소비의 증가폭과 동일하다.

(4) 정부구매와 조세가 동일한 규모로 증가

해설

[그림 4-5-2]의 (d)에서 정부구매와 동일한 규모로 조세가 증가하면 소비는 정부구매보다 작은 폭으로 감소하므로 *IS*곡선은 우측으로 이동한다(이동폭: $\Delta\overline{G}=\Delta\overline{T}$). 이때 이자율이 상승하며 투자는 감소한다. 결국 정부구매의 증가폭은 소비 및 투자의 감소폭을 합한 크기와 일치한다.

06. 화폐수요가 소득의 함수가 아니라 다음과 같이 가처분소득의 함수라고 하자.

$$L = k(Y - \overline{T}) - hi \quad (k > 0,\ h > 0)$$

이 경우 조세($\overline{T}$)의 감소가 거시경제에 미치는 영향을 $IS-LM$ 모형을 통해 분석해 보라.

해 설

감세가 이루어질 경우 가처분소득의 증가로 인해 소비가 증가하면서 IS곡선은 우측으로 이동한다. 이와 동시에 화폐시장에서는 화폐수요가 증가하면서 초과수요가 발생하고 이자율이 상승하는 효과가 발생하는데 이는 LM곡선을 좌측으로 이동시킨다. 이러한 과정에서 이자율은 분명히 상승하지만 국민소득의 증감은 불분명하다. [그림 4-6]의 (a)와 (b)는 각각 조세감소의 결과로 소득이 증가하는 경우와 감소하는 경우를 나타내고 있다.

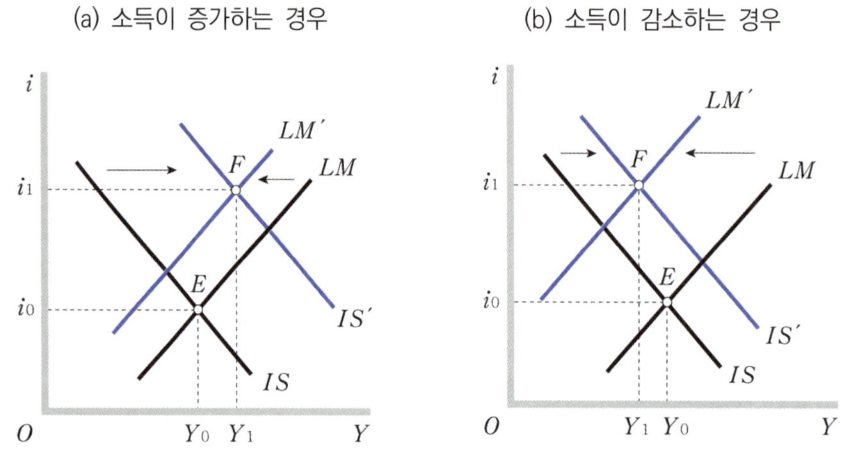

그림 4-6 화폐수요가 가초분 소득의 함수인 경우

07. 세로축을 명목이자율 대신 실질이자율로 둘 때 예상물가상승률의 증가가 IS곡선과 LM곡선을 각각 어떻게 이동시키는지를 설명하라.

해설

본문에서는 소득－명목이자율 평면을 사용하여 예상물가상승률 증가의 효과를 살펴보았다. 이와 달리 소득－실질이자율 평면에서의 분석을 위해 피셔방정식 $i = r + \pi^e$을 사용하면 다음과 같이 나타낼 수 있다.

$$IS\text{곡선: } Y = \frac{1}{1-c}(\overline{A} - br)$$

$$LM\text{곡선: } \frac{\overline{M}}{P} = kY - hi = kY - h(r + \pi^e)$$

소득－실질이자율평면에서는 인플레이션 기대가 발생하더라도 *IS*곡선에는 아무런 변화가 없다. 반면 *LM*곡선에는 $r + \pi^e$가 포함되어 있는바, 이는 인플레이션 기대가 발생할 경우 그 크기만큼 *LM*곡선을 아래쪽으로 이동시켜 주어야 함을 의미한다. 이는 화폐시장의 균형을 위해서는 소득과 명목이자율간의 관계가 일정하게 유지되어야 하는데 인플레이션 기대의 발생에도 불구하고 소득과 명목이자율간의 관계가 일정하게 유지되기 위해서는 각각의 소득수준에 대해 그만큼 더 낮은 실질이자율이 대응되어야 하기 때문이다.

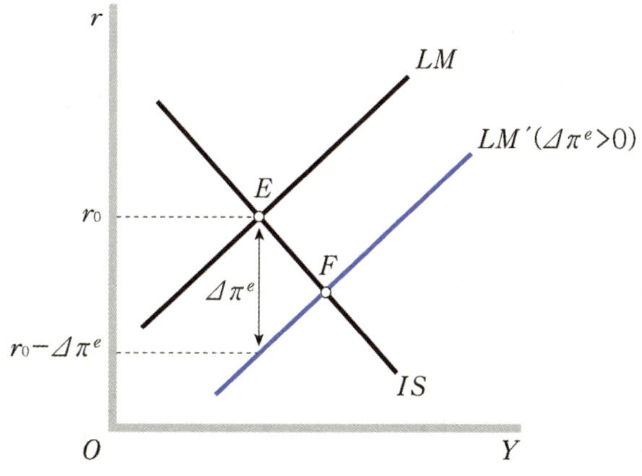

그림 4-7 예상물가상승률 증가 효과: 소득 - 실질이자율 평면

08. 채권을 1년간 보유할 경우의 이자율이 8%이고 향후 1년간 예상되는 물가상승률이 3%라고 하자.

(1) 채권과 화폐를 1년간 보유할 경우의 명목수익률은 각각 얼마인가? 그 차이는 얼마인가?

해 설

채권보유시 수익률: 8%, 화폐보유시 수익률: 0%
따라서 양자의 차이는 8%이다.

(2) 채권과 화폐를 일년간 보유할 경우 기대되는 실질수익률은 각각 얼마인가? 그 차이를 구하고 (1)의 결과와 비교해보라.

해 설

채권보유시 수익률: 5%, 화폐보유시 수익률: −3%
따라서 양자의 차이는 8%이다.
즉 계산 시 사용되는 수익률이 명목수익률이든 실질수익률이든 수익률의 차이는 동일하다.

09. 1990년대 후반에 들어 일본의 명목이자율은 거의 0%에 머물렀으며 이에 따라 많은 경제학자들이 일본 경제가 유동성 함정에 빠져 있다고 주장하였다. 이와 관련하여 다음 질문에 답하라.

(1) 유동성 함정이란 무엇이며 그 이론적 근거는 무엇인가?

해 설

유동성 함정(liquidity trap)이란 이자율이 매우 낮은 수준에서 화폐수요가 이자율에 대해 완전탄력적이어서 LM곡선이 수평이 되는 경우를 말한다. 화폐수요가 이자율에 완전탄력적이어서 화폐수요곡선이 수평인 경우에는 소득이 증가하여도 균형이자율이 불변이므로 LM곡선은 수평이 된다(일반적으로 유동성 함정은 경기가 매우 위축된 경우에 발생하는 경우가 많기 때문에 소득이 일정수준 이상인 경우에는 다시 우상향하는 형태의 LM곡선을 그리는 경우가 많다).

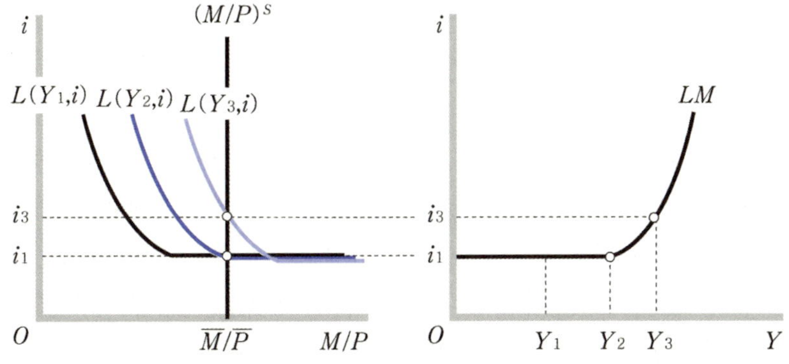

그림 4-9-1 유동성함정과 LM곡선

(2) $IS-LM$모형을 이용하여 경제가 유동성 함정에 빠져 있는 경우 통화팽창은 효과가 없음을 보여라.

해 설

유동성 함정하에서 통화팽창시 LM곡선은 우측으로 이동하지만 LM곡선이 수평인 구간에서는 통화정책이 소득에 영향을 미치지 못한다.

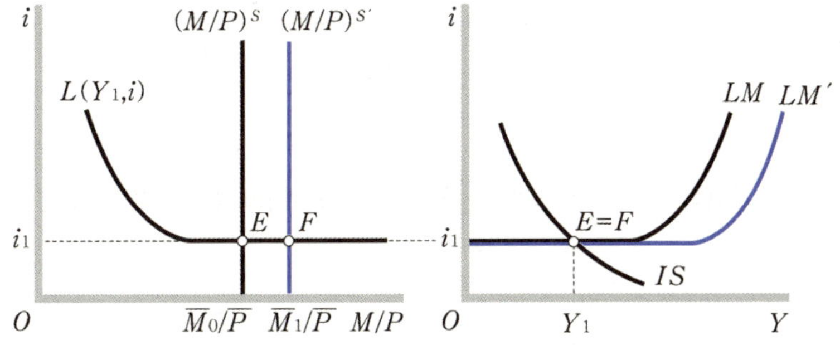

그림 4-9-2 유동성함정하에서 통화정책의 효과: LM곡선의 이동

(3) 크루그먼은 유동성 함정에 빠져 있는 경제에서도 통화팽창을 통해 인플레이션 기대를 높임으로써 경기를 부양시킬 수 있다고 주장한다. 그 근거를 물가상승에 대한 기대가 포함된 $IS-LM$ 모형을 이용해서 설명해 보라.

해설

피셔방정식 $i=r+\pi^e$을 반영한 $IS-LM$모형에서 통화정책이 인플레이션 기대를 유발할 수 있다면 IS곡선이 우측으로 이동한다. 이는 명목이자율이 변하지 않을 때 인플레이션 기대가 상승하면 실질이자율은 감소하고 이로 인해 실질이자율의 감소함수인 투자가 증가하는 효과를 반영한 것이다. 따라서 이 경우 통화정책은 LM곡선의 이동에 의해 국민소득에 영향을 미치지 못하는 경우라 하더라도 IS곡선의 이동을 통해 국민소득을 증가시킬 수 있다. [그림 4-9-3]은 이러한 인플레이션 기대효과로 인해 새로운 균형이 F점으로 옮겨감에 따라 Y_1Y_2만큼의 소득이 증가할 수 있음을 보여주고 있다.

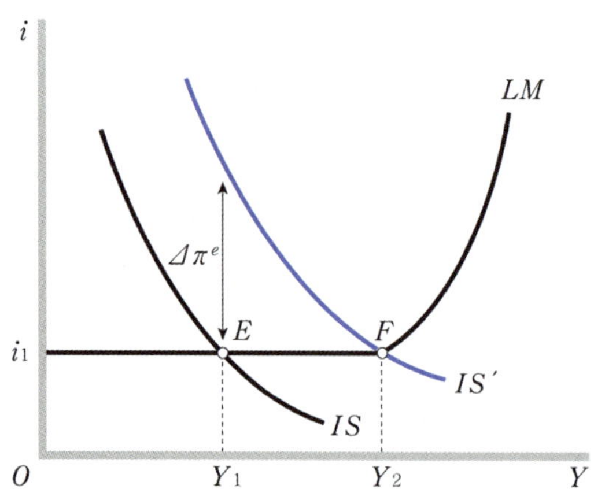

그림 4-9-3 유동성함정하에서 통화정책의 효과: *IS*곡선의 이동

10. 가계부채가 과다하고 인플레이션갭이 크다고 하자. 중앙은행이 금리인상, 즉 긴축적 통화정책을 수행할 때 어떤 위험요인이 있는지 설명하라. 이 위험요인을 해소하기 위해서는 어떤 재정정책과 정책결합을 이루어야 하는가?

해설

가계부채를 고려하면 소비지출이 이자 지급 후 가처분소득에 영향을 받게 되므로 투자뿐만 아니라 소비 역시 이자율의 감소함수가 된다. 따라서 가계부채가 일정규모를 넘으면 소비가 이자율에 비탄력적이라는 케인즈 소비함수는 더 이상 타당하지 않으며 소비함수는 다음과 같이 수정되어야 한다.

수정된 소비함수: $C = \overline{C} + cYD - di$

수정된 소비함수를 통해 IS곡선을 구하면 다음과 같다.

수정된 IS곡선: $Y = \frac{1}{1-c} | \overline{A} - (b+d)i |$

이 경우 IS곡선의 기울기는 본문에서 도출되었던 $-\frac{1-c}{b}$에서 $-\frac{1-c}{b+d}$로 바뀌는데 이는 IS곡선이 더욱 완만한 형태가 되었음을 의미한다. IS곡선이 이와 같은 형태를 갖게 된 이유는 원래의 IS곡선과 달리 이제는 이자율이 상승할 때 투자뿐만 아니라 소비가 감소하는 효과도 함께 반영되기 때문이다.

[그림 4-10]에서 가계부채가 누적되기 전과 후의 IS곡선을 각각 IS_1과 IS_2로 나타내기로 하자. 이 경우 동일한 긴축적 통화정책이 이루어질 경우 가계저축이 누적된 경우에는 충분한 금리인상이 이루어지지 못하고 경기후퇴의 폭은 더욱 커진다. 이러한 위험요인을 해소하기 위해서는 긴축적 통화정책과 확장적 재정정책을 결합해야 한다.

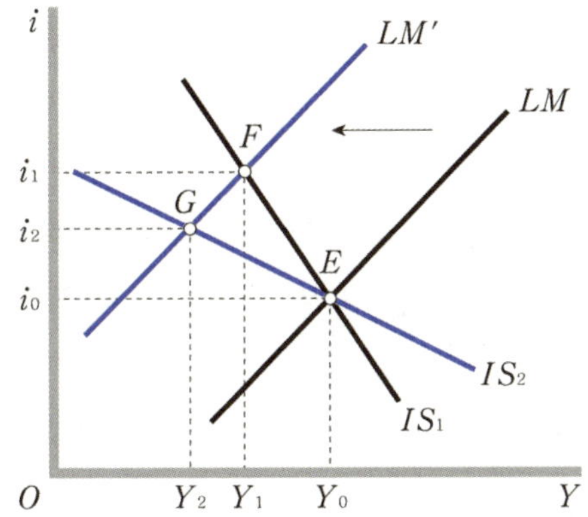

그림 4-10 가계부채 누적이 통화정책에 미치는 영향

11. (2013년 5급 행정고시) A국의 거시모형이 아래와 같이 주어진 경우 다음 질문에 답하시오.

$C = 200 + 0.75(Y - T)$; $I = 200 = 25r$; $G = T = 100$

$(M/P)^d = Y - 100r$, $M = 1000$

단 C, T, Y, I, r, G, P, $(M/P)^d$, M은 각각 소비, 조세, 소득, 투자, 이자율, 정부구매, 물가, 화폐수요 그리고 화폐공급을 나타낸다.

(1) $P = 2$일 때 균형소득과 균형이자율은?

해설

$Y = C(Y - T) + I(r) + G = [200 + 0.75(Y - 100)] + (200 - 25r) + 100$
IS곡선: $Y = 1700 - 100r$ ······ 식 1

$$\frac{M^s}{P} = L(Y, r) \Rightarrow \frac{1000}{2} = Y - 100r$$

LM곡선: $Y = 500 + 100r$ ······ 식 2

식 1과 식 2를 정리하면 균형이자율 $r_0 = 6$, 균형소득 $Y_0 = 1100$이 구해진다.

(2) $P = 2$이고 재정지출(G)이 100에서 150으로 증가했을 때, 승수효과와 구축효과의 결과로 나타나는 소득의 변화분은 각각 얼마인가?

해설

재정지출이 $G = 150$으로 증가했을 때 IS곡선은 다음과 같다.

$Y = C(Y - T) + I(r) + G = [200 + 0.75(Y - 100)] + (200 - 25r) + 150$

이를 정리하면 다음과 같다.

IS곡선: $Y = 1900 - 100r$ ······ 식 3

식 3과 식 2를 연립하면 $r_1 = 7$, $Y_1 = 1200$이 구해진다.

$IS - LM$모형에서 재정정책의 효과는 승수효과와 (−)구축효과의 합이다. 승수효과는

주어진 이자율 수준하에서 독립적 지출증가로 인한 소득증가의 크기로 정의할 수 있다. 설문의 경우 승수효과는 한계소비성향을 공비로 하는 무한등비수열의 합과 일치한다.

승수효과: $Y_2 - Y_0 = \dfrac{1}{1-c}\Delta G = 4 \times 50 = 200$

정책효과(100) = 승수효과(200) + 구축효과(−100)

즉 재정정책의 효과는 승수효과로 인한 200의 소득증가와 구축효과로 인한 100의 소득감소로 구성되어 있다. 이는 [그림 4−11−1]에서 각각 E점에서 E'점까지의 효과와 E'점에서 A점까지의 효과로 구분된다. 이러한 구축효과는 재정정책으로 이자율 상승이 투자를 감소시키며 발생한 것으로 볼 수 있다.

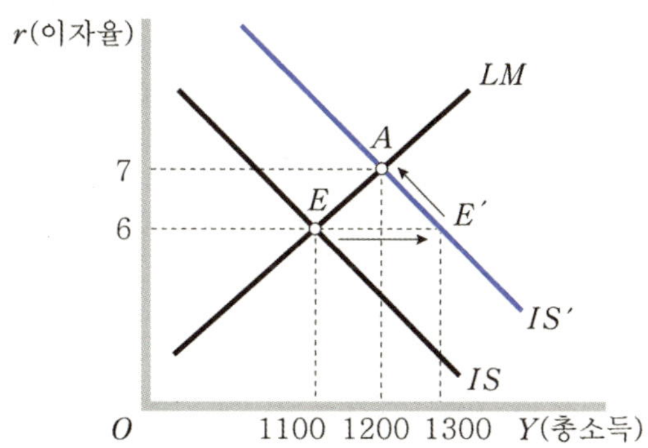

그림 4-11-1 승수효과와 구축효과

(3) (2)의 상황에서 구축효과의 크기가 커지기 위해서는 현재의 화폐수요로부터 어떠한 변화가 선행되어야 하는가? 이를 아래의 화폐시장 균형 방정식을 이용하여 설명하라.

해 설

[그림 4−11−2]에서 기울기가 가파른 LM_1의 경우 재정정책의 효과는 A점까지에 해당하지만 LM곡선의 기울기가 완만한 LM_2의 경우에는 B점까지에 해당한다. B점에 비하면 A점이 이자율이 높고 소득증가폭이 작다. 즉 구축효과가 크기 위해서는 LM곡선의 기울기가 가팔라야 한다. 아래 화폐수요식에서 k는 화폐수요의 소득탄력성(민감도)을 나타내며, h는 화폐수요의 이자율탄력성(민감도)을 나타낸다.

$$\text{화폐시장균형방정식: } \frac{\overline{M}}{P} = kY - hr \quad \cdots\cdots \text{식 4}$$

위 식을 정리하면 LM곡선을 구할 수 있다.

$$LM\text{곡선: } r = \frac{1}{h}\frac{\overline{M}}{P} + \frac{k}{h}Y \quad \cdots\cdots \text{식 5}$$

식 5에서 LM곡선의 기울기는 $\frac{k}{h}$가 된다. 따라서 구축효과가 크기 위해 화폐수요의 소득탄력성 k가 크고 화폐수요의 이자율탄력성 h가 작아야 한다.

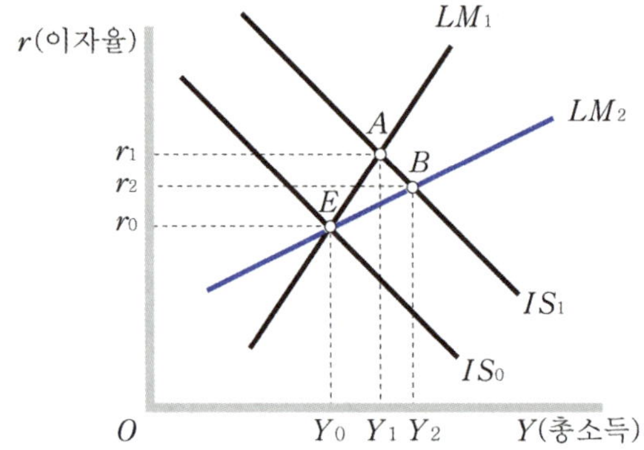

그림 4-11-2 LM곡선의 기울기와 구축효과

12. 다음 통화량 대신 금리준칙 통화정책을 수행하는 거시경제모형을 생각해보자. 단 물가는 경직적이며 모든 계수 값은 영보다 크다.

IS곡선의 식: $Y = m(\overline{A} - bi)$, $\overline{A}$=독립적 지출

LM곡선의 식: $\frac{M}{P} = kY - hi$

MP(금리준칙 통화정책)곡선의 식: $i = i_T + d(Y \quad Y_F)$

Y_F=완전고용국민소득, i_T=완전고용국민소득 하에서의 목표금리

(1) $(Y,\ i)$공간에서 세 곡선을 이용하여 거시경제균형을 표시하고 이 균형의 특성을 설명하라. 단 $Y < Y_F$이다.

해설

주어진 곡선들을 나타내면 [그림 4-12-1]과 같다. MP곡선은 $(Y_F,\ i_T)$를 지나며 기울기가 d로 우상향한다. 편의상 LM곡선의 기울기인 $\frac{k}{h}$가 MP곡선의 기울기인 d보다 크다고 가정하였다. 이 문제에서 국민소득 및 이자율은 IS곡선과 MP곡선에 의해 결정되며 통화량은 내생적으로 결정된다.

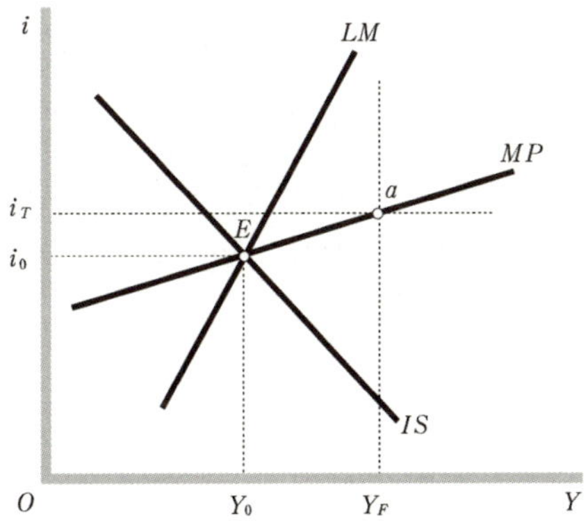

그림 4-12-1 *IS-MP-LM* 균형

(2) $\Delta \overline{A} = 1$일 때 ΔY, Δi, $\Delta \frac{M}{P}$의 값을 구하라.

해설

우선 IS곡선과 MP곡선을 정리하면 다음과 같다.

$$Y = m\left[\overline{A} - b\{i_T + d(Y - Y_F)\}\right]$$

$$\Rightarrow (1 + mbd)Y = m\left[\overline{A} - b(i_T - dY_F)\right] \Rightarrow Y^* = \frac{m}{1+mbd}\left[\overline{A} - b(i_T - dY_F)\right]$$

위 식에서 $\Delta Y^* = \frac{m}{1+mbd}$가 성립한다. 이를 MP곡선에 대입하면 $\Delta i^* = d\Delta Y^*$

$= \dfrac{md}{1+mbd}$가 된다. 이를 LM곡선에 대입하면 $\Delta\left(\dfrac{M}{P}\right) = k\Delta Y^* - h\Delta i^* = \dfrac{mk-mdh}{1+mbd}$가 된다.

(3) 통화정책반응함수 모수 d가 증가할 때 균형국민소득과 통화량은 어떻게 변하는지 그리고 그 이유는 무엇인지 설명하라.

해설

d 증가의 효과를 나타내면 [그림 4-12-2]와 같다. d가 증가하여도 MP곡선은 여전히 a점을 지나며 기울기가 가팔라진다. 이 그림에서 MP_0는 d상승 전 통화정책규칙을 나타내며 이때 균형은 E_0점이다. MP_1은 d 상승 후 통화정책규칙을 나타내며 이때 균형은 E_1점이다. 즉 d가 상승할 때 균형소득은 증가하고 균형이자율은 하락한다. d가 크다는 것은 중앙은행이 소득변동에 대해 민감하게 반응한다는 것을 의미한다. 따라서 Y가 Y_F에 미치지 못하는 상황에서 중앙은행이 더 큰 폭으로 금리를 인하하고 이에 따라 국민소득이 증가한다.

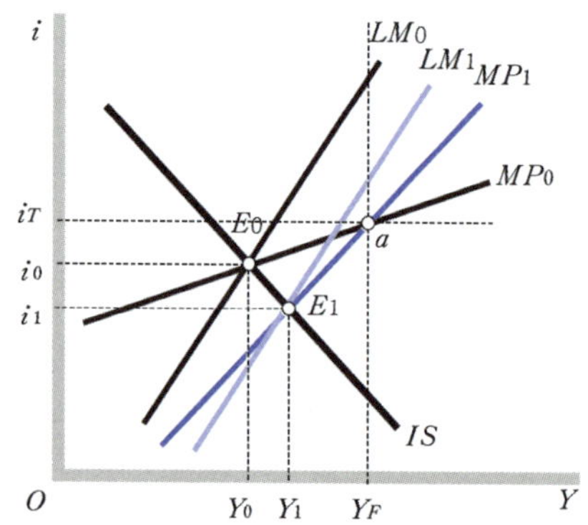

그림 4-12-2 독립지출증가의 효과

Chapter

05 경제개방과 거시경제

01. 어떤 경제의 소비함수, 투자함수, 정부구매함수, 조세함수, 순수출함수가 각각 다음과 같다고 하자.

$C = 200 + 0.9(Y - T)$, $I = 300$, $G = 500$, $T = 0$,

$NX = 600 - 0.1Y$

이 경제에 있어서 국민소득과 순수출 결정모형($NS - I$선과 NX선)의 그림을 그리고, 균형상태에서의 국민소득과 순수출을 구하라. 이 그림을 이용하여 해외의 경기가 좋아질 경우 이 경제에서 어떤 일이 일어날지를 설명하라.

해 설

개방경제의 단순모형의 균형조건은 다음과 같다.

$$NS - I = (Y - C - G) - I$$
$$= [Y - (200 + 0.9Y) - 500] - 300 = 0.1Y - 1000$$
$$NX = 600 - 0.1Y$$

두 곡선을 연립하면 $Y^* = 8000$, $NX^* = -200$이 된다. 이를 나타내면 [그림 5-1]의 E점이 된다.

만약 해외경기가 좋아진다면 독립적 순수출을 의미하는 600이 보다 큰 숫자로 바뀌면서 NX곡선이 상방으로 이동할 것이다. 이 경우 새로운 균형은 [그림 5-1]의 F점이 된다. 이는 해외의 경기가 좋아질 경우, 우리나라의 경기가 좋아지면서 경상수지도 개선됨을 의미한다.

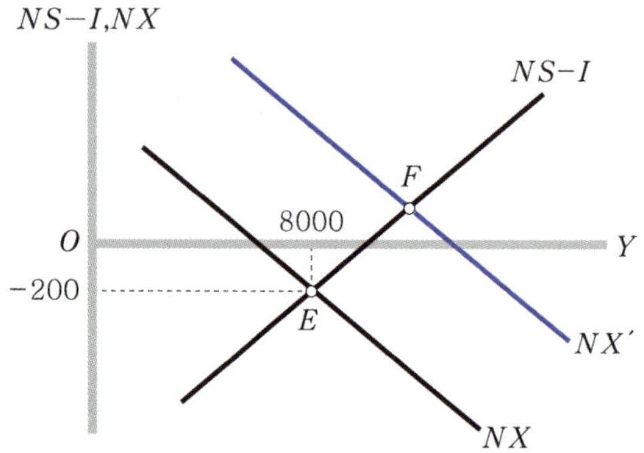

그림 5-1 개방경제의 단순모형

02. 개방경제의 총수요 구성요소가 다음과 같다고 하자.

$C = 400 + 0.5\,YD$

$I = 700 - 4{,}000i + 0.2\,Y$

$G = 200$

$T = 200$

$X = 100 + 0.1\,Y^f + 100q$

$Q = 0.1\,Y - 50q$

$q = 2.0$

$Y^f = 1{,}000$

단, X와 Q는 각각 내국재 단위로 표시한 수출량과 수입량이고, q는 실질환율을 그리고 Y^f는 해외의 국민소득수준을 나타낸다.

(1) 이자율이 10%일 경우 (즉, $i=0.1$일 경우) 균형국민소득을 구하라.

해설

생산물시장의 균형식 $Y=AD=C+I+G+X-Q$에 문제에서 주어진 값들을 대입하면 다음 식을 얻는다.

$$Y=[400+0.5(Y-200)]+(700-400+0.2Y)+200$$
$$+(100+100+200)-(0.1Y-100)$$

위 식을 정리하면 균형국민소득을 얻는다.

$$0.4Y=1,300 \Rightarrow Y^{*}=3,250$$

(2) C, I, G와 순수출의 값을 각각 구하고, 이 네 가지를 더한 총지출이 (1)에서 구한 균형국민소득과 같음을 보여라.

해설

$Y^{*}=3,250$를 각 항목에 대입하면 각각의 값을 구할 수 있다.

소　비: $C=[400+0.5(3,250-200)]=1,925$
투　자: $I=(700-400+0.2\times 3,250)=950$
정부구매: $G=200$
순 수 출: $NX=X-Q$
$=(100+100+200)-(0.1\times 3,250-100)$
$=175$

이 네 가지의 합을 구하면 1,950+950+200+175=3,250이 된다.

(3) 이자율이 10%이고, 정부지출(G)이 200에서 400으로 증가할 경우

i) 균형국민소득을 구하라.

해설

이 경우 $0.4Y=1,500$에서 정리하면 $Y^{*}=3,750$이 된다.

ii) G의 증가 결과 순수출이 어떻게 변화했는가를 설명하라.

해 설

이 경우 순수출이 175에서 125로 감소한다.
(이를 그림으로 나타내면 $NS-I$가 아래로 이동하면서 총소득은 증가하고 순수출은 감소하는 그림이 그려진다.)

(4) 처음 가정으로 되돌아가서 이자율이 10%이고, Y^f가 1,000에서 1,200으로 증가할 경우

i) 균형국민소득을 구하라.

해 설

이 경우 $0.4Y = 1{,}320$에서 정리하면 $Y^* = 3{,}300$

ii) Y^f의 증가 결과 순수출이 어떻게 변화했는가를 설명하고, 정부지출(G)을 동일한 양만큼 증가시켰을 때와 순수출에 미치는 영향이 어떻게 다르게 나타나는지 설명하라.

해 설

이 경우 순수출이 175에서 190으로 증가한다.
(이를 그림으로 나타내면 NX곡선이 위로 이동하면서 총소득과 순수출이 동시에 증가하는 그림이 그려진다.)

03. 다음의 각 경제충격이 국민소득과 순수출에 미치는 효과를 그림으로 보이고, 각 경우에 대해서 경제의 대내외 균형을 달성하기 위해서는 어떤 정책이 필요한지를 설명하라.

(1) 국내투자의 감소

해 설

개방경제에서 생산물시장의 균형식은 다음과 같이 나타낼 수 있다.

생산물시장의 균형식: $NS-I=NX$

이 식을 총소득-경상수지 평면에 나타내었을 때 이 식의 좌변은 총소득에 대한 증가함수이고 우변은 총소득에 대한 감소함수이다. 이제 최초의 균형점 E가 대내외 균형($Y=Y_f$, $NX=0$)을 모두 만족시킨다고 하자.

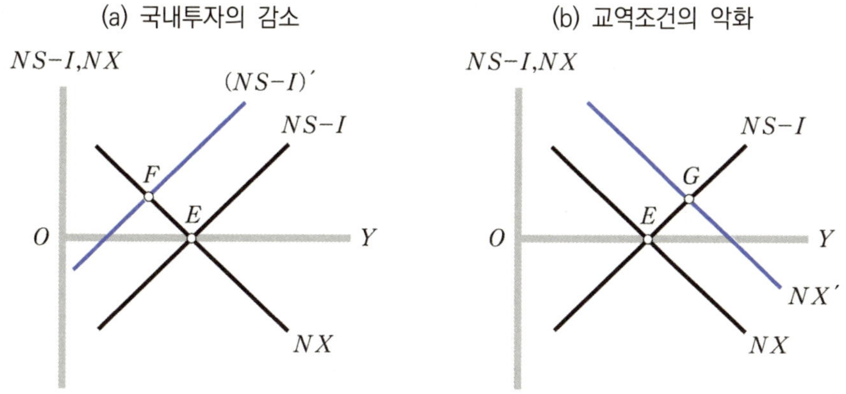

그림 5-3 국민소득 경상수지 결정모형

[그림 5-3]의 (a)에서 국내투자의 감소는 $NS-I$곡선을 상방이동시켜 국민소득을 감소시키고 경상수지는 개선시킨다. 이 경우 원래의 균형을 회복하기 위해서는 $NS-I$곡선을 원래 수준으로 되돌려 놓아야 한다. 이를 위해서는 정부구입을 증가시키거나 세금을 감면하는 지출조정정책이 필요하다.

(2) 교역조건의 악화

해 설

마샬-러너 조건이 충족될 경우 환율상승 등으로 교역조건이 악화되면 순수출은 증가한다. 이는 [그림 5-3]의 (b)에서 NX곡선의 상방이동으로 나타낼 수 있으며 이로 인해 국민소득이 증가하며 경상수지가 개선된다. 이 경우 원래의 균형을 회복하기 위해서는 NX곡선을 원래 수준으로 되돌려 놓아야 한다. 이를 위해서는 평가절상(환율인하)정책이나 수입을 촉진하는 정책 등의 지출전환정책이 필요하다.

04. 전량 수입에 의존하던 제품을 국내에서 생산하기 시작하였을 때 국민소득과 순수출에 미치는 효과를 설명하라.

해 설

개방경제의 국민소득 균형식을 정리하면 다음과 같다.

국민소득 균형식: $Y = C + I + G + X - Q$ 또는 $NS - I = NX$

해외로부터의 수입이 국내의 생산에 의해 대체되는 경우는 [그림 5-4]에 나타내어져 있다. 이 경우에는 국내총지출은 변화가 없고 수입감소로 인해 순수출만 증가한다. 따라서 $NS - I$는 이동하지 않고 NX는 위쪽(좌측)으로 이동하여 소득의 증가와 경상수지의 개선이 나타난다.

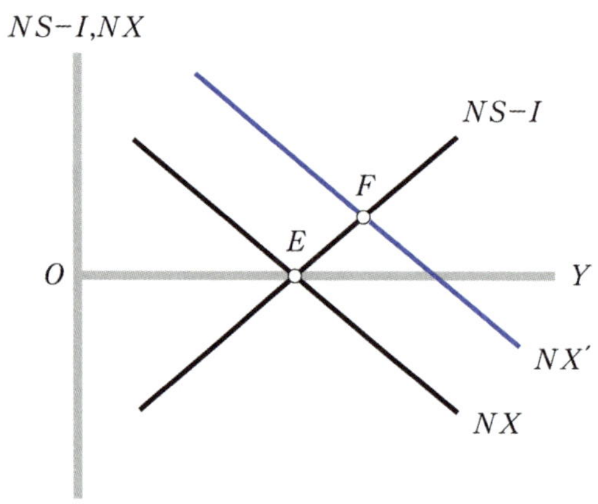

그림 5-4 국민소득-경상수지 결정모형

05. 1998년에 일본경제는 수년째 지속되는 국내경기불황과 경상수지 흑자를 경험하고 있었다. 지출조정정책과 지출전환정책의 관점에서 이러한 상황에 가장 절실한 정책처방은 무엇인지 설명하라. 신문이나 경제잡지 등을 통해 그러한 정책이 실제로 권고되었는지 확인해 보라.

해설

일본의 경우 신문이나 잡지 등에서 권고된 정책은 지출조정정책 측면에서의 확대재정 및 통화정책을, 지출전환정책의 측면에서 엔화의 평가절상을 시도하는 것이었다. 우선 확대재정·통화정책을 실시하면 $NS-I$곡선이 우측(아래쪽)으로 이동하며 국민소득을 증가시킨다. 반면 엔화의 평가절상을 실시할 경우 마샬-러너의 조건이 만족된다면 NX곡선은 좌측(아래쪽)으로 이동하면서 경상수지흑자를 감소시키게 된다(이러한 정책이 경기회복의 효과를 거두기 위해서는 $NS-I$곡선의 이동폭이 NX곡선의 이동폭보다 커야 함을 확인하라).

06. 변동환율제도의 채택을 주장하는 학자들은 변동환율제도의 장점으로 완충효과(insulation property)를 강조한다. 즉, 변동환율제도는 외국의 충격으로부터 국내경제를 완충시켜 준다는 것이다. 소규모 개방경제 모형을 이용하여 변동환율제도의 완충효과가 어떻게 나타날 수 있는지를 설명해 보라.

해설

순수출함수가 다음과 같이 주어졌다고 하자.

순수출함수: $NX = N - Q = X^d\left(\frac{1}{q},\ Y^f\right) - q \cdot Z^d(q,\ Y)$

이때 외국의 충격인 Y_f감소시 수출수요인 X^d가 감소하고 순수출이 줄어들고 NX곡선이 아래로 이동하여 소득감소와 경상수지악화를 유발할 수 있다. 이러한 경우 만약 변동환율제를 채택하고 있다면 국제수지 적자요인의 발생으로 인해 환율이 상승할 것이며 이러한 환율의 상승은 대외균형이 달성되는 수준까지 계속될 것이므로 NX곡선은 다시 원래의 위치로 돌아오게 되고 총소득의 감소는 완전히 상쇄된다.

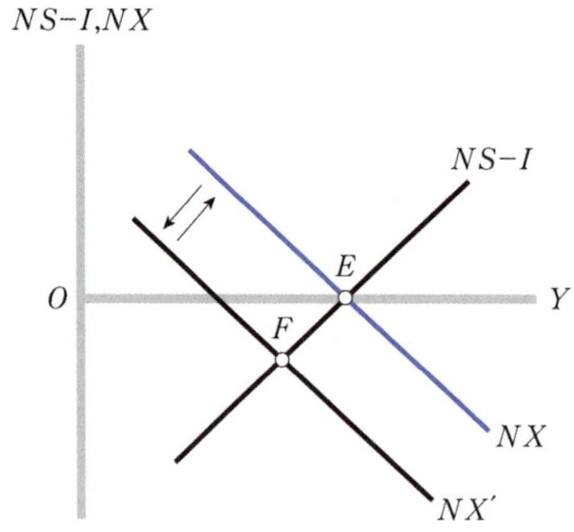

그림 5-6 변동환율제의 차단효과

07. 두 국가만으로 구성된 세계경제에서의 생산물시장 균형조건은 다음과 같이 쓸 수 있다.

$$Y = \overline{C} + cY + \overline{I} + \overline{G} + \overline{NX} + m^f Y^f - mY$$

$$Y^f = \overline{C^f} + c^f Y^f + \overline{I}^f + \overline{G}^f - \overline{NX} + mY - m^f Y^f$$

(1) 독립투자 증가에 따른 승수($\Delta Y / \Delta I$)를 구하라.

해설

주어진 식을 간단히 정리하면 다음 식을 얻을 수 있다.

자국의 균형식: $Y = \overline{A} + cY + m^f Y^f - mY$

$$\Rightarrow (1 - c + m)Y = \overline{A} + m^f Y^f$$

외국의 균형식: $Y^f = \overline{A^f} + c^f Y^f + mY - m^f Y^f$

$$\Rightarrow (1 - c^f + m^f)Y^f = \overline{A^f} + mY$$

(단, $\overline{A} = \overline{C} + \overline{I} + \overline{G} + \overline{NX}$, $\overline{A^f} = \overline{C^f} + \overline{I^f} + \overline{G^f} - \overline{NX}$)

위 두 식을 연립해서 풀면 자국 및 외국의 균형소득을 구할 수 있다.

$$(1-c+m)Y=\overline{A}+m^f\frac{\overline{A^f}+mY}{(1-c^f+m^f)}$$

$$\left[(1-c+m)-\frac{mm^f}{(1-c^f+m^f)}\right]Y=\overline{A}+m^f\frac{\overline{A^f}}{(1-c^f+m^f)}$$

$$\left[\frac{(1-c+m)(1-c^f+m^f)-mm^f}{(1-c^f+m^f)}\right]Y=\overline{A}+m^f\frac{\overline{A^f}}{(1-c^f+m^f)}$$

자국의 균형국민소득:

$$Y=\frac{(1-c^f+m^f)}{(1-c+m)(1-c^f+m^f)-mm^f}\left[\overline{A}+m^f\frac{\overline{A^f}}{(1-c^f+m^f)}\right]$$

외국의 균형국민소득:

$$Y^f=\frac{(1-c+m)}{(1-c^f+m^f)(1-c+m)-mm^f}\left[\overline{A^f}+m\frac{\overline{A}}{(1-c+m)}\right]$$

이때 독립투자승수($\frac{\Delta\overline{Y}}{\Delta\overline{I}}$)를 구하면 다음과 같다.

독립투자승수: $\frac{\Delta\overline{Y}}{\Delta\overline{I}}=\frac{\Delta\overline{Y}}{\Delta\overline{A}}=\frac{(1-c^f+m^m)}{(1-c+m)(1-c^f+m^f)mm^f}$

(2) 위 (1)에서 구한 승수를 본문에 제시된 소국경제모형에서의 독립투자 증가에 따른 승수와 비교하고, 두 승수의 크기에 차이가 나는 이유를 설명하라.

해 설

소국경제에서의 독립투자승수는 $\frac{1}{(1-c+m)}$ 인데 두 국가가 존재하는 모형에서의 투자승수는 이보다 크다. 이는 소국경제모형에서는 국내소득증가가 해외소득에 영향을 미치지 않았지만, 대국경제모형에서는 자국의 소득증가가 수입증가를 통해 외국의 소득을 증가시키고 이것이 다시 외국의 수입증가를 통해 자국의 소득을 증가시키는 반향효과(repercussion effect)가 나타나기 때문이다.

(3) 평가절하는 자국의 소득수준을 높이는 대신 교역상대국의 소득수준을 낮춘다는 점에서 근린궁핍화정책(beggarthyneighbor policy)이라고 불리기도 한다. 위 모형을 이용하여 자국의 평가절하가 교역상대국의 국민소득수준을 낮출 수 있음을 보여라.

해 설

마샬-러너 조건이 충족된다는 전제하에서 평가절하는 $\overline{NX}$를 증가시킨다. 이는 위 균형식에서 $\overline{A}$를 증가시키지만 $\overline{A^f}$를 똑같은 폭으로 감소시키므로 이 경우 역시 소득은 증가하지만 그 증가폭은 독립투자가 증가한 경우에 미치지 못한다. 반면 외국의 균형국민소득의 결정식에서 $\overline{A}$의 증가와 동일한 폭으로 $\overline{A^f}$가 감소하기 때문에 외국의 소득은 감소한다. 이러한 결과는 평가절하가 외국의 순수출을 감소시켜 외국의 소득을 감소시키는 근린궁핍화정책(beggar-thy-neighbor)으로서의 성격을 갖고 있음을 보여준다. 즉 평가절하는 교역상대국에서 자국재화로의 수요대체를 가져와 양국간에 소득의 재분배를 초래하게 된다.

08. 교역재의 가격이 비교역재의 가격에 비해 상대적으로 상승할 때 국민소득과 순수출에 미치는 효과를 설명하라.

해 설

교역재의 상대가격이 상승할 때 교역재의 생산은 증가하고 교역재에 대한 지출은 감소하므로 순수출이 증가할 것이다. 이로 인해 NX곡선이 위쪽으로 이동하게 되면 국민소득은 증가하고 경상수지는 개선될 것이다.

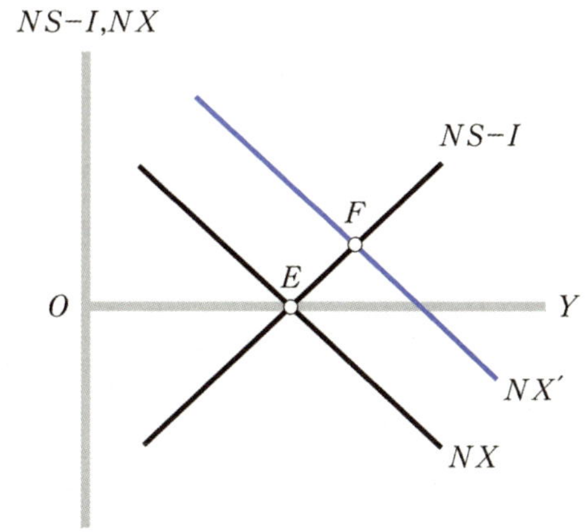

그림 5-8 교역재 상대가격 상승의 효과

09. 다음 표는 우리나라의 경상수지와 국민총저축률(NS/GNI) 및 국내총투자율(I/GNI)의 추이를 보여준다.

연도	국민총저축률(%)	국내총투자율(%)	경상수지/GNI(%)
1989	36.3	33.9	2.3
1991	36.2	39.2	-3.0
1993	35.1	35.1	0.0
1995	36.1	38.0	-1.9

(1) 위의 표는 경상수지가 국민저축과 국내투자에 의해 결정됨을 보여준다. 개방경제의 국민소득계정을 이용하여 이와 같은 관계가 성립함을 보여라.

해 설

개방경제의 국민소득 균형식은 다음과 같다.

국민소득 균형식: $Y = C + I + G + X - Q$

이 식을 정리하면 다음 식을 얻는다.

$$(Y-C-G)-I=X-Q$$

이 식에서 $Y-C-G=NS$, 즉 국민저축이며, $X-Q=NX$, 즉 경상수지이므로 다음의 관계가 성립한다.

$NS-I=NX$ 　　　즉, 국민저축－국내투자＝경상수지

(2) 국민총저축은 가계저축, 기업저축, 정부저축으로 구성된다. 정부지출이 일정할 경우 조세의 증가는 정부저축을 증가시킨다. 경상수지 적자를 해소하기 위한 정책으로 조세(즉, 정부저축)를 증가시켜야 한다는 주장에 대해 논하라.

해 설

현재상태가 E점으로서 경상수지 적자를 겪고 있다고 하자. 정부저축의 증가는 국민저축 NS곡선을 증가시켜 $NS-I$곡선을 위쪽(좌측)으로 이동시킨다. 이에 따라 균형점이 E점에서 F점으로 바뀌게 된다.

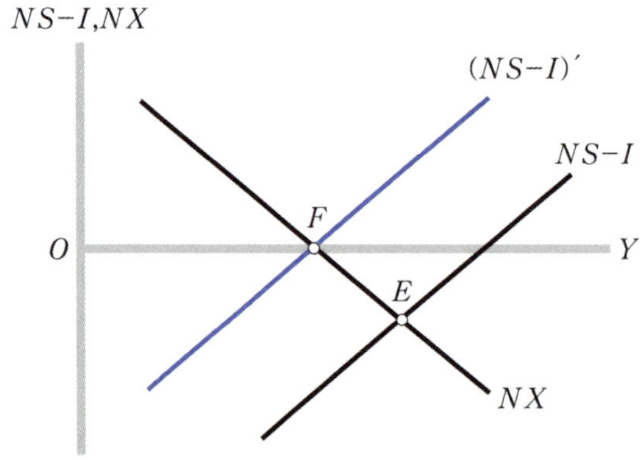

그림 5-9 조세증가의 효과

10. 수출과 수입이 모두 달러화로 결제되는 경우를 생각해보자. 달러화로 표시된 수입재가격과 수출재가격은 단기적으로 경직적이며 각각 $\overline{P}_M^{\$}$, $\overline{P}_X^{\$}$ 이다.

(1) 이와 같이 무역의 달러화가 일어날 때 자국의 수출재단위로 표시한 수입재의 상대가격을 구하라.

해 설

수출과 수입이 모두 달러화로 결제되는 경우 수입재의 상대가격은 $\dfrac{\overline{P}_M^{\$}}{\overline{P}_X^{\$}}$ 이다.

(2) 한편 자국과 미국이 교역시 양국수출이 자국통화로 결제될 때 (1)에서 구한 상대가격과 어떻게 다른가. 단 자국의 수출가격은 $\overline{P}_X^{W}$이고 단기적으로 경직적이며 1달러와 교환되는 원화 환율은 E와 같다.

해 설

수출과 수입이 모두 수출하는 나라의 화폐로 결제되는 경우 수입재의 상대가격은 $\dfrac{E\overline{P}_M^{\$}}{\overline{P}_X^{W}}$ 이다.

(3) 원화환율 E가 상승했다고 하자. 환율의 상승이 (1)과 (2)의 경우 각각 어떻게 영향을 미칠 것으로 기대되는가? 설명하라.

해 설

(2)의 경우 환율상승이 수입재 가격을 인상시켜 교역조건이 악화된다. 이때 마샬－러너 조건이 충족되면 상대적으로 값이 비싼 외국재에서 저렴한 내국재로 지출전환이 일어나 대외수지가 개선된다. 그러나 (1)에서는 환율상승에도 당초 달러화로 표시된 수출가격은 변하지 않아 다른 조건이 일정할 때 수출에는 아무런 변화가 없다. 대신 원화로 표시된 수입가격이 인상되어 수입이 감소한다.

Chapter

06 국제자본이동과 거시경제

01. 국제자본이동성이 완전할 경우 고정환율제도하에서의 통화정책은 효과가 없음을 보았다. 만일 이 국가가 국제이자율 수준에 영향을 미칠 수 있는 대국이라면 통화공급의 증가는 어떤 효과를 가질 것인지를 분석해 보라.

해 설

대국에서의 통화정책의 효과는 [그림 6−1]을 통해 살펴볼 수 있다. 대국에서 국내 통화량이 증가하면 LM곡선이 우측으로 이동하며 국내이자율이 하락하고 이에 따라 국제이자율이 변화해 BP곡선도 아래로 이동하여 균형은 F점에서 형성된다. 따라서 대국의 경우에는 비록 고정환율제가 실시된 경우라 하더라도 통화정책이 이자율 하락 및 소득증가효과를 거둘 수 있다.

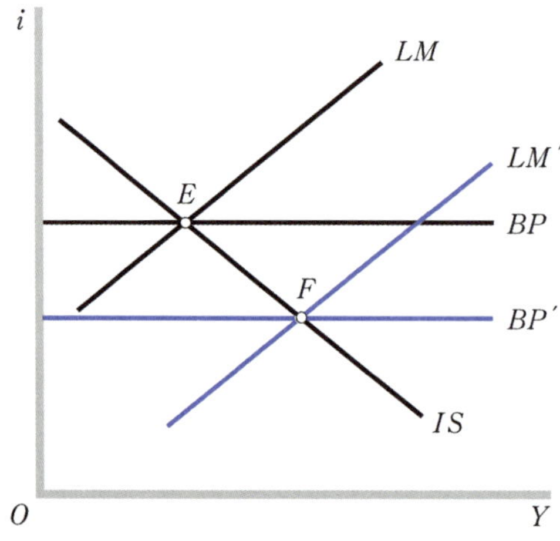

그림 6-1 통화정책의 효과: 대국의 경우

02. 고정환율제도하에서의 통화정책과 재정정책의 효과를 논하되 국제자본이동성이 불완전한 경우,+ 즉 ϕ가 0보다 큰 상수값을 가지는 경우를 분석하라. (Hint: 이 경우에는 BP곡선이 우상향하는 기울기를 가진다. BP곡선의 기울기가 LM곡선의 기울기보다 큰 경우와 작은 경우로 나눠서 분석하도록 한다.)

해 설

(a) LM곡선의 기울기 > BP곡선의 기울기: 자본이동성이 높은 경우

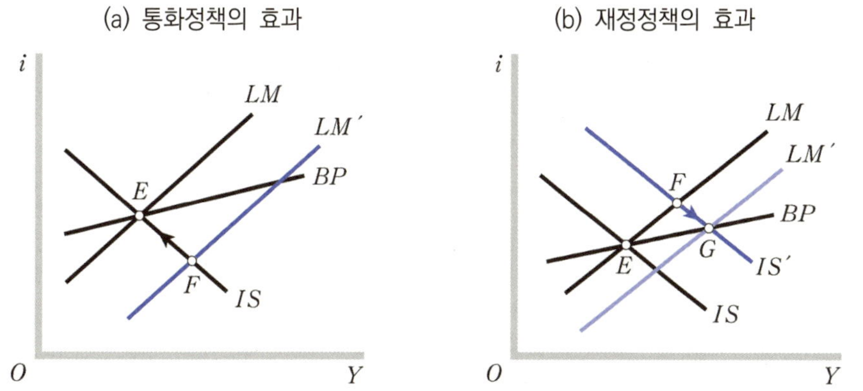

그림 6-2-1 자본이동성이 높은 경우

통화정책이 실시되면 LM곡선이 우측으로 이동한다. 이 경우 새로운 대내균형인 F점에서 국제수지 적자가 유발되는데 이로 인해 통화량이 감소하며 다시 LM곡선이 좌측으로 이동하여 원래의 균형인 E점으로 돌아오게 된다. 즉 고정환율제 하에서 통화정책은 자본의 이동성과 무관히 효과가 없다(단 자본의 이동성이 높을수록 정책의 효과가 빨리 상쇄된다).

재정정책이 실시되면 IS곡선이 우측으로 이동한다. 이 경우 새로운 대내균형인 F점에서 국제수지 흑자가 유발되는데 이로 인해 통화량이 증가하며 LM곡선이 추가로 우측으로 이동하여 새로운 균형인 G점에 이르게 된다. 이때의 정책효과는 폐쇄경제의 경우에 비해 강력하지만 완전한 자본이동의 경우보다는 약하다.

(b) LM곡선의 기울기 $<$ BP곡선의 기울기: 자본이동성이 낮은 경우

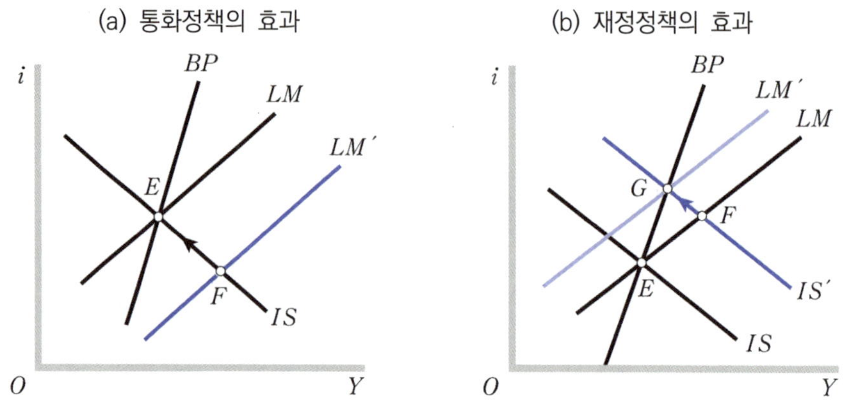

그림 6-2-2 자본이동성이 낮은 경우

통화정책이 실시되면 LM곡선이 우측으로 이동한다. 이 경우 새로운 대내균형인 F점에서 국제수지 적자가 유발되는데 이로 인해 통화량이 감소하며 다시 LM곡선이 좌측으로 이동하여 원래의 균형인 E점으로 돌아오게 된다. 즉 고정환율제하에서 통화정책은 자본의 이동성과 무관히 효과가 없다(단 자본의 이동성이 높을수록 정책의 효과가 빨리 상쇄된다).

재정정책이 실시되면 IS곡선이 우측으로 이동한다. 이 경우 새로운 대내균형인 F점에서 국제수지 적자가 유발되는데 이로 인해 통화량이 감소하며 LM곡선이 좌측으로 이동하여 새로운 균형인 G점에 이르게 된다. 이때의 정책효과는 폐쇄경제 또는 완전한 자본이동의 경우 비해 약하다.

03. 변동환율제도하에서의 통화정책과 재정정책의 효과를 논하되 국제자본이동성이 불완전한 경우 즉 ϕ가 0보다 큰 상수값을 가지는 경우를 분석하라. (Hint: BP곡선이 우상향하는 기울기를 가지는 경우 환율의 변화는 IS곡선뿐만 아니라 BP곡선도 이동시킨다.)

해설

(a) *LM*곡선의 기울기 > *BP*곡선의 기울기: 자본이동성이 높은 경우

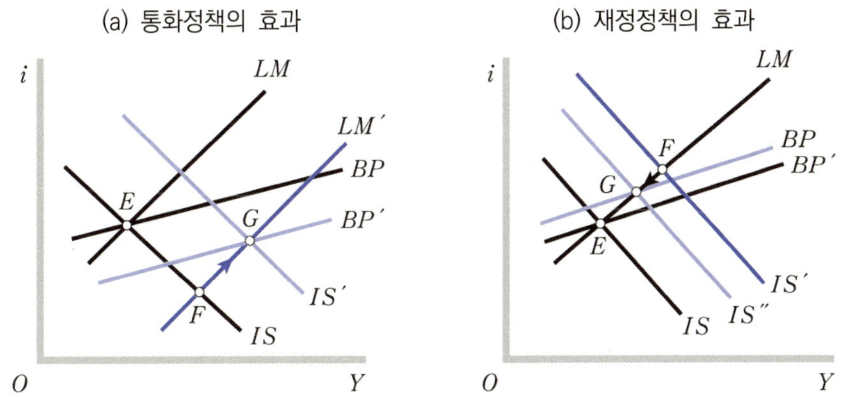

그림 6-3-1 자본이동성이 높은 경우

통화정책이 실시되면 *LM*곡선이 우측으로 이동한다. 이 경우 새로운 대내균형인 *F*점에서 국제수지 적자요인이 발생하는데 이로 인해 환율이 상승하게 되고 *IS*곡선과 *BP*곡선이 우측으로 이동하여 *G*점에 이르러서 새로운 균형이 성립한다. 이 경우 정책효과는 폐쇄경제에 비해서는 강하고 완전한 자본이동의 경우에 비해서는 약하다. 재정정책이 실시되면 *IS*곡선이 우측으로 이동한다. 이 경우 새로운 대내균형인 *F*점에서 국제수지 흑자요인이 발생하는데 이로 인해 환율이 하락하게 되고 *IS*곡선과 *BP*곡선이 좌측으로 이동하여 *G*점에 이르러서 새로운 균형이 성립한다. 이 경우 재정정책이 국민소득을 증가시키지 못했던 완전한 자본이동의 경우에 비해서는 정책의 효과가 강하지만 폐쇄경제에 비해서는 약하다.

(b) LM곡선의 기울기 < BP곡선의 기울기: 자본이동성이 낮은 경우

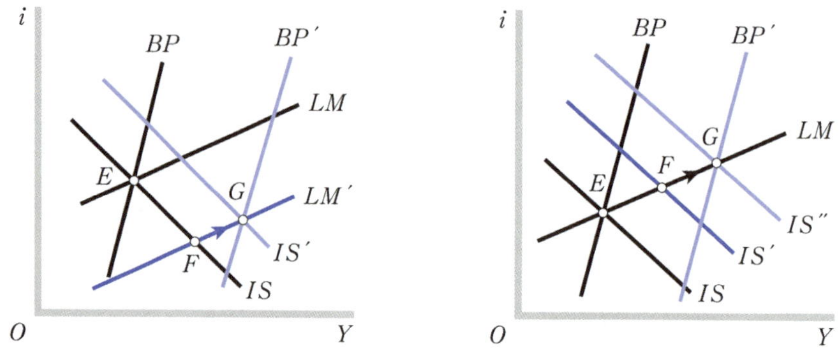

그림 6-3-2 자본이동성이 낮은 경우

통화정책이 실시되면 LM곡선이 우측으로 이동한다. 이 경우 새로운 대내균형인 F 점에서 국제수지 적자요인이 발생하는데 이로 인해 환율이 상승하게 되고 IS곡선과 BP곡선이 우측으로 이동하여 G점에 이르러서 새로운 균형이 성립한다. 이 경우 정책효과는 폐쇄경제에 비해서는 강하고 완전한 자본이동의 경우에 비해서는 약하다. 재정정책이 실시되면 IS곡선이 우측으로 이동한다. 이 경우 새로운 대내균형인 F점에서 국제수지 적자요인이 발생하는데 이로 인해 환율이 상승하게 되고 IS곡선과 BP곡선이 우측으로 이동하여 G점에 이르러서 새로운 균형이 성립한다. 이 경우 재정정책이 완전한 자본이동의 경우나 폐쇄경제에 비해 강력한 효과를 갖는다.

04. 변동환율제도에서 국제자본이동성이 완전한 경우 사람들이 미래에 환율이 상승하리라고 기대한다면 단기적으로 경제에 어떤 영향을 미칠 것인지를 먼델플레밍 모형을 이용하여 분석하라. 만일 고정환율제라면 어떤 일이 발생할 것인가?

해설

완전한 자본이동을 가정할 때 환율기대를 반영한 BP곡선은 유위험 이자율평가관계

를 나타내는 식인 $i = i^f + \frac{E^e - E}{E}$으로 나타낼 수 있다.

이때 환율상승이 기대된다면 BP곡선이 상향이동한다. 이 경우 원래의 균형인 E점에서는 국제수지 적자를 유발하는 대외불균형이 발생한다.

이 경제가 만약 변동환율제를 채택하고 있었다면 자본유출에 대한 압력으로 환율이 상승하고 마샬-러너조건이 충족될 경우 순수출이 증가하면서 IS곡선이 우측으로 이동하여 F점에서 균형을 이룬다. 반면 고정환율제도에서 환율상승이 기대된다면 국제수지 적자로 인해 통화량이 감소하여 LM곡선이 좌측으로 이동하여 G점에서 균형을 이루게 된다.

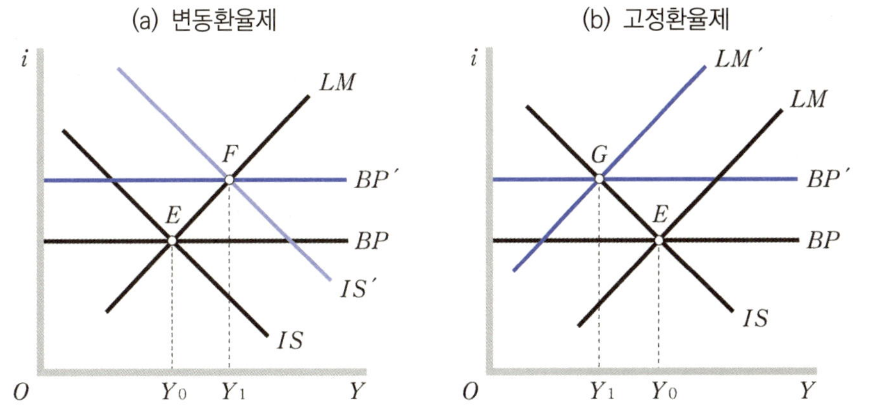

그림 6-4 환율상승기대의 효과

05. 어떤 국가가 국제금리에 영향을 미칠 수 있는 대국이라고 하자. 이 국가가 변동환율제도를 택하고 있고 국제자본이동성이 완전하다고 할 때 확장적 재정정책의 효과를 논하되 위의 정책이 다른 국가들에게 어떤 영향을 미칠지도 설명하라.

해설

대국의 경우 확대재정정책으로 IS곡선이 우측으로 이동하며 국내이자율이 상승하고 이에 따라 국제이자율이 상승해 BP곡선이 위로 이동한다.

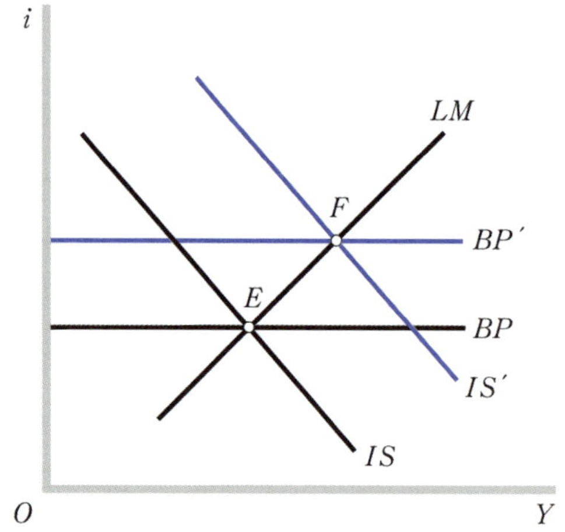

그림 6-5 재정정책의 효과: 대국의 경우

BP곡선이동의 효과를 다루고 있는 문제 4번에서의 답을 고려할 때 만약 외국이 변동환율제를 채택하고 있다면 환율상승과 국민소득 증가가 나타날 것이다. 반면 외국이 고정환율제를 채택하고 있다면 통화량감소와 국민소득감소가 나타날 것이다.

06. 자국과 타국의 두 국가만으로 구성된 세계경제에서 각국의 총수요가 다음과 같이 결정된다고 할 때 아래 질문에 답하라.

[자국]

소비: $C = 320 + 0.4(Y - T) - 200i$

투자: $I = 150 - 200i$

총생산: $Y = 1,000$

세금: $T = 200$

정부구매: $G = 275$

[타국]

소비: $C^f = 480 + 0.4(Y^f - T^f) - 300i$

투자: $I^f = 225 - 300i$

총생산: $Y^f = 1,500$

세금: $T^f = 300$

정부구매: $G^f = 300$

(1) 국제자본시장에서의 균형이자율과 각 나라의 소비, 국내저축, 투자, 순수출을 구하라.

해설

자국 및 외국 생산물시장의 균형조건은 다음과 같다.

자국 생산물시장의 균형: $Y = C + I + G(X - Q)$ ………… 식 1

외국 생산물시장의 균형: $Y^f = C^f + I^f + G^f - (X - Q)$ ………… 식 2

식 1에 주어진 값들을 대입하여 정리하면 다음과 같다.

$$
\begin{aligned}
(X - Q) &= Y - C - I - G \\
&= 1,000 - [320 + 0.4(1,000 - 200) - 200i] \\
&\quad - (150 - 200 \times i) - 275 \quad \cdots\cdots \text{식 3} \\
&= -65 + 400i
\end{aligned}
$$

식 2에 주어진 값들을 대입하여 정리하면 다음과 같다.

$$
\begin{aligned}
(X - Q) &= C^f + I^f + G^f - Y^f \\
&= [480 + 0.4(1,500 - 300) - 300i] \\
&\quad + (225 - 300 \times i) + 300 - 1,500 \quad \cdots\cdots \text{식 4} \\
&= -15 - 600i
\end{aligned}
$$

식 3과 식 4를 정리하면 균형이자율 $i^* = 0.05$가 된다. 이 값으로부터 각국의 총지출 구성요소들을 구하면 다음과 같다.

자국의		외국의	
소비	$= 630$	소비	$= 945$
국내저축	$= 95$	국내저축	$= 255$
투자	$= 140$	투자	$= 210$
순수출	$= -45$	순수출	$= 45$

(2) 자국의 정부지출이 50만큼 증가하여 325가 되었고 이에 따른 재정적자를 보전하기 위하여 조세를 50만큼 증가시켰다고 하자. 이럴 경우 국제자본시장에서의 균형이자율과 각 나라의 새로운 소비, 국내저축, 투자, 순수출의 값은 얼마인가?

해 설

증가한 정부지출을 반영하여 정리하면 다음과 같다.

$$(X-Q)=Y-C-I-G$$
$$=1{,}000-[320+0.4(1{,}000-250)-200i]$$
$$-(150-200\times i)-325 \quad \cdots\cdots \text{식 5}$$
$$=-95+400i$$

식 5와 식 4를 연립하면 새로운 균형이자율 $i^*=0.08$가 된다. 이 값으로부터 각국의 총지출 구성요소들을 구하면 다음과 같다.

자국의 소비	=604	외국의 소비	=936
국내저축	=71	국내저축	=264
투자	=134	투자	=201
순수출	=−63	순수출	=63

07. 어떤 소규모 개방경제의 국제자본이동성이 완전하다고 가정할 때 다음의 경우 환율제도에 따라 이 경제의 균형에 어떻게 영향을 미치는지 설명하라.

(1) 국제금리의 상승

해 설

완전자본이동하에서 BP곡선은 대외균형이 달성되기 위한 국내이자율수준을 의미한다. 이때 국제이자율수준이 상승한다면 다른 조건이 일정할 때 국내이자율수준도 동일한 폭으로 상승하여야 하므로 BP곡선이 상방이동한다. 이 경우 원래의 균형인 E점에서는 국제수지 적자를 유발하는 대외불균형이 발생한다.

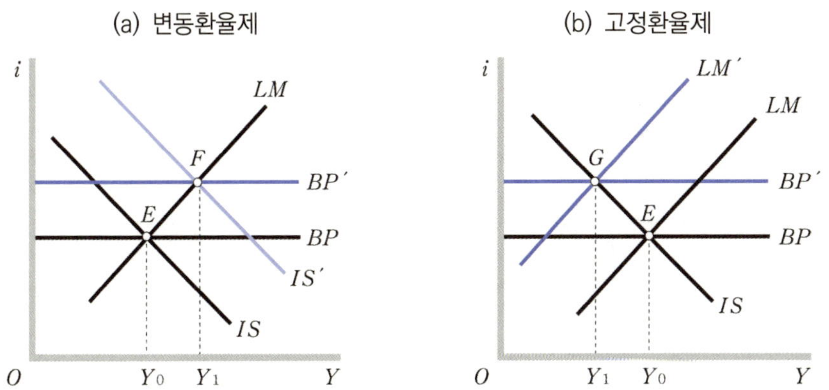

그림 6-7-1 국제금리상승의 효과

이 경제가 만약 변동환율제를 채택하고 있었다면 자본유출에 대한 압력으로 환율이 상승하고 마샬-러너조건이 충족될 경우 순수출이 증가하며 *IS*곡선이 우측으로 이동하여 *F*점에서 균형을 이룬다. 반면 이 경제가 고정환율제도를 채택하고 있었다면 국제수지 적자가 발생하고 통화량이 감소하여 *LM*곡선이 좌측으로 이동하여 *G*점에서 균형을 이루게 된다.

정리하면 국제이자율 상승에 대해 변동환율제하에서는 환율이 상승하면서 국민소득이 증가한다. 반면 고정환율제하에서는 통화량이 감소하면서 국민소득이 감소한다.

(2) 자국제품에 대한 해외수요의 감소

해설

자국제품에 대한 해외수요가 감소하면 순수출의 감소로 *IS*곡선이 왼쪽으로 이동한다. 이 경우 새로운 대내 균형인 *F*점에서 국제수지 적자를 유발하는 대외 불균형이 발생한다.

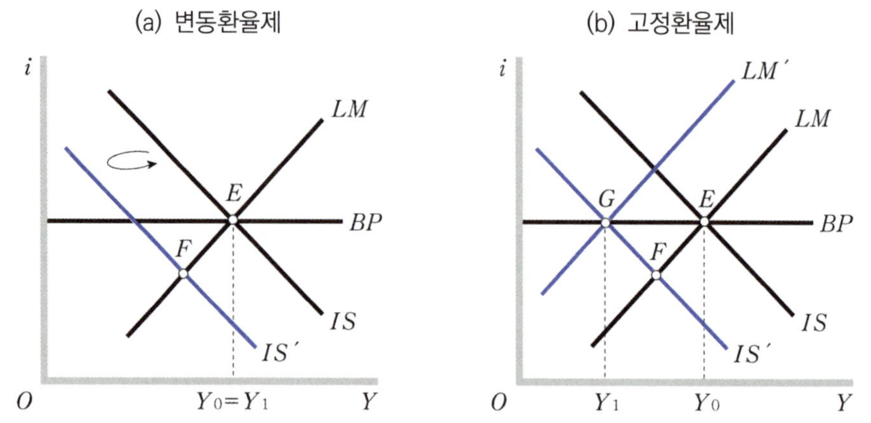

그림 6-7-2 자국제품에 대한 해외수요의 감소

이 경제가 만약 변동환율제를 채택하고 있었다면 자본유출에 대한 압력으로 환율이 상승하고 마샬－러너조건이 충족될 경우 순수출이 회복되며 *IS*곡선이 우측으로 이동하여 *E*점으로 돌아와 균형을 이룬다. 즉 변동환율제하에서는 환율이 상승하는 대신 통화량은 불변이며 국민소득은 원래수준을 회복한다.

반면 이 경제가 고정환율제도를 채택하고 있었다면 국제수지 적자로 인해 통화량이 감소하여 *LM*곡선이 좌측으로 이동하여 *G*점에서 균형을 이루게 된다. 즉 고정환율제하에서는 환율이 불변인 대신 통화량이 감소하며 국민소득은 큰 폭으로 감소한다.

(3) 경기비관론에 따른 독립적 투자 지출의 감소

해 설

독립적 투자지출이 감소하는 경우 *IS*곡선이 좌측이동하며 이하 분석은 (2)의 경우와 동일하다.

08. *BP*곡선의 식이 $i = i^f + \dfrac{E^e - E}{E}$라고 가정하자. 변동환율제도 하에서 확장적 통화정책과 재정정책의 효과를 설명하라. 단 통화정책과 재정정책이 미래의 환율에 영향을 미치지 않는다.

해설

BP곡선이 유위험 이자율평가식(IRP)과 같은 경우를 나타내기 위해 일반적인 IS곡선 및 LM곡선을 나타내는 (Y, i)평면과 함께 (E, i)평면을 함께 그리면 [그림 6-8-1]과 같다. 이 그림에서 IRP곡선은 환율기대 및 양국이자율이 일정할 때 자국 이자율과 환율이 음(−)의 관계를 갖는다는 점을 반영하였다.

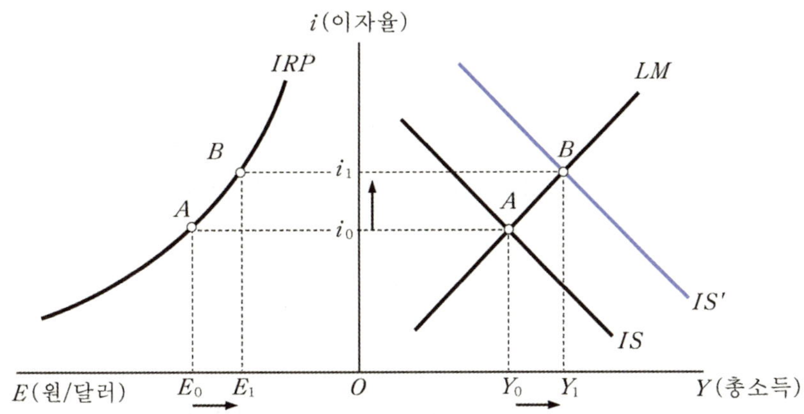

그림 6-8-1 확장적 재정정책의 효과

[그림 6-8-1]에서 최초균형이 A점이라고 하자. 확장적 재정정책이 실시되면 IS곡선이 우측으로 이동하며 새로운 균형이 B점이 된다. 이 점에서 총소득은 증가, 이자율은 상승, 환율은 하락하였다. [그림 6-8-2]에서 확장적 통화정책이 실시되면 LM곡선이 우측으로 이동하며 새로운 균형이 C점이 된다. 이 점에서 총소득은 증가, 이자율은 하락, 환율은 상승하였다.

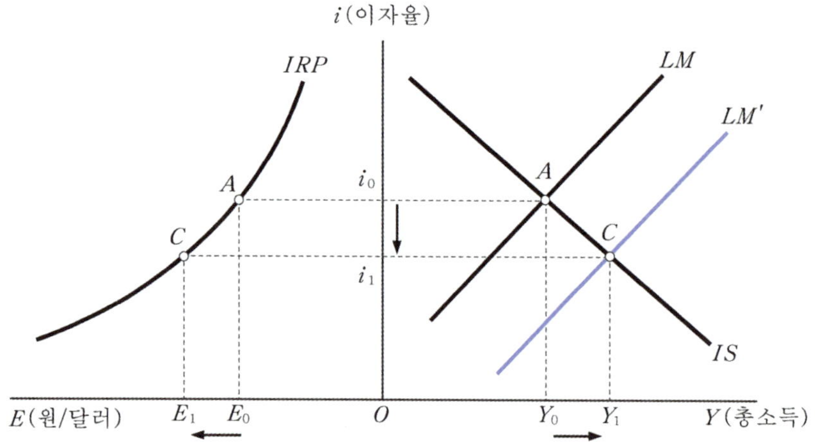

그림 6-8-2 확장적 통화정책의 효과

09. (2018년 5급 행정고시) 국제금융시장에서 결정된 금리가 어떤 소규모 개방경제국(A국)의 금리보다 낮아졌다고 가정하자. 이 경우 먼델-플레밍(Mundell-Fleming) 모형을 이용하여 다음 물음에 답하라.

(1) A국이 변동환율제도를 채택하고 있고 국제금융시장의 저금리기조에 대하여 아무런 정책적 대응을 하지 않는다면, 실질환율과 실질국민소득은 어떻게 변하는지 설명하라.

해 설

완전한 자본이동과 완전한 변동환율제도를 가정한다. [그림 6-9-1]에서 원래의 균형점이 E점이라고 하자. 이 경우 국제이자율이 하락할 경우 BP곡선이 하방으로 이동하면서 E점에서 외환시장의 초과공급이 유발된다. 이에 따라 명목환율이 하락하면 순수출이 감소하면서 IS곡선이 좌측으로 이동하며 A점에서 새로운 일반균형이 달성된다. 그 결과 국민소득은 감소하고 명목환율 및 실질환율이 하락한다.

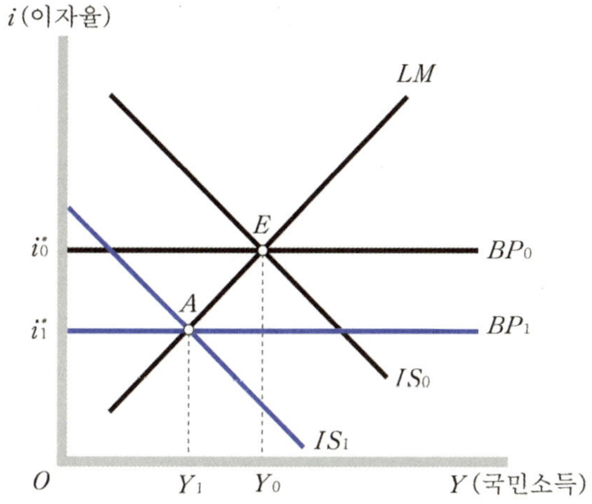

그림 6-9-1 국제이자율하락의 효과

(2) (1)의 변화 이후, A국이 국민소득을 원래의 수준으로 유지하고자 한다면 어떤 정책을 시행하는 것이 타당하며, 그 결과 실질환율은 어떻게 변하는지 설명하라.

해 설

완전자본이동과 완전변동환율제를 가정할 경우 *IS*곡선을 이동시키는 확장적 재정정책은 국민소득에 영향을 미치지 못하고 환율만을 하락시킨다. 반면 *LM*곡선을 이동시키는 확장적 통화정책은 환율을 상승시키며 동시에 국민소득을 증가시킬 수 있다. 따라서 국민소득을 원래의 수준으로 유지하기 위해 필요한 정책은 확장적 통화정책이다. 만약 국제이자율하락에 대해 확장적 통화정책을 실시한다면 이는 *LM*곡선을 우측으로 이동시키는 변화로 나타내어진다. 이 경우 [그림 6−9−2]에서 *A*′점에 해당하는 외환시장 초과수요가 발생하며 환율이 상승할 것이다. 이에 따라 순수출이 증가하며 *IS*곡선이 우측으로 이동하면 최종균형은 *B*점이 된다. 결과적으로 국민소득은 원상을 회복하였으며 명목환율 및 실질환율은 정부가 아무런 개입을 하지 않는 *A*점보다는 높으나 원래 수준인 *E*점보다는 낮다.

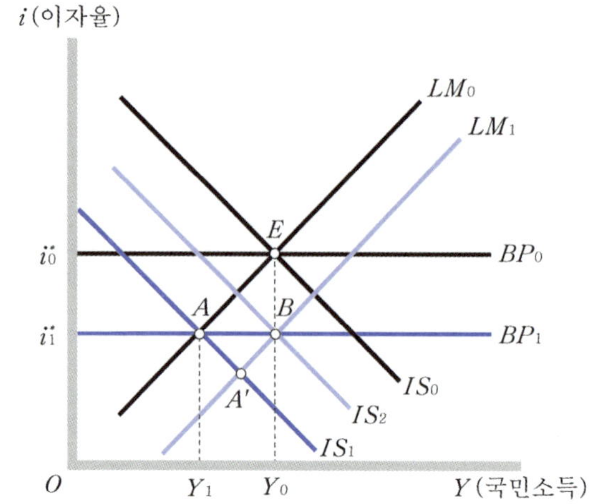

그림 6-9-2 정책대응의 효과

10. (2023년 입법고서) 최근 미국 연준에서는 물가안정을 위하여 이자율을 대폭 인상하고 있다. 미국과 교역하는 개방 경제인 A국의 거시경제모형이 다음과 같으며, 변동환율제도를 시행하고 있다고 하자.

생산물시장: $Y = C(Y) + I + G + \left(\frac{EP^*}{P}, Y\right)$

화폐시장: $\frac{M^S}{P} = L(R, Y)$

외환시장: $R = R^* + \frac{E'^e - E}{E}$

(여기서 $\frac{EP^*}{P}$는 실질환율, E는 A국 통화로 표시한 명목환율, P는 A국 물가수준, P^*는 미국 물가수준, R은 A국 이자율, R^*는 미국 이자율, E'^e는 예상환율임.)

(1) 생산물시장, 화폐시장, 외환시장의 일반균형을 나타내는 그림을 이용하여 미국의 이자율 인상이 A국의 생산량(국민소득), 환율, 경상수지에 미치는 영향을 설명하시오.

해설

소비는 국민소득의 증가함수, 투자와 정부구입은 외생변수, 순수출은 실질환율의 증가함수이며, 국민소득의 감소함수라 가정한다. 통화공급은 외생변수이며, 통화수요는 이자율의 감소함수이고 국민소득의 증가함수이다. 이 모형에서 내생변수는 국민소득, 환율, 이자율이다. 그 외의 변수는 모두 외생변수로 둔다.

생산물시장의 균형조건에 외환시장의 균형조건을 통합하면 다음과 같다.

통합된 *IS*곡선 : $Y = C(Y) + I + G + CA\left[\dfrac{E^{'e}P^*}{(1+R-R^*)P}, Y\right]$

위 식에서 국내 이자율이 하락할 때 환율이 상승하며 순수출 *CA*가 증가한다. 따라서 폐쇄경제와 달리 비록 투자가 이자율에 영향을 받지 않더라도 *IS*곡선이 우하향한다. 또한 *IS*곡선은 예상환율과 외국이자율이 변화할 때 이동한다. 예를 들어 국민소득이 일정하며 $E = E^{'e}$일 때 $R = R^*$따라서 외국이자율이 상승하면 *IS*곡선이 외국이자율의 상승폭만큼 상방으로 이동한다.

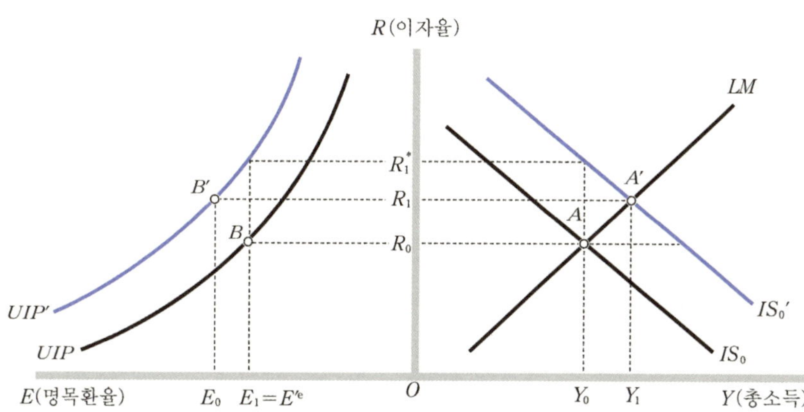

그림 6-10-1 미국 이자율인상의 효과 : 투자가 이자율에 독립인 경우

[그림 6-10-1] 의 1사분면은 일반균형을 나타내며 2사분면은 외환시장의 균형만을 별도로 나타낸 것이다. 최초균형이 *A*점 및 *B*점이라고 하자. 이 경우 미국이자율이 상승하면 *IS*곡선과 *UIP*곡선이 동일한 폭으로 상방이동한다. 이 경우 새로운 일반균

형은 A'점 및 B'점이 된다.

최초균형 대비 새로운 균형에서 국민소득은 증가, 이자율은 상승, 환율은 상승한다. 이 경우 이 경우 재화시장균형식에서 국민소득과 총소비가 모두 증가하지만 국민소득의 증가폭이 더 크기 때문에 경상수지는 개선된다. 국민소득으로 인한 경상수지 악화효과에도 불구하고 전반적인 경상수지가 개선된 것으로부터 환율이 상승했음을 확인할 수 있다.

(2) (1)번의 조정과정에서 A국 화폐시장이 어떻게 변화하는지 설명하고, A국 이자율과 미국 이자율의 차이를 설명하시오.

해 설

조정과정에서 화폐시장만을 별도로 나타내면 [그림 6-10-2]와 같다. 최초균형은 화폐시장의 공급과 수요가 일치하는 C점이다. 이 경우 A국의 이자율은 미국이자율과 동일하다.

미국이자율이 R_1^*까지 상승하는 경우 국민소득이 증가하며 화폐수요곡선이 우측으로 이동하며 새로운 균형은 C'점이 된다. 이 경우 국내 이자율이 상승했지만 새로운 미국이자율보다는 낮다. 이는 예상환율이 일정하다고 가정하였을 때 환율이 상승하면 $E'^e < E$가 성립하는데 이 경우 이자율평가조건에서 $R < R^*$이 성립해야 하기 때문이다.

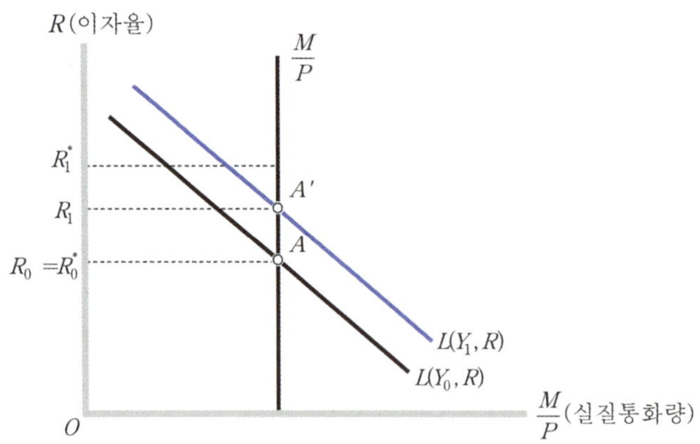

그림 6-10-2 화폐시장의 조정

(3) 투자가 이자율에 의존하는 경우[즉, $I = I(R)$], 생산량(국민소득), 환율, 경상수지에 미치는 영향이 어떻게 달라지는지 설명하시오.

해설

만약 투자가 이자율의 감소함수라면 그렇지 않은 경우보다 *IS*곡선이 보다 완만해진다. 이를 나타내면 이러한 경우에도 다른 조건이 일정할 때 *UIP*곡선의 상방이동폭 및, *IS*곡선의 우측이동폭은 동일하다. 따라서 새로운 균형점은 A''점 및 B''점이 된다. 이 경우 국민소득의 증가폭은 감소, 이자율의 상승폭은 감소, 환율의 상승폭은 증가한다. 국민소득의 증가폭이 감소하였고 환율의 상승폭이 증가하였으므로 경상수지 개선 폭이 커진다.

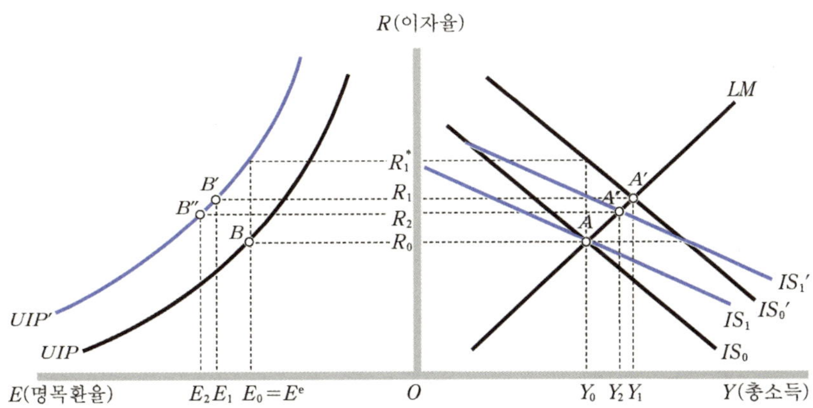

그림 6-10-3 미국 이자율인상의 효과 : 투자가 이자율의 감소함수인 경우

11. (2023년 행정고시) 현재 우리나라 채권 금리는 연이율 4%, 미국 채권 금리는 연이율 10%이며, 현물환율은 1,250원/달러, 12개월 선물환율은 1,225원/달러라고 가정한다. 국가 간 자본의 이동이 완전하다고 할 때, 다음 물음에 답하시오. (단, 투자자는 위험 중립적이다)

(1) 투자자가 6개월 만기 채권에 투자할 때, 6개월 후 환율을 1,200원/달러로 예상한다면 우리나라와 미국 채권 중 어느 것에 투자하며, 이때 발생하는 국제적 자본의 이동과 환율의 변동을 설명하시오.

해 설

이자율을 6개월 기준으로 환산하여 유위험 이자율평가조건에 대입하면 다음과 같다.

$$i = 2\% > i^f + \frac{E'^e - E}{E} = 5\% + \frac{1200 - 1250}{1250} = 1\%$$

따라서 6개월 기준으로 한국에 투자하는 것이 수익률이 더 높기 때문에 위험중립자인 투자자는 한국에 투자할 것이다. 투자자들이 미래환율에 대해 동일하게 예측한다면 국제적 자본은 미국에서 한국으로 유입될 것이며 이에 따라 환율은 하락할 것이다. 새로운 균형에서 이자율평가조건이 성립한다면 환율은 다음과 같다.

$$i = 2\% = i^f + \frac{E'^e - E}{E} = 5\% + \frac{1200 - E}{E} \Rightarrow E \fallingdotseq 1237$$

(2) 1년 만기 채권에 투자하려는 투자자는 우리나라와 미국 채권 중 어느 것에 투자하며, 이때 발생하는 국제적 자본의 이동과 환율의 변동을 설명하시오. 그리고 현실에서 무위험이자율평가가 성립하지 않는 이유를 설명하시오.

해 설

주어진 값들을 무위험 이자율평가조건에 대입하면 다음과 같다.

$$i = 4\% < i^f + \frac{F - E}{E} = 10\% + \frac{1225 - 1250}{1250} = 8\%$$

따라서 1년 기준으로 미국에 투자하는 것이 수익률이 더 높기 때문에 투자자는 미국에 투자할 것이다. 따라서 자본은 한국에서 미국으로 유출될 것이며 이에 따라 환율은 하락할 것이다. 새로운 균형에서 무위험 이자율평가조건이 성립한다면 환율은 다음과 같다.

$$i = 4\% = i^f + \frac{F - E}{E} = 10\% + \frac{1225 - E}{E} \Rightarrow E \fallingdotseq 1303$$

현실에서 무위험 이자율평가가 성립하기 위해서는 정보의 완전성, 위험중립성, 금융자산의 동질성(완전대체성), 제도적 규제가 없어야 함, 거래비용이 없어야 함 등 다양한 조건이 필요하다. 이러한 조건이 하나 이상이 파괴되는 경우 무위험 이자율 평가는 성립하지 않는다.

Chapter

07 총수요-총공급 모형

01. 총수요곡선상의 모든 점에서는 화폐시장이 균형을 이루고 있다고 하였다. 동일한 총수요곡선상에서 우하방향에 있는 점이 좌상방향에 있는 점들에 비해 낮은 수준의 균형이자율을 가지고 있음을 증명하라.

해 설

주어진 문제는 $IS-LM$모형으로부터 총수요곡선을 도출하는 과정을 통해 답할 수 있는 문제이다.

본문의 도출과정에서처럼 물가가 P_0인 경우에 해당하는 LM곡선과 IS곡선이 만나는 점이 [그림 7－1]의 (a)와 (b)에서 A점으로 주어져 있다. 이때 물가가 상승하여 좌측으로 이동한 LM곡선과 IS곡선이 만나는 점이 B점으로 주어져 있다. 두 점 중 총수요곡선에서 우하방에 있는 A점의 경우 $IS-LM$모형상에서 더 낮은 이자율을 가지는 점에 대응됨을 알 수 있다. 이는 지금 보고 있는 총수요곡선이 물가상승시 이자율이 상승하면서 투자가 감소하는 '이자율 효과'를 담고 있음을 의미한다.

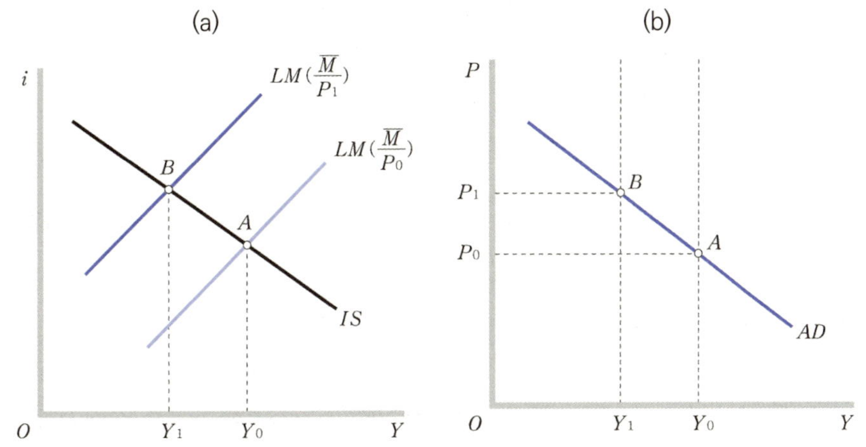

그림 7-1 총수요곡선의 도출과정

02. IS곡선과 LM곡선의 방정식으로부터 총수요곡선의 함수식을 도출하고, 이를 이용하여 총수요곡선의 기울기를 결정하는 요인들을 분석해 보라.

해설

3장과 4장에서 살펴본 $IS-LM$모형에서는 물가가 외생변수로 주어진 경우를 분석하였다. 이제 동일한 수식에 물가를 내생변수로 도입하면 총수요곡선을 도출할 수 있다. 우선 IS곡선과 LM곡선이 다음과 같이 주어졌다고 하자.

IS곡선: $Y=\dfrac{1}{1-c}(\overline{A}-bi)$ $\quad \overline{A}$는 독립적 지출

LM곡선: $\left(\dfrac{\overline{M}}{P}\right)=kY-hi$

이 두 식을 연립하여 정리하면 다음과 같이 총수요곡선을 얻을 수 있다.

$$Y=\frac{1}{1-c}\left[\overline{A}-b\left(\frac{k}{h}Y-\frac{1}{h}\frac{\overline{M}}{P}\right)\right]$$

$$Y\left[1+\frac{1}{1-c}\frac{bk}{h}\right]=\frac{1}{1-c}\left[\overline{A}+\frac{b}{h}\frac{\overline{M}}{P}\right]$$

$$AD\text{곡선: } Y=\frac{1}{(1-c)+\dfrac{bk}{h}}\left[\overline{A}+\frac{b}{h}\frac{\overline{M}}{P}\right]$$

이 식이 바로 물가와 총수요간의 관계를 나타내는 총수요곡선에 해당한다. 이 식을 통해 알 수 있는 총수요곡선의 성질들을 정리해보면 다음과 같다.

첫째, P가 상승하면 실질통화량이 감소하면서 소득이 감소한다. 이는 총수요곡선이 우하향함을 의미한다.

둘째, 독립적 지출인 $\overline{A}$ 또는 통화량 $\overline{M}$이 증가하면 총수요곡선은 우측으로 이동한다.

셋째, AD곡선은 $\dfrac{1}{h}\cdot b\cdot\dfrac{1}{(1-c)+\dfrac{bk}{h}}=\dfrac{1}{\dfrac{h}{b}(1-c)+k}$이 클수록 완만해진다(기울기 증가, 기울기 절대값 감소). 이 식에서 한계소비성향 c가 커서 승수가 클 경우 총수요곡선이 완만해짐을 알 수 있다. 또한 투자의 이자율탄력성인 b가 큰 경우에도 총수요곡선은 완만해진다. c와 b가 큰 경우에 IS곡선 역시 완만하므로 AD곡선은 IS곡선이 완만할수록 완만해진다. 또한 화폐수요의 이자율탄력성인 h와 화폐수요의 소득탄

력성인 k가 커지면 AD곡선은 가팔라진다. LM곡선의 기울기는 $\left(\frac{k}{h}\right)$이므로 LM곡선의 기울기와 AD곡선의 기울기간에는 일관된 관계가 없다.

03. 케인즈학파에 따르면 노동시장이 초과공급상태에 있는 경우 단기에는 명목임금이 경직적이나 장기에는 명목임금이 하락하고 이에 따라 단기총공급곡선이 우측으로 이동하게 된다. 명목임금의 하락이 단기총공급곡선을 우측으로 이동시킬 수 있음을 그림을 통해서 증명해 보라. (Hint: 케인즈학파에 있어서 명목임금의 하락은 수평인 노동공급곡선의 하향 이동을 말한다.)

해 설

임금계약모형(명목임금 경직성모형)에서 단기 총공급곡선(SAS)은 사전에 정해진 명목임금하에서 물가가 상승하면 실질임금이 하락하면서 고용과 산출량이 증가하는 효과를 담고 있다. 반면 주어져 있다고 가정하던 명목임금이 변하는 경우에는 단기 총공급곡선이 이동하게 된다.

예를 들어 [그림 7−3]에서 초기 명목임금이 W_0로 주어져 있을 때 노동시장이 완전고용을 만족하지 못하고 L_0L_1만큼 초과공급상태에 있다고 하자. 이때의 단기균형점은 E점이 된다. 하지만 장기적으로 명목임금이 신축적이어서 임금이 W_1으로 하락하면 주어진 물가 P_0하에서 실질임금도 하락하므로 노동에 대한 고용이 L_1까지 증가한다. 이때 물가수준 P_0에 대응되는 총생산이 Y_0에서 Y_1으로 증가하므로 새로운 균형은 F점이 되고 단기총공급곡선은 우측으로 이동한다.

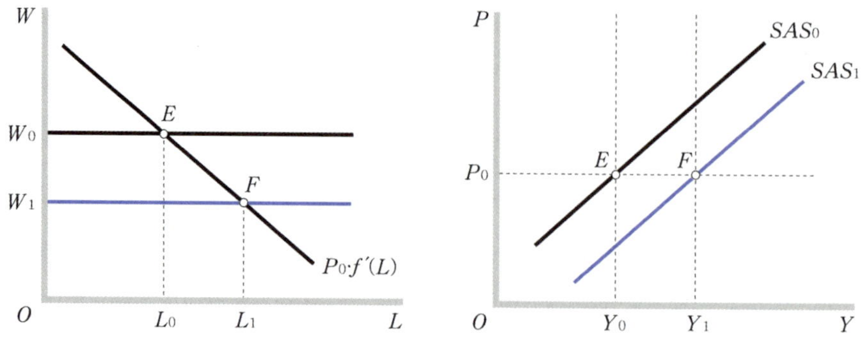

그림 7-3 명목임금의 조정과 단기 총공급곡선의 이동

04. 사람들이 이전에 비해 여가를 더 선호하게 될 경우 거시경제에 미치는 영향을 분석해 보라.

해 설

우선 총수요 측면에서 재화에 비해 여가의 선호도가 증가하면 지출이 감소하여 총수요곡선이 좌측으로 이동한다.

총공급 측면에서는 여가의 선호도가 증가할 경우 노동의 공급은 감소한다. 만약 임금계약모형을 전제로 한다면 단기에 고용량은 노동수요에 의해 결정되므로 총공급곡선에 아무런 영향이 없다. 그러나 장기적으로는 노동공급의 감소가 목표실질임금을 상승시키게 될 것이므로 명목임금도 따라서 상승하게 될 것이다. 명목임금이 상승하는 경우 주어진 물가하에서 실질임금의 상승으로 고용량이 감소하고 총생산량이 감소하면서 총공급곡선이 좌측으로 이동한다.

이를 그림으로 나타내면 [그림 7-4]와 같다. 단기적으로는 총수요곡선만 좌측으로 이동하여 총생산은 감소하고 물가도 하락한다. 장기적으로도 총수요, 총공급이 동시에 좌측으로 이동함에 따라 총생산은 반드시 감소한다. 반면 물가의 상승 또는 하락 여부는 총수요곡선과 총공급곡선의 이동폭에 따라 달라질 수 있다(이 그림에는 두 곡선의 이동폭이 일정하여 물가가 변하지 않는 경우를 나타내었다).

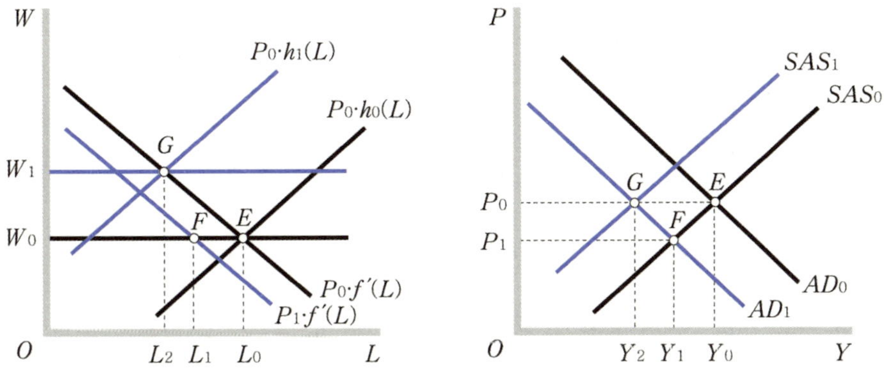

그림 7-4 여가선호증가의 효과

05. 어떤 경제가 하나의 대표적인 기업으로 구성되어 있고, 이 기업의 노동의 한계생산물(MPL)이 다음과 같이 주어져 있다고 하자.

$$MPL = A(100 - L)$$

위 식에서 A는 생산성을 그리고 L은 총노동시간을 의미한다. A의 값이 원래 1.0이었는데, 생산성 충격으로 인해 1.1로 상승하였다고 하자.

(1) 노동공급곡선이 $L^s = 45 + 0.1w$ (단, w는 실질임금)와 같을 때 생산성 충격 이전과 이후의 균형 고용량과 실질임금을 구하라.

해설

이윤을 극대화하는 기업의 고용은 실질임금과 한계생산이 일치하는 수준에서 이루어지므로 노동수요곡선을 구하면 다음과 같다.

노동수요곡선: $w = MPL = A(100 - L)$

$$\Rightarrow L^d = 100 - \frac{w}{A}\text{가 된다.}$$

생산성 충격 이전 $A = 1$이므로 균형조건은 다음과 같다.

노동시장의 균형: $L^d = 100 - w = L^s = 45 + 0.1w$

이 식을 풀면 균형고용량 $L^* = 50$, 실질임금 $w^* = 50$이 된다. 이는 [그림 7-5]에서 E점에 해당한다.
생산성 충격 이후 $A = 1.1$이므로 균형조건은 다음과 같다.

노동시장의 균형: $L^d = 100 - \frac{w}{1.1} = L^s = 45 + 0.1w$

이 식을 풀면 균형고용량 $L' = 50.5$, 실질임금 $w' = 54.5$이 된다(소수점 2째자리에서 반올림함). 이는 [그림 7-5]에서 F점에 해당한다.

(2) 노동공급곡선이 $L^s = 10 + 0.8w$라 할 경우 생산성 충격 이전과 이후의 균형 고용량과 실질임금을 구하라.

해설

생산성 충격 이전 $A = 1$이므로 균형조건은 다음과 같다.

노동수요곡선: $L^d = 100 - w = L^s = 10 + 0.8w$

이 식을 풀면 균형고용량 $L^* = 50$, 실질임금 $w^* = 50$이 된다.
생산성 충격 이후 $A = 1.1$이므로 균형조건은 다음과 같다.

노동시장의 균형: $L^d = 100 - \frac{w}{1.1} = L^s = 10 + 0.8w$

이 식을 풀면 균형고용량 $L'' = 52.1$, 실질임금 $w'' = 52.7$이 된다(소수점 2째자리에서 반올림함). 이는 [그림 7-5]에서 G점에 해당한다.

(3) 실물적 경기변동론(real business cycle theory)은 경기변동의 원인이 주로 생산성 충격에 있다고 주장한다. 위의 예를 이용하여 실물적 경기변동론이 경기변동에 따라 실질임금과 고용량이 함께 변동하는 현상을 설명할 수 있는지를 논하라.

해설

(1)과 (2)의 예에서 실질임금과 고용은 모두 소득에 대해 양의 상관관계를 가지는 경기순행적(procyclical) 모습을 보이게 된다. 실제로 실물적 경기변동론자들의 연구에

따르면 실질임금과 고용은 모두 경기순행적이며 임금에 비해 고용이 상대적으로 보다 탄력적인 반응을 보인다고 한다. 이러한 연구에 따르면 두 가지 경우 모두 현실을 잘 설명하지만 (1)의 경우에 비해 (2)의 경우가 현실을 보다 더 잘 설명해 준다고 볼 수 있다.

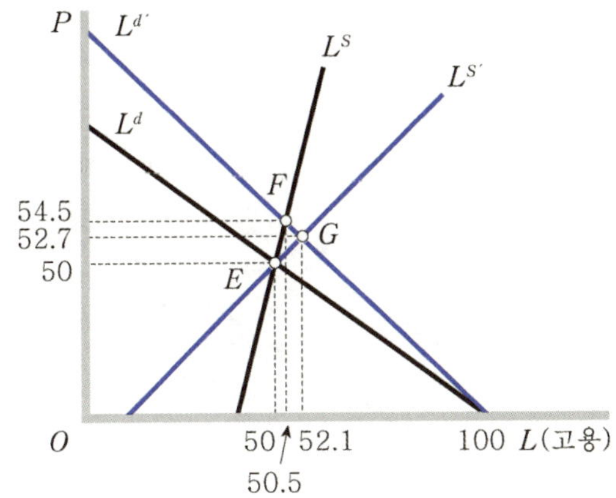

그림 7-5 생산성충격의 효과

06. 어떤 경제의 총수요곡선과 총공급곡선이 다음과 같다고 하자.

총수요곡선: $Y = 300 + 30\dfrac{M}{P}$

총공급곡선: $Y = Y_F + 10(P - P^e)$

단, $Y_F = 500$, $M = 400$이라 하자.

(1) 기대물가수준(P^e)이 60일 경우 총수요곡선과 총공급곡선의 그림을 그려보고, 생산물시장을 균형시키는 물가(P)와 총생산(Y)을 구하라.

해설

주어진 정보를 정리하여 총수요곡선과 총공급곡선을 다시 쓰면 다음과 같다.

총수요곡선: $Y^d = 300 + 30 \times \frac{400}{P}$ ······························ 식 1

총공급곡선: $Y^s = 500 + 10(P - 60)$ ······························ 식 2

식 1과 식 2를 연립하여 풀면 $P_0 = 60$, $Y_0 = 500$이 구해진다(방정식의 해 중 음수 값은 버림). 이는 [그림 7-6]의 E점에 해당한다.

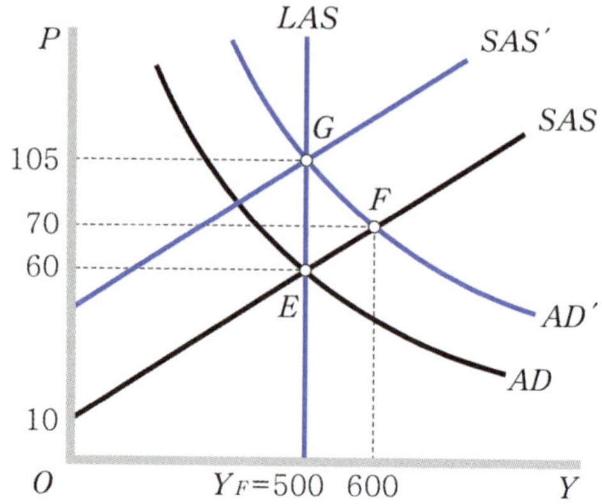

그림 7-6 통화정책의 효과

(2) 예상치 못한 통화공급이 발생하여 M이 700으로 증가하였다고 하자. 통화공급 증가가 예측 불가능했기 때문에 P^e는 60으로 고정되어 있다. 이때 생산물시장을 균형시키는 물가수준과 총생산량을 구하라.

해 설

다른 조건은 변화 없이 통화량만 700으로 증가하였으므로 총공급곡선은 변함없고, 총수요곡선만 다음과 같이 변화한다.

총수요곡선: $Y^d = 300 + 30 \times \frac{700}{P}$ ······························ 식 3

식 3과 식 2를 연립하여 풀면 $P_1 = 70$, $Y_1 = 600$이 구해진다(방정식의 해 중 음수 값은 버림). 이는 [그림 7-6]의 F점에 해당한다.

(3) 중앙은행이 통화공급을 $M=700$으로 증가시킨다고 발표하였고, 이 발표를 사람들이 믿을 때 물가수준, 기대물가수준(P^e)과 총생산량의 균형값을 구하라.

해 설

만약 통화공급을 $M=700$으로 늘린다는 것이 사전 공지되고 사람들이 합리적으로 기대를 형성한다면 사람들은 경제모형이 예측하는 바와 동일한 물가수준을 예측하게 될 것이다.

사전공지가 이루어진 경우의 합리적 기대: $P=P^e$ .... 식 4

식 4를 식 2에 대입하면 $Y=Y_F=500$이 구해진다. 그리고 이를 식 3에 대입함으로써 $P=105$를 구할 수 있다. 이는 [그림 7−6]의 G점에 해당한다.

평가컨대 예상치 못한 통화정책이 실시된 (2)에서는 산출량이 변동하였으나 예상된 통화정책이 실시된 (3)에서는 산출량이 변동하지 않았다. 즉 위 결과를 통해 "민간이 합리적으로 기대를 형성할 때, 예상된 정책은 아무런 효과를 거둘 수 없으며 오직 예측치 못한 정책만이 효과를 거둘 수 있다"는 사전트−윌리스(T. Sargent and N. Wallace)의 정책무력성의 명제(policy ineffectiveness proposition)를 확인할 수 있다.

07. 명목통화량의 감소가 물가수준, 국민소득, 실질통화량에 단기와 장기에 있어서 각각 어떤 영향을 미칠지를 분석하라. 단, 총공급곡선이 양의 기울기를 갖고, 명목임금이 시간에 따라 천천히 조정된다고 가정하라.

해 설

명목통화량이 감소하면 [그림 7−7]에서 LM곡선이 좌측으로 이동한다. 이때 생산물시장의 초과공급으로 인해 물가가 하락하게 되는데 물가가 하락하는 효과를 반영하면 LM곡선은 결국 LM''곡선까지 이동한다. 반면 노동시장에서는 물가하락으로 인해 실질임금이 상승하면서 노동수요곡선이 좌측으로 이동하여 고용이 감소하고 따라서 국민소득이 감소하는데 조정의 결과 새로운 균형은 F점에서 형성된다.

시간이 흘러 명목임금이 조정될 수 있다면 명목임금은 물가하락폭과 동일한 폭으로 하락할 수 있게 된다. 따라서 명목임금이 충분히 조정될 수 있다면 장기균형수준에서의 물가에 해당하는 P_2와 동일한 비율로 명목임금이 하락하게 되고 이 경우 새로운 균형점은 G점이 된다. 이러한 과정에서 물가는 다시 한 번 하락하였으므로 LM곡선은 우측으로 이동하여 원래상태와 동일한 상태에서 균형을 맞게 된다. 이때 명목통화량의 감소와 동일한 폭으로 물가가 하락하였으므로 실질통화량 및 이자율은 원래상태를 회복하게 된다.

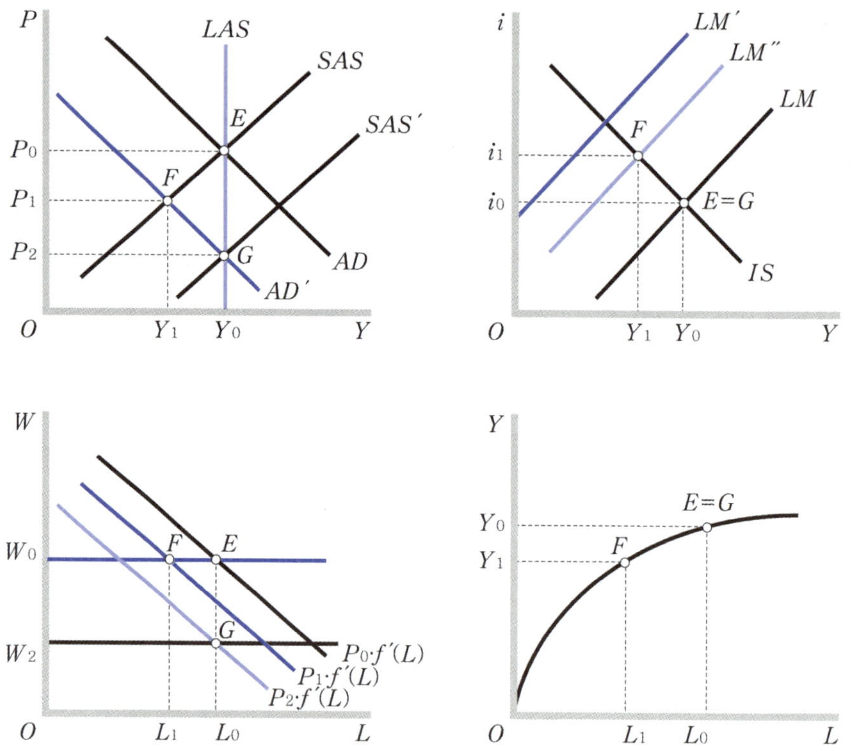

그림 7-7 명목통화량 감소의 장·단기효과

08. 다음의 명제들에 대하여 자신의 의견을 제시하고 그 근거를 설명하라.

(1) 화폐가 중립적이기 때문에 총생산에 영향을 주기 위해 통화정책을 사용하는 것은 결국 효과가 없을 것이다.

해 설

가격의 경직성 또는 경제주체들의 착각이 존재하여 총공급곡선이 우상향하는 단기에 있어서는 통화정책이 총생산을 증가시킬 수 있다. 그러나 장기적으로는 경직성이나 착각이 사라져 총공급곡선은 수직이 되기 때문에 통화정책은 물가수준만을 변화시킬 뿐 총생산에 영향을 주지 못한다(6번 문제의 해설을 참고하기 바란다).

(2) 재정정책이 완전고용 국민소득수준을 변화시킬 수 없기 때문에 정부지출 역시 중립적이라고 할 수 있다.

해 설

(1)의 분석과 동일하다. 단 재정정책의 경우에는 장기적으로도 정부구매가 증가하고 투자가 감소하는 등 총지출구성상의 변화를 유발하므로 완전히 중립적이라고 볼 수는 없다.

(3) 과거 25년간의 모든 경기침체들은 정부 정책의 변화에 의해서 야기되었다.

해 설

이러한 주장은 주로 통화론자 또는 화폐적 경기변동론자에 의해 제기되었다. 이들에 따르면 경기변동이란 시장실패가 아니라 일종의 정부실패로서 잘못된 정책이 경기변동의 원인이 되어왔다고 주장한다. 이에 비하여 새케인즈 경제학자들은 투자 및 소비심리의 위축이나 신용경색 등 민간부분의 심리적 요인이 경기변동에서 중요한 역할을 함을 강조한다. 또한 실물적 경기변동론자들은 경기변동은 주로 총공급에 영향을 미치는 생산성 충격에 의해서 이루어진다고 주장한다.

09. 일국 경제에 X, Y재 산업 두 부문이 존재하며 각 부문의 생산함수는 다음과 같다.

$X = AL_X$, $A > 1$; $Y = L_Y$, $L_i(i = X,\ Y)$는 두 산업에 투입되는 고용량을 표시하며 그 부존량은 일정하다: $\overline{L} = L_X + L_Y$. 한편 두 부문간 노동이 자유롭게 이동한다고 가정한다.

(1) 두 부문간 자유로운 노동이동성의 조건은 무엇인가. 단 명목임금, X재 명목가격, Y재 명목가격을 각각 W, P_X, P_Y로 정의하되 X재 가격이 $P_X = 1$로 주어졌다고 가정한다.

해 설

산업간 노동이동이 자유롭고 두 산업 모두 생산이 이루어진다고 할 때 두 산업에서의 명목임금이 동일해야 한다. 명목임금이 한계생산가치에 의해 결정된다고 할 때 다음의 등식이 성립한다.

$$W = P_X MP_L^X = P_Y MP_L^Y \Rightarrow W = A = P_Y \quad \cdots\cdots \text{식 } 1$$

식 1의 도출에는 $P_X = 1$, $MP_L^X = A$, $MP_L^Y = 1$이 사용되었다. 식 1은 생산성이 정체된 Y재 산업의 가격이 생산성이 증가하는 X재 산업의 생산성에 의존한다는 함의를 가진다. 이러한 부문간 불균형 성장모형은 보몰의 비용질병 또는 비교역재가 존재하는 개방경제에서 발라싸－사뮤엘슨 효과를 설명하는 데 유용하다.

(2) 한편 총요소생산성 A의 증가율이 $\frac{\Delta A}{A} = \hat{A}$로 표시될 때 Y재 가격의 증가율 $\hat{P}_Y$를 구하라.

해 설

$W = A = P_Y$에서 $\widehat{P_Y} = \hat{A}$이 된다.

(3) 이 경제의 명목 GDP$(= X + P_Y Y)$와 실질 GDP를 구하라. 단 기준연도 Y재 가격을 $P_Y = \overline{P}_Y$으로 놓고 실질 GDP를 구할 것.

해설

기준연도에서 명목 GDP와 실질 GDP는 동일하다. 단 A_0는 기준연도의 X산업의 생산성이다.

$$NGDP_0 = RGDP_0 = X_0 + \overline{P_Y} Y_0 = A_0 L_X + A_0(\overline{L} - L_X) = A_0 \overline{L}$$

비교연도에서 명목 GDP와 실질 GDP는 다음과 같다.

$$NGDP_1 = X_1 + (1+\hat{A})\overline{P_Y} Y_1 = (1+\hat{A}) A_0 L_X + (1+\hat{A}) A_0 (\overline{L} - L_X) = (1+\hat{A}) A_0 \overline{L}$$

$$RGDP_1 = X_1 + \overline{P_Y} Y_1 = (1+\hat{A}) A_0 L_X + A_0 (\overline{L} - L_X) = A_0 \overline{L} + \hat{A} A_0 L_X$$

(4) GDP 디플레이터를 결정하는 요인은 무엇인가. 설명하라.

해설

GDP 디플레이터는 명목 GDP와 실질 GDP의 비율이다.

$$\text{GDP 디플레이터} = \frac{NGDP_1}{RGDP_1} = \frac{A_0 \overline{L} + \hat{A} A_0 \overline{L}}{A_0 \overline{L} + \hat{A} A_0 L_X} = \frac{\overline{L} + \hat{A}\overline{L}}{\overline{L} + \hat{A} L_X} = \frac{1+\hat{A}}{1+\hat{A}\dfrac{L_X}{\overline{L}}}$$

위 식에서 $\hat{A}$이 클수록 GDP 디플레이터가 높아진다. 이는 X산업 생산성 향상이 명목임금 및 Y산업 가격을 상승시킨 것을 반영한다. 이러한 효과는 총노동 중 X산업에 고용된 비율 $(L_X/\overline{L})$이 낮고 Y산업에 고용된 비율이 클수록 커진다.

10. 다음 그림은 어떤 경제의 총수요곡선과 단기총공급곡선을 보여 준다. 현재 이 경제가 E_0 점에 있다고 할 때 다음 질문에 답하라.

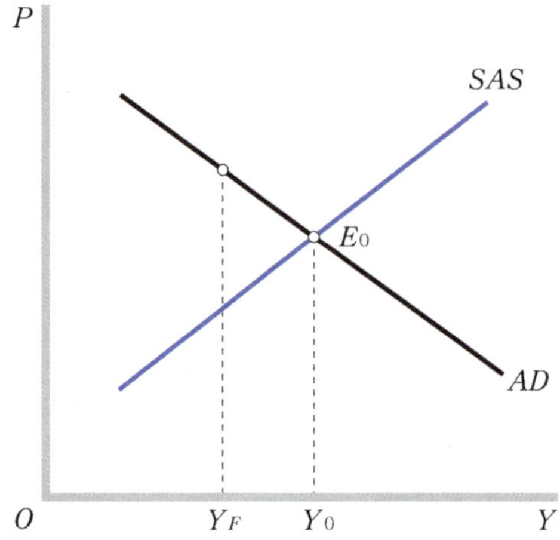

(1) E_0 점이 이 경제의 단기균형점이 될 수 있는 이유를 새 케인즈학파와 새 고전학파의 입장에서 각각 설명하라.

해 설

현재 E_0점에서 $Y > Y_F$가 성립하고 있다. 이처럼 잠재적 산출량보다 높은 산출량수준에서 단기균형이 발생할 수 있는 이유로 새케인즈학파와 새고전학파는 각각 다음과 같은 근거를 제시한다(자세한 내용은 8장 참고).

우선 새케인즈학파는 임금협상과정에서의 거래비용의 존재로 현실의 노동시장에서 장기임금계약이 광범위하게 이루어지기 때문에 명목임금이 물가상승분을 정확하게 반영하지 못하는 점을 강조한다. 이 경우 실질임금의 하락으로 완전고용국민소득 이상인 E_0점이 단기균형이 될 수 있다. 또 메뉴비용이 존재할 때 예상치 못한 물가상승이 나타난 경우 가격의 인상 대신 산출량의 증가로 대응하는 기업이 존재하기 때문에 E_0점과 같은 상황에서 단기균형이 형성될 수 있다고 본다.

반면 새고전학파의 경우에는 정보가 불완전할 경우 노동자들이 명목임금의 변화를 실질임금의 변화로 착각하여 노동공급을 조정하면서 E_0점과 같은 점이 단기균형이 될 수 있다고 한다. 또한 정보가 불완전한 경우 전반적인 물가상승을 상대가격 상승으로 착각하는 기업의 존재로 인해 E_0점과 같은 점이 단기균형이 될 수 있다고 한다.

(2) 이 경제의 장기균형점을 보이고, 이 장기균형점에 있어서의 이자율과 실질임금이 단기 균형점(E_0)에 비해 어떻게 다른지를 설명하고 그 이유를 밝혀라.

해 설

현재 상태에서 산출량이 잠재산출량을 초과하고 있으므로 시간이 흐름에 따라 명목임금이 상승하게 될 것이다. 이때 고용과 산출량이 감소하게 되고 단기총공급곡선은 좌측으로 이동하게 된다. 이러한 과정은 산출량이 잠재산출량에 도달될 때까지 이루어질 것이므로 이 경제의 장기균형점은 E_1가 될 것이다.

결국 물가상승에도 불구하고 명목임금이 불변이었던 단기에 비해 명목임금이 조정된 장기균형점에서 실질임금은 상승하였을 것이다. 또한 단기균형에 비해 장기균형에서 물가가 더 높으므로 LM곡선이 좌측으로 이동하게 되면서 이자율도 상승할 것이다.

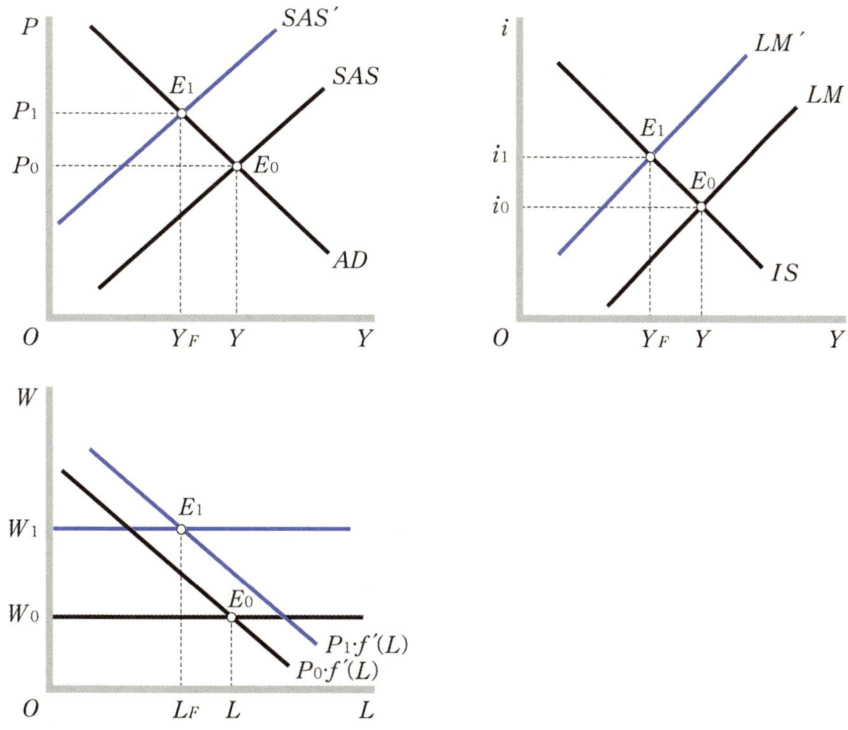

그림 7-10 거시경제의 단기균형과 장기균형

11. 본문의 [그림 7-13]에서 공급충격이 일시적인 경우, 즉 완전고용 국민소득이 일시적으로 $Y_F{}'$로 감소하였다가 다시 Y_F로 회복되는 경우를 생각해 보자.

(1) 총수요에 아무런 변동이 없다면 시간에 따른 경제의 균형은 어떻게 변하는가?

해 설

[그림 7－11]의 (a)에서 일시적으로 부정적인 공급충격으로 인해 단기총공급곡선이 SAS곡선에서 SAS'곡선으로 이동하면 단기적인 균형점은 E점에서 F점으로 이동한다. 그러나 장기적으로 물가하락이 나타날 것까지 고려하여 명목임금이 크게 하락함에 따라 단기총공급곡선은 다시 우측으로 이동하여 장기적인 균형은 E점으로 돌아오게 된다.

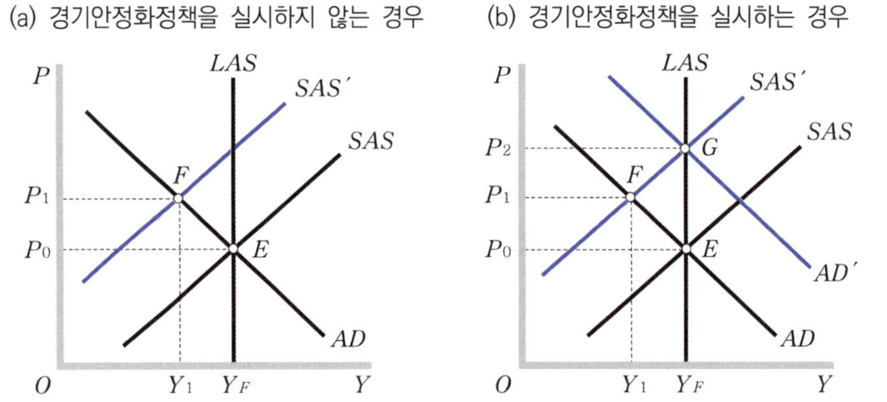

그림 7-11 일시적 공급충격의 효과

(2) 만약 중앙은행이 일시적인 공급충격에 대해 소득수준을 Y_F에서 유지하기 위해 경기안정정책을 수행하였다면 그 결과는 무엇인가?

해 설

단기균형이 F점으로 이동한 경우 중앙은행이 경기안정화 정책을 실시한다면 균형은 즉각적으로 G점으로 옮겨가게 된다. 이 경우는 주어진 명목임금하에서 물가가 충분히 상승함에 따라 실질임금이 크게 하락하여 산출량이 원래상태를 회복하게 된 것으로 평가할 수 있다.

평가하면, 일시적으로 부정적 공급충격에 대해 정부가 대응하지 않는 경우 일시적인 소득감소가 나타나지만 경기안정화 정책으로 대응한다면 항구적인 물가상승이 나타난다.

12. 다음 문장을 총수요곡선과 총공급곡선을 통해 설명하라.

(1) 단기에는 총수요가 소득의 크기를 결정하고 총공급이 물가수준을 결정한다.

해 설

단기적으로는 총공급은 수평의 형태가 된다. 이러한 경우 [그림 7-12-1]의 (a)에서처럼 총수요의 변화는 산출량에는 영향을 미치지만 물가에는 영향을 미치지 못한다. 이 경우 (b)에서처럼 물가는 전적으로 공급측 요인에 의해 결정된다. 이처럼 수요측 요인이 총생산을 결정짓는 모형은 케인즈의 세계를 잘 설명하고 있다.

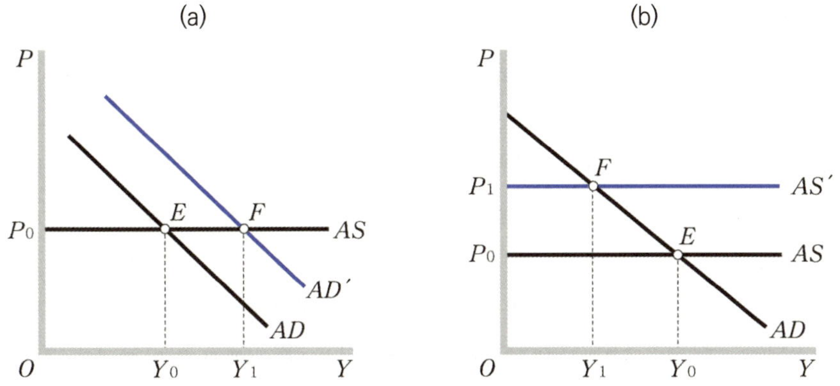

그림 7-12-1 총공급곡선이 수평인 경우

(2) 장기에는 총공급이 소득의 크기를 결정하고 총수요가 물가수준을 결정한다.

해 설

장기적으로는 총공급은 수직의 형태가 된다. 이러한 경우 [그림 7-12-2]의 (a)에서처럼 총수요는 물가에만 영향을 미칠 뿐 총생산에는 아무런 영향을 미치지 못한다. 반면 (b)에서처럼 총생산은 총공급에 의해서만 결정된다. 이처럼 수요와 무관히 공급이 생산량을 결정짓는 모형은 고전학파의 세계를 잘 나타내고 있다.

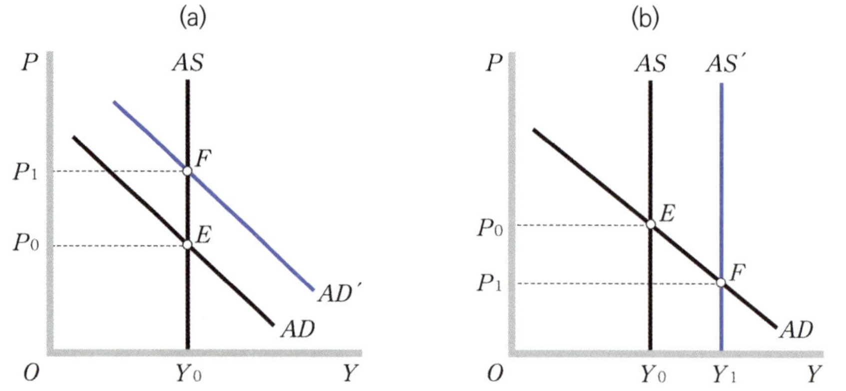

그림 7-12-2 총공급곡선이 수직인 경우

(3) 지난 20년간 연평균 5%의 경제성장률을 기록하였다.

해 설

장기적인 경제성장은 [그림 7-12-3]의 (a)에서처럼 생산함수의 상방이동으로 나타낼 수 있다. 이러한 경우 생산량 증가효과로 인해 (b)에서 장기총공급곡선이 우측으로 이동하고 산출량이 증가한다. 만약 이때 총수요에 변화가 없었다면 산출량이 증가하면서 물가는 하락했을 것이다(단 장기 경제성장에 있어 균형고용규모는 불변임을 가정하고 그림을 그렸다. 만약 고용이 증가하는 효과까지 감안한다면 장기총공급곡선의 이동폭이 더욱 커진다. 또한 실제로는 총공급뿐만 아니고 총수요도 함께 증가하기 때문에 물가는 하락할 수도 있고 상승할 수도 있다).

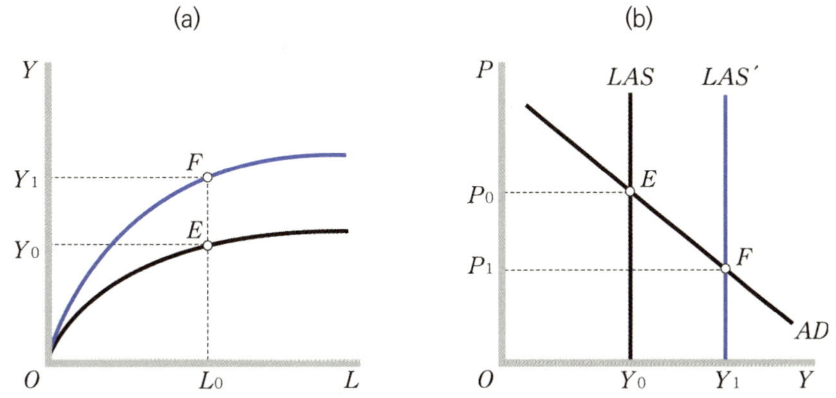

그림 7-12-3 장기성장의 효과

13. 독립소비($\overline{C}$)의 감소가 국민경제에 미치는 영향을 (1) 명목임금이 경직적인 단기, (2) 모든 가격이 신축적인 장기로 각각 나누어 설명하라.

해설

(1) 독립소비의 감소는 총수요의 감소를 유발한다. 따라서 명목임금이 경직적인 단기에는 물가의 하락, 실질임금의 상승, 고용과 국민소득의 감소, 이자율이 하락이 나타나게 될 것이다. 이러한 단기적 조정은 [그림 7−13]의 E점에서 F점으로의 이동으로 나타내어진다.

(2) 모든 가격이 신축적인 장기에서는 명목임금과 물가가 동일한 폭으로 하락하면서 실질임금은 일정하게 유지된다. 이 경우 고용과 국민소득은 변화가 없고 물가는 크게 하락한다. 이러한 장기적 조정은 [그림 7−13]의 F점에서 G점으로의 이동으로 나타내어진다.

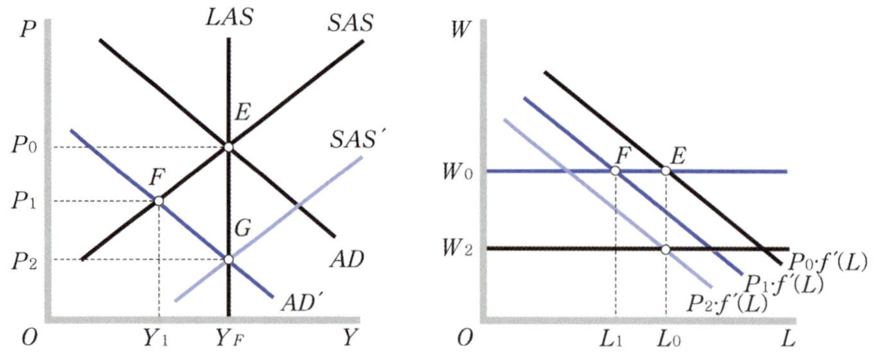

그림 7-13 독립소비 감소의 효과

14. 가격이 완전신축적이라고 가정하고 다음의 $IS-LM$ 모형을 생각해보자.

화폐시장균형의 식: $\frac{M}{P}=L(i)Y$

생산물시장균형의 식: $Y=C(Y)+I(r)$

피셔의 관계식: $i=r+\pi^e$

완전고용 국민소득 수준: Y_F

이 문제에서 화폐의 중립성은 통화량이 x% 증가 시 물가도 x% 상승하는 것을 의미한다. 한편 고전학파의 양분성은 실물부문의 균형이 화폐수요, 통화량 등 화폐변수에 독립적이라는 것을 의미한다. 또한 신축적 가격이라는 조건은 피셔효과, 즉 $\Delta i=\Delta\pi^e$의 등식이 성립하며 완전고용이 언제나 달성되는 것을 의미한다.

(1) 통화량(M)이 1% 증가할 때 화폐의 중립성이 성립함을 설명하라.

해설

통화량의 1% 증가는 물가수준을 1% 상승시킬 뿐 다른 어떤 변수에도 영향을 미치지 않는다. 즉 화폐의 중립성이 성립한다.

(2) 통화량 증가율($\frac{\Delta M}{M}$)이 1%p 증가할 때 일어나는 균형에서 고전학파의 양분성이 성립함을 보여라.

해설

통화증가율이 1%p 상승하더라도 생산물시장에서 실질이자율이 변하지 않는다. 따라서 인플레이션 기대 및 명목이자율만 1%p 상승한다. 이러한 경우 실질화폐수요는 감소하지만 실물부분의 변수들은 영향받지 않으므로 고전학파의 양분성이 성립한다.

(3) 화폐수요가 증가할 때, 즉 $L'(i) < L(i)$일 때 양분성이 성립함을 보여라.

해설

화폐수요가 증가하면 LM곡선이 좌측으로 이동하는데 이 경우 물가수준이 하락하며 실질통화량이 증가하여 LM곡선이 우측으로 이동하여 원래의 위치로 복귀한다. 결과적으로 총생산, 실질이자율 등 실물부문의 변수들은 영향받지 않으므로 고전학파의 양분성이 성립한다. 이를 나타내면 [그림 7-14]의 (a)와 같다.

(4) (3)에서 만약 소비가 소득뿐 아니라 실질잔고의 증가함수일 때, 즉 $C\left(Y, \frac{M}{P}\right)$일 때 새로운 균형에서 양분성이 성립하는지 여부를 설명하라.

해설

만약 소비에 실질잔고효과가 반영된다면 실질통화량이 증가할 때 IS곡선이 우측으로 이동한다. 이에 따라 좌측이동했던 LM곡선의 우측이동폭이 감소하며 원래보다 높은 실질이자율 수준에서 균형이 이루어지며 고전학파의 양분성이 깨진다. 이를 나타내면 [그림 7-14]의 (b)와 같다.

(a) 소비의 실질잔고효과를 반영하지 않는 경우

(b) 소비의 실질잔고효과를 반영하는 경우

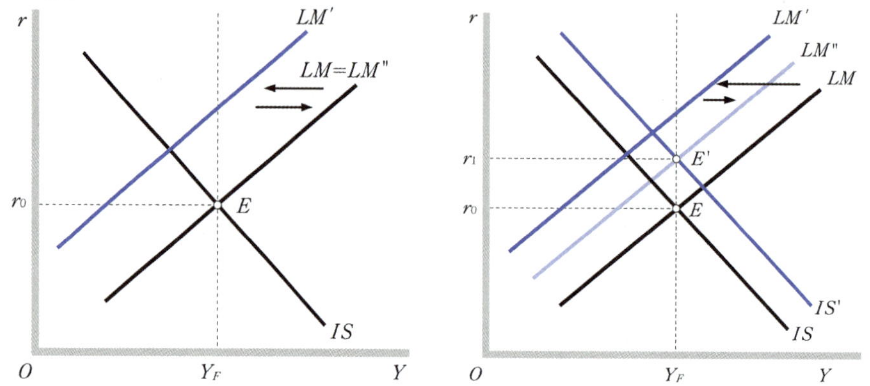

그림 7-14 독립적 화폐수요증가와 고전학파의 양분성

Chapter

08 총공급곡선의 이해

01. 임금계약이 계약기간 동안의 물가상승률이 명목임금에 100% 반영될 수 있도록 물가연동 (wage indexation) 조항을 가지고 있다고 하자. 계약기간 중 다음의 사건이 일어났을 때 국민소득에 미치는 영향이 통상적인 임금계약에 비해 어떻게 다른지를 설명하라.

(1) 예상치 않은 통화량의 증가

해 설

통상적인 임금계약은 계약기간 중 명목임금을 일정하게 유지하는 계약으로서 계약기간 중 물가가 변화하게 되면 실질임금이 변화하면서 고용과 산출량의 변화가 발생하게 된다. 반면 물가연동이 이루어지는 경우에는 계약기간 중 물가가 변화하더라도 명목임금을 동일한 비율로 조정해 줌으로써 실질임금을 일정하게 유지해 주는 계약이라고 평가할 수 있다. 따라서 완전한 물가연동계약이 이루어지는 경우에는 물가의 변동이 산출량에 영향을 미치지 않으므로 총공급곡선이 수직의 형태를 갖게 된다(거시경제학에서 말하는 장기에 매우 빠른 속도로 도달하게 된다고 표현하기도 한다).
우선 통상적인 임금계약하에서 예상치 못한 통화정책이 실시되면 AD곡선이 우측으로 이동하며 물가가 상승한다. 이 경우 실질임금의 하락으로 인해 고용과 산출량이 증가한다. 그 결과 균형은 [그림 8-1-1]에서 E점에서 C점으로 이동한다.

통상적인 임금계약시 물가상승의 효과:

$$P > P^e \Rightarrow w^* = \frac{W_c}{P^e} > w = \frac{W_c}{P} \Rightarrow Y > Y_F$$

(단, W_c는 계약임금, w^*는 목표실질임금, w는 실제실질임금)

반면 물가연동계약하에서는 물가상승이 나타날 때 즉각적으로 명목임금이 상승하여 실질임금을 항상 일정하게 유지시켜주기 때문에 실질임금과 산출량에 변화가 없으며 이 경우 새로운 균형은 [그림 8-1-1]의 I점이 된다.

물가연동계약시 물가상승의 효과:

$$P > P^e \Rightarrow w^* = \frac{W_c}{P^e} = w = \frac{W_i}{P} \Rightarrow Y = Y_F$$

(단, W_i물가연동하에서 조정된 임금)

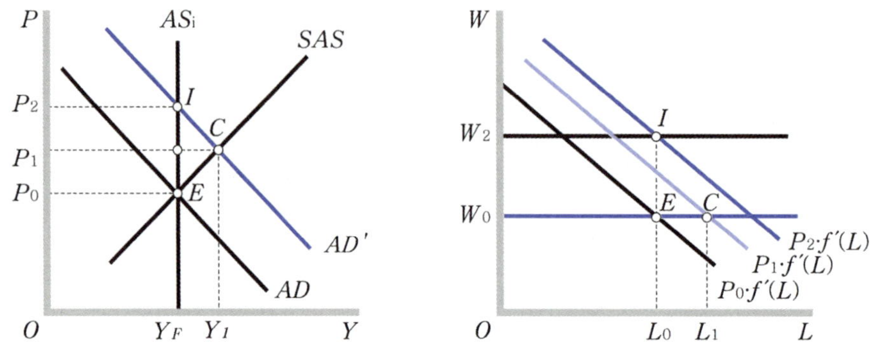

(SAS: 통상적인 임금계약시의 단기총공급곡선, AS_i: 물가연동계약시 총공급곡선)

그림 8-1-1 예상치 않은 통화량의 증가

(2) 예상치 않은 생산성의 증가

해 설

우선 통상적인 임금계약하에서 예상치 못한 생산성의 증가가 나타나면 노동수요가 증가하면서 고용이 증가하고 생산량이 증가할 것이다. 그러나 이러한 고용 및 생산증가의 효과는 물가의 하락에 의해 일부상쇄되고 실제 고용 및 산출량은 [그림 8−1−2]의 C점에서 이루어지게 된다. 이러한 상쇄효과는 물가의 하락으로 인해 실질임금이 상승함에 따라 고용이 일부 감소함에 따라 나타난 것이다.

반면 물가연동계약하에서는 물가하락이 나타날 때 즉각적으로 명목임금이 하락하여 실질임금을 항상 일정하게 유지시켜주기 때문에 실질임금과 산출량에서의 상쇄효과가 나타나지 않는다. 이 경우 새로운 균형은 [그림 8−1−2]의 I점이 된다(단 100% 물가연동계약의 정의상 계약기간 내에 실질임금은 변하지 않는다고 가정하였다).

정리하면, 물가연동계약하에서 총수요충격이 총소득에 미치는 효과는 약화되지만, 총공급충격이 총소득에 미치는 효과는 강화된다. 그러나 어느 경우에나 물가에 미치는 효과는 강화된다.

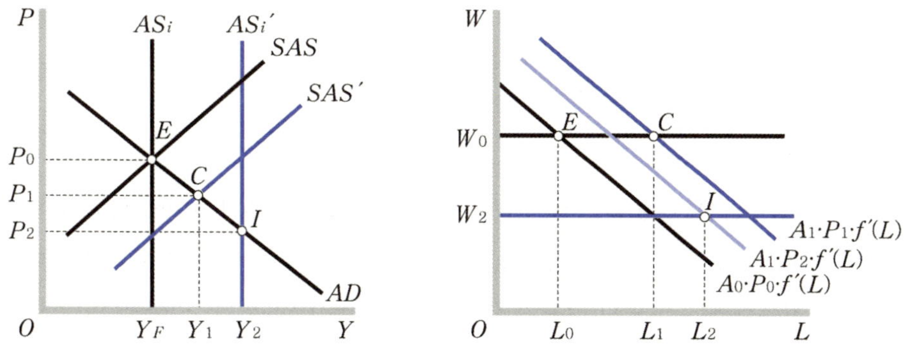

그림 8-1-2 예상치 않은 생산성의 증가

참고사항

이상의 분석에서 노동시장에 대한 분석은 고용－명목임금 평면을 사용하였으나 물가 연동계약이 이루어진 경우에는 고용－실질임금 평면을 사용하는 것이 편리할 때가 많다. 이상의 분석을 고용－실질임금 평면에 나타내면 다음과 같다.

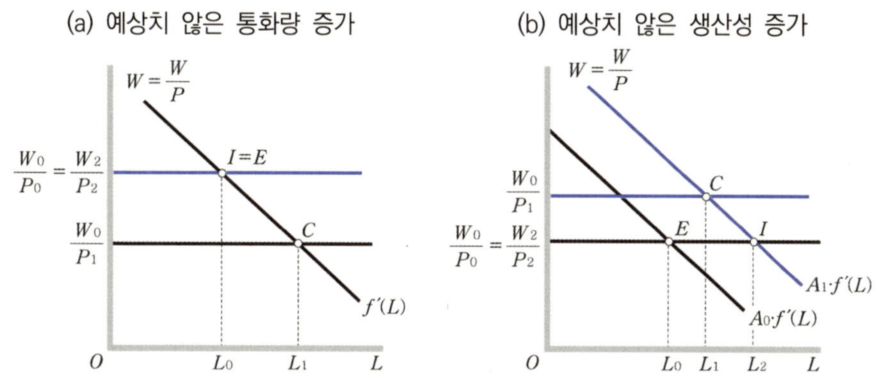

참고 8-1 고용-실질임금평면상의 분석

02. 합리적 기대하에서 예상치 못한 총수요의 항구적인 증가가 발생하여 단기에 있어서의 일시적 균형이 [그림 8-4]의 B점에서 일어났다고 하자. 불완전 정보모형과 메뉴비용모형 중 어떤 모형에서 장기균형점인 F에 도달하는 데 소요되는 시간이 적은가? 그 이유는 무엇인가?

해설

불완전정보모형의 경우 정보의 불완전성이 해소되는 즉시 장기균형점에 도달하게 된다. 이에 비해 메뉴비용모형은 가격조정이 경직적이며 불연속적으로 이루어지기 때문에 일시적인 예측오류의 효과가 매우 오래 지속될 수 있다. 이를 달리 표현하면 고전학파가 생각하는 단기에 비해 케인즈학파가 생각하는 단기가 더 길고 지속성을 가진다고 말할 수도 있다.

03. 경직적 가격모형과 불완전 정보모형의 유사점과 차이점을 서술하라.

해설

단기 총공급모형은 다음 2가지 기준에 의해 구분될 수 있다. 첫 번째 기준은 불완전성이 발생한 시장이 노동시장인지 생산물시장인지에 따른 구분이다. 두 번째 기준은 불완전성의 유형이 정보의 불완전성인지 가격의 경직성에 관한 것인지에 따른 구분이다. 이러한 기준에 의해 총공급 모형은 다음의 4가지로 구분된다.

	불완전정보(착각모형)	가격경직성(경직성모형)
노동시장	노동자 오인모형	경직성 임금모형
생산물시장	불완전정보모형(루카스모형)	경직적 가격모형

이러한 구분에 의하면 불완전 정보모형과 경직적 가격모형은 모두 생산물시장의 불완전성에 근거하여 우상향하는 총공급곡선을 도출한다는 측면에서는 동일하다. 반면 불완전성의 유형이 불완전 정보로 인한 착각인지 가격변수의 경직성인지의 측면에서는 차이가 있다. 불완전 정보에 근거한 모형들은 시장청산모형을 사용하며 가격경직성에 근거한 모형들은 시장 비청산 모형을 사용한다는 측면에서 차이를 찾기도 한다.

04. 사람들이 합리적으로 기대를 형성하고 경제가 임금계약모형과 같이 움직인다고 할 때 아래의 항목들이 참인 이유를 설명하시오.

(1) 임금계약시에 예상되지 않은 통화공급의 변화만이 실질국민소득에 영향을 미친다.

해 설

경제주체들이 합리적으로 기대를 형성한다는 것은 정부의 행태함수를 포함하여 정보집합(information set) 내의 모든 정보를 최대한 활용한다는 것이다. 중앙은행이 실제물가 P를 결정하고, 민간이 예상물가 P^e에 근거하여 명목임금을 결정한다고 하자. 이 경우 총공급곡선과 실질임금은 다음과 같다. [단 w^*는 목표실질임금]

총공급곡선: $Y=\overline{Y}+\alpha(P-P^e)$

실제실질임금: $\frac{W}{P}=\frac{w^*\times P^e}{P}=w^*\times\frac{P^e}{P}$

만약 예상되지 않은 통화공급으로 $P>P^e$가 성립한다면 실질임금이 하락하며 국민소득이 증가한다. 반면 예상된 통화공급이 이루어지는 경우에는 $P=P^e$이므로 실질임금은 불변이며 고용과 국민소득도 변화하지 않는다. 즉, 임금계약시 예상되지 않은 통화공급의 변화만이 실질국민소득에 영향을 미친다.

(2) 만약 중앙은행이 사람들이 임금계약을 체결하는 것과 동시에 통화공급을 결정하며, 따라서 민간경제주체와 동일한 정보를 가지고 통화정책을 결정한다면, 통화정책은 경기를 안정화시키기 위해 사용될 수 없다.

해 설

합리적 기대를 가정할 경우 경제주체들의 기대가 상이하다면 그것은 경제주체들의 정보집합이 상이하기 때문이다. 다시 말하면 정부와 민간이 동일한 정보집합하에 의사결정을 내린다면 동일한 의사결정을 내리게 된다. 따라서 모든 통화정책은 예상된 통화정책이 되며 $P=P^e$가 되고 $Y=\overline{Y}$가 되어 통화정책은 실질변수를 변화시키지 못한다. 즉 통화정책은 경기안정을 위해 체계적으로 사용될 수 없다.

(3) 사람들이 임금계약을 체결한 후에 중앙은행이 통화공급을 결정하며 그 결과 민간경제 주체보다 많은 정보를 가지고 통화정책을 결정한다면 통화정책은 경기안정을 위해 체계적으로 사용될 수 있다.

해설

민간이 의사결정을 내리는 시점에서 민간의 정보집합과 정부가 의사결정을 내리는 시점에서 정부의 정보집합이 다르다면 P^e와 P가 상이할 수 있다. 따라서 정부는 P^e가 결정된 후 일어난 사건들을 포함한 더 많은 정보를 고려하여 P를 결정하면 예상치 못한 통화정책이 될 수 있으며 이에 따라 통화정책이 경기안정을 위해 체계적으로 사용될 수 있다.

05. 새 케인즈학파 모형에서는 합리적 기대를 전제하면서도 정책효과가 유효하다는 주장을 펴고 있는데 그 이론적 근거를 제시하시오.

해설

새고전학파가 우상향하는 총공급곡선을 도출하는 근거로는 정보가 완전하지 않은 현실의 노동시장 또는 상품시장에서의 실질임금 또는 상대가격에 대한 착각을 들 수 있다. 따라서 새고전학파는 합리적 기대를 전제로 할 때 이미 예상된 정책이 이루어진다면 정책으로 인해 총수요곡선이 이동하는 동시에 총공급곡선이 이동할 것이기 때문에 아무런 효과를 거두지 못할 것이라 주장한다. 이처럼 사전적으로 완전히 예상된 정책은 아무런 효과를 거둘 수 없다는 새고전학파의 주장을 정책무력성의 명제(policy inefectiveness proposition)라고 한다.

반면 케인즈학파가 총공급곡선을 도출하는 근거로는 명목임금의 경직성 또는 메뉴비용의 존재로 인한 상품가격의 경직성을 들 수 있다. 이러한 가격 경직성이 존재하는 모형에서 고정된 명목임금이 조정되거나 고정된 상품가격이 재조정 되는 경우에 총공급곡선이 이동하게 된다. 그런데 새케인즈학파에 따르면 현실에서는 장기임금계약의 존재 또는 메뉴비용의 존재 등으로 인해 물가가 상승하더라도 사람들이 이를 가격에 반영하기까지 상당한 기간이 걸리기 때문에 단기적으로는 고용과 산출량의 변화가 나타난다고 한다. 따라서 새케인즈학파에서는 비록 경제주체들이 합리적으로 기대를 형성하더라도 장기계약의 존재 또는 메뉴비용의 존재 등으로 인해 단기적으로는 효과를 거둘 수 있다고 주장한다. 이러한 효과는 명목임금이나 가격설정이 엇갈려 이루어지거나 총수요충격이 일시적인지 지속적인지를 판단하기 힘든 경우에 더욱 강하게 나타난다.

06. 통화론자의 노동자 오인모형과 새 고전학파의 비대칭적 정보모형은 모두 노동자와 기업 간의 물가에 대한 정보의 비대칭성을 전제로 하고 있지만, 두 학파 간의 차이는 노동자의 물가에 대한 기대가 적응적 기대인지 또는 합리적 기대인지의 차이에 있다고 할 수 있다. 예상치 않은 통화량 증가가 경제에 미치는 효과를 비대칭적 정보모형을 이용하여 분석하되 적응적 기대와 합리적 기대의 두 경우로 나누어서 분석하라.

해 설

적응적 기대를 전제한 통화론자 모형에서는 예상치 못한 정책이 이루어진 경우 예상오류를 조정해가는 과정이 서서히 나타나게 되기 때문에 정책의 효과가 상당한 기간 지속될 수 있다. [그림 8-6]의 (a)는 적응적 기대를 가정한 경우의 예상치 못한 정책이 실시된 이후 균형의 경로를 나타내는 것으로 A점, B점, C점, … 등을 거치며 예상치 못한 정책의 효과가 여러 기간에 걸쳐서 나타날 수 있음을 보여주고 있다. 이러한 현상이 나타나는 것은 적응적 기대하에서 지속적으로 실제 물가보다 낮은 물가를 예상하는 체계적 오차가 발생하고 있기 때문이다(단 그림은 $P_t^e = P_{t-1}$인 경우를 가정하였다).

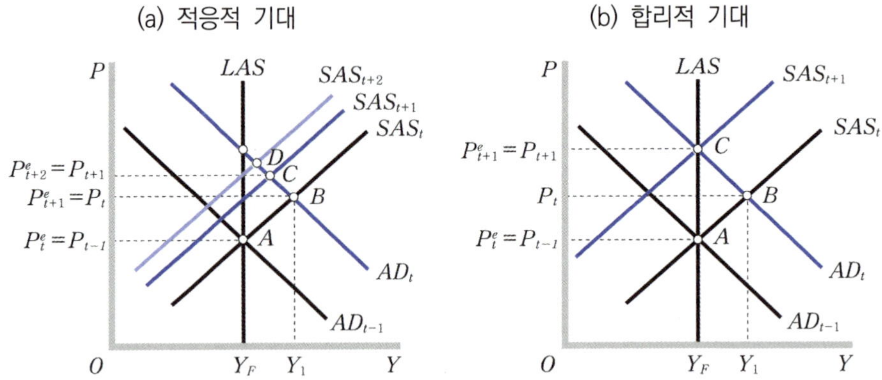

그림 8-6 기대유형에 따른 통화량 증가의 효과

반면 합리적 기대를 전제한 새고전학파 모형에서는 예상치 못한 정책이 이루어진 경우 예상오류는 1회적으로 나타나며 즉각적으로 조정되기 때문에 정책의 효과는 존재하더라도 매우 일시적으로만 나타나게 된다. [그림 8-6]의 (b)는 합리적 기대를 가정한 경우의 예상치 못한 정책이 실시된 이후 균형의 경로를 나타내는 것으로 A점에서 일시적으로 B점을 거쳐 바로 C점에 이르게 됨으로써 정책의 효과가 매우 일시적으로만 나타날 수 있음을 보여주고 있다.

07. (8-16)식을 (8-15)식으로부터 도출하라.

해설

식 (8-15)를 정리하면 다음과 같다. (단 $0 < \theta \leq 1$)

$t+1$기의 물가예측: $P^e_{t+1} = P^e_t + \theta\left(P_t - P^e_t\right)$

$$= \theta P_1 + (1-\theta)P^e_t \quad \cdots\cdots \text{식 } 1$$

위 식과 동일한 식을 t기에 대해 구해보면 다음과 같다.

t기의 물가예측: $P^e_t = P^e_{t-1} + \theta\left(P_{t-1} - P^e_{t-1}\right)$

$$= \theta P_{t-1} + (1-\theta)P^e_{t-1} \quad \cdots\cdots \text{식 } 2$$

식 2를 식 1에 대입하면 다음과 같다.

$$P^e_{t+1} = \theta P_t + (1-\theta)\left[\theta P_{t-1} + (1-\theta)P^e_{t-1}\right]$$
$$= \theta P_t + \theta(1-\theta)P_{t-1} + (1-\theta)^2 P^e_{t-1} \quad \cdots\cdots \text{식 } 3$$

같은 식으로 $t-1$기, $t-2$기, ……의 물가예측식을 구해 지속적으로 식 3에 대입하면 다음의 결과를 얻게 된다.

$$P^e_{t+1} = \theta P_t + \theta(1-\theta)P_{t-1} + \theta(1-\theta)^2 P_{t-2} + \theta(1-\theta)^3 P_{t-3} + \cdots$$
$$= \theta \sum_{t=0}^{\infty}(1-\theta)^i P_{t-i}$$

08. [그림 8-4]에 제시된 합리적 기대가설하에서의 비대칭적 정보모형의 예에서 $t-1$기 현재 경제가 장기균형점에 있으며, $t-1$기에 통화당국이 t기부터 화폐공급을 항구적으로 늘릴 것을 미리 발표하지만 막상 t기에 이르러서는 화폐공급을 늘리지 않는다고 하자. t기의 물가와 국민소득에는 어떤 변화가 생길까?

해 설

합리적 기대를 가정할 때 통화당국이 t기부터 화폐공급을 늘릴 것을 공지하였고 이를 신뢰한다면 [그림 8-8]의 (a)에서 SAS는 상방(좌측)으로 이동할 것이다. 그러나 실제로는 화폐공급을 늘리지 않았으므로 AD는 이동하지 않는다. 이 경우 t기의 물가는 상승하며 국민소득은 감소한다. 단 이 경우 실제물가상승폭은 예상물가상승폭에 미치지 못하므로 [그림 8-8]의 (b)에서 노동수요곡선의 상방이동폭은 노동공급곡선의 상방이동폭에 미치지 못한다.

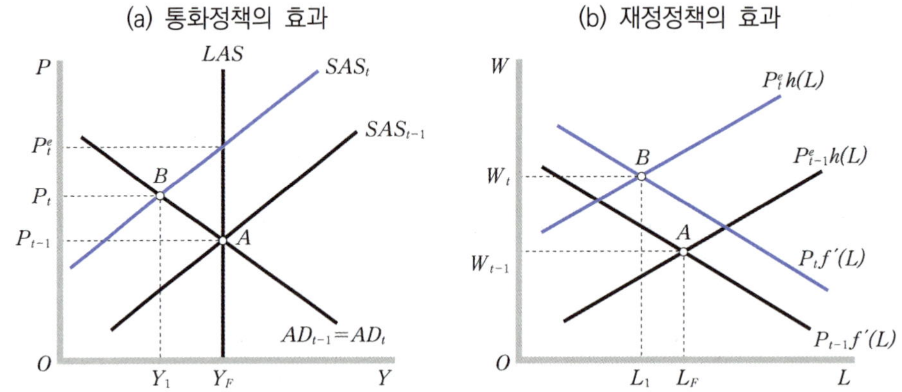

그림 8-8 사전발표한 정책을 실시하지 않는 경우

09. (2011년 5급 행정고시) 어떤 경제모형(이하 기본모형)이 아래와 같이 주어졌을 때 다음 물음에 답하라.

소비함수: $C=200+0.75(Y-T)$

투자함수: $I=200-25r$

실질화폐수요 함수: $\left(\frac{M}{P}\right)^d=5-100(r+\pi^e)$

단 Y는 국민소득, r은 실질이자율(%), G(정부지출)=100, T(조세)=100, M^s(통화량)=1,000, π^e(예상물가상승률)=0이다.

(1) 위의 기본모형에서 총수요곡선을 수식으로 표현하라.

해 설

$Y=C(Y-T)+I(r)+G=[200+0.75(Y-100)]+(200-25r)+100$

$\Rightarrow$ IS곡선: $Y=1700-100r$ ······························ 식 1

$$\frac{M^s}{P}=L(Y,r+\pi^e) \Rightarrow \frac{1000}{P}=Y-100r$$

$\Rightarrow$ LM곡선: $Y = \frac{1000}{P} + 100r$ ··· 식 2

식 1과 식 2를 정리하면 다음과 같다.

$\Rightarrow$ AD곡선: $Y^d = 850 + \frac{500}{P}$ ··· 식 3

(2) 기본모형에 총공급부문을 아래와 같이 추가할 경우, 균형물가수준과 균형국민소득을 구하라.

총생산함수: $Y = 935 + 2N - 0.05N^2$

노동공급함수: $N^S = 9 + w$

(N은 노동투입량, w은 실질임금)

해 설

이윤극대화 조건: $MP_N = \frac{dY}{dN} = 2 - 0.1N = w$ $\Rightarrow$ 노동수요곡선: $N^d = 20 - 10w$

노동시장의 균형조건: $N^s = 9 + w = N^d = 20 - 10w$ $\Rightarrow$ $w^* = 1$, $N^* = 10$

균형고용수준에서 생산량을 구하면 $Y = 935 + 2 \times 10 - 0.05 \times 10^2 = 950$이 된다. 따라서 노동시장이 균형인 $Y^* = 950$이 수직의 장기총공급곡선($LRAS$)가 된다. 이는 현재 노동시장에서 착각이나 불완전정보가 존재하지 않음을 반영한 것이다. 이를 총수요곡선에 반영하면 $P^* = 5$가 된다. $Y^* = 950$을 IS곡선 또는 LM곡선에 대입하면 $r^* = 7.5$가 구해진다. 이상을 정리하면 이를 나타내면 [그림 8-9-1]의 각 E점이 된다.

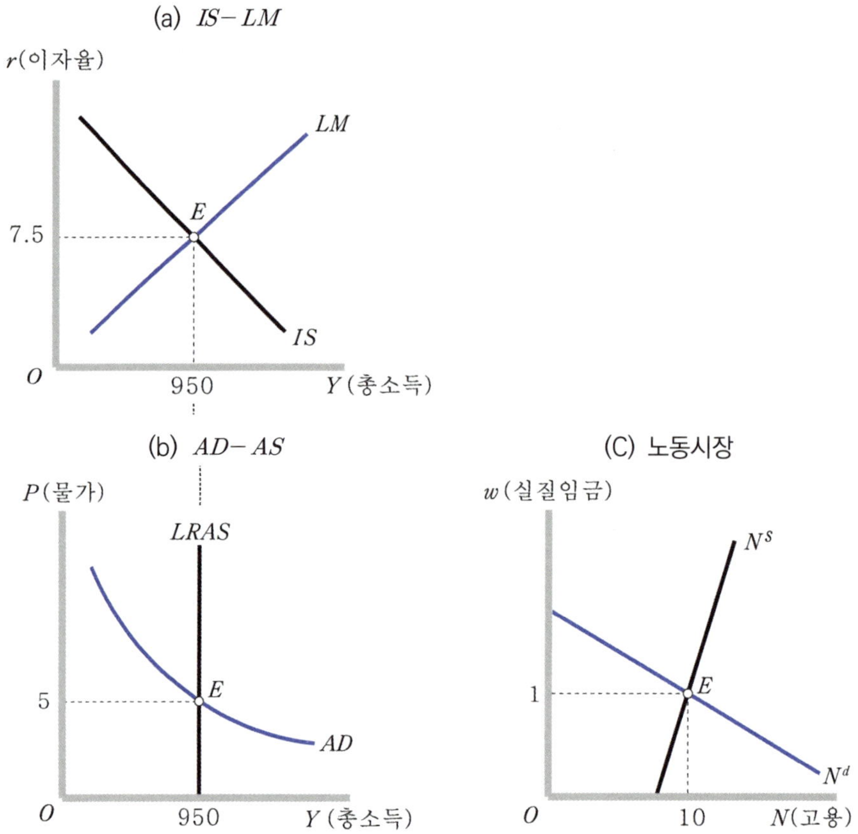

그림 8-9-1 총수요-총공급 일반균형

(3) 기본모형에 루카스 공급곡선을 아래와 같이 추가한다. (단 위의 (2)에서 추가했던 부문은 제외). $P^e = 3$일 때 단기균형에서 물가수준과 국민소득수준을 구하라.

루카스 공급곡선: $Y = Y^* + 75(P - P^e)$

해설

주어진 값들을 대입하면 단기 총공급곡선은 다음과 같다.

$SRAS$: $Y^s = 900 + 75(P - 3)$ ········· 식 4

식 3과 식 4를 연립하면 다음과 같다.

$$900+75(P-3)=850+\frac{500}{P} \Rightarrow 3P^2-7P-20=(P-4)(3P+5)=0$$

이 식을 만족하는 값 중 음(−)의 값을 제외하면 $P_0=4$가 된다. 이 경우 총생산 $Y_0=975$가 된다. 이는 [그림 8−9−2]의 E점에 해당한다.

(4) 위 (3)의 장기균형에서 물가수준, 기대물가수준 및 국민소득을 구하라.

해설

장기균형상태란 실제물가와 기대물가가 일치하여 물가인식오류가 사라지고 실제생산량과 자연생산량이 같아지는 상태이다. $P=P^e$를 총공급곡선에 대입하면 $Y_1=Y^*=900$이 된다. 이를 총수요곡선에 대입하면 $P_1=P^e=10$이 된다. 이를 그림으로 나타내면 [그림 8−9−2]의 F점에 해당한다.

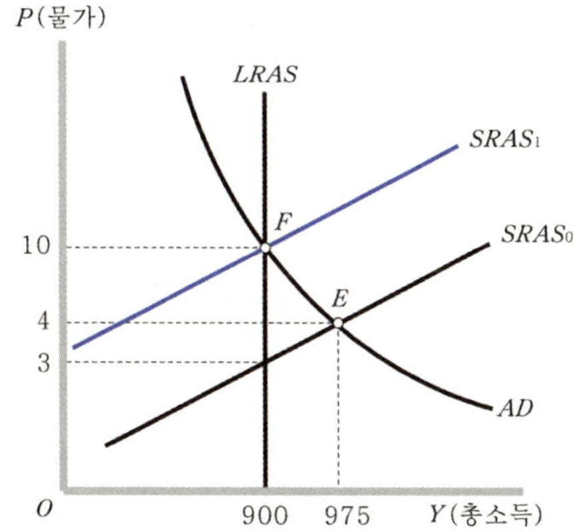

그림 8-9-2 단기균형과 장기균형

10. 다음과 같은 합리적 기대모형을 생각해보자(모든 변수는 로그값으로 표시한 것이다).

노동공급함수: $\omega=E[p]+l$

노동수요함수: $\omega=p+a-\frac{1}{3}l$

생산함수: $y=a+\frac{2}{3}l$

단 확률 $\frac{1}{2}$로 $p=\{0,\ 1\}$, $a=\{-1,\ 0\}$의 값을 가진다.

(1) 위 모형으로부터 기대부가 단기총공급곡선의 식을 유도하라.

해설

$\omega^s = E(p)+l=\omega^d=p+a-\frac{1}{3}l \Rightarrow \frac{4}{3}l=p-E(p)+a \Rightarrow l^*=\frac{3}{4}[p-E(p)+a]$

$\Rightarrow$ 기대부가 단기총공급곡선: $y=a+\frac{2}{3}\times\frac{3}{4}[p-E(p)+a]=\frac{3}{2}a+\frac{1}{2}[p-E(p)]$

(2) (1)에서 실제물가와 기대물가가 같은 경우, 즉 $p=E[p]$일 때 총공급곡선의 식을 구하라

해설

$p+a$는 $\{-1,\ 0,\ 1\}$의 값을 가진다. 그 중 $p+a=-1$이면 $p=0$, $a=-1$임을 알 수 있고 $E[p]=0$이 된다. 따라서 이 경우 총공급곡선은 $y=-\frac{3}{2}+\frac{1}{2}[p-0]$이다.
$p+a=1$ $p=1$, $a=0$임을 알 수 있고 $E[p]=1$이 된다. 따라서 이 경우 총공급곡선은 $y=\frac{1}{2}[p-1]$이다.

(3) (1)에서 물가에 대한 예측의 오차가 존재할 경우, 즉 $p\neq E[p]$일 때 총공급곡선의 식을 구하라.

해설

$p+a=0$인 경우에는 $(p,a)=(0,0)$인 경우와 $(p,a)=(1,\ -1)$인 경우가 동일한 확률을 갖는다. 따라서 $E[p]=1/2$이 되며 총공급곡선은 $y=\frac{3}{2}a+\frac{1}{2}\left[p-\frac{1}{2}\right]$이 된다.
즉 1/2의 확률로 $y=\frac{1}{2}\left[p-\frac{1}{2}\right]$ 또는 $y=-\frac{3}{2}+\frac{1}{2}\left[p-\frac{1}{2}\right]$이 된다.

Chapter

09 실업

01. 실질임금(w)에 따른 노동자의 근로효율(e)이 다음과 같이 주어졌다고 가정하자.

실질임금(w)	근로효율(e)
8	7
10	10
12	15
14	17
16	19
18	20

노동자의 수를 L이라 할 때 노동의 한계생산물(MPL)은 다음과 같다고 하자.

$MPL = e(100 - L)/15$

(1) 기업이 위의 여섯 개의 실질임금 중 하나만을 지불한다 할 때 어떠한 실질임금을 선택하겠는가?

해 설

기업은 이윤극대화를 위해 실질임금당 근로효율이 극대화되는 임금 또는 근로효율당 실질임금이 극소화되는 임금을 지급하며 이를 효율임금(efficiency wage)이라고 한다. 주어진 표를 정리하면 다음과 같다.

만약 기업이 실질임금당 근로효율을 극대화하는 임금을 지급한다면 e/w가 가장 높은 12의 실질임금을 지급할 것이다.

실질임금(w)	근로효율(e)	실질임금당 근로효율(e/w)
8	7	0.875
10	10	1
12	15	1.25
14	17	1.21
16	19	1.19
18	20	1.11

(2) 이 기업이 소재한 도시에 200명의 노동자가 있고 모두 실질임금이 8이면 일을 할 용의가 있다고 하자. 이것이 (1)의 답에 어떤 영향을 미치겠는가를 그 이유와 함께 설명하시오.

해설

실질임금이 8을 넘으면 모든 노동자가 일을 할 용의가 있다고 한다. 따라서 노동공급은 200이 된다. 반면 기업의 이윤극대화 조건은 $MPL = w$에서 $\frac{e(100-L)}{15} = w$가 되고 $w = 12$, $e = 15$가 될 것이므로 $L = 88$명이 될 것이다. 따라서 이 경우 112명의 비자발적 실업자가 발생한다.

(3) 경직성은 실질변수뿐만 아니라 명목변수에서도 관측된다. 새 케인즈학파의 입장에서 명목임금의 경직성을 초래하는 이유들을 간단히 설명하시오.

해설

현실의 임금계약이 장기적인 형태로 이루어지므로 단기의 물가상승 등이 명목임금에 즉시 반영되지 못한다. 이러한 임금계약의 경직성은 임금계약이 동시에 이루어지지 않고 엇갈려 이루어지는 경우 조정이 매우 더디게 이루어진다. 또한 최저임금제 실시는 명목임금이 일정수준 이하로 떨어지는 것을 막아 명목임금의 하방경직성을 가져온다. 이에 더하여 케인즈는 노동자들이 화폐환상을 가지고 있다면 임금이 하방경직성을 갖게 될 가능성이 크다는 점을 지적하였다.

02. 다음의 변화가 자연실업률에 어떠한 영향을 주는지 논하라.

해설

자연실업률 공식 $u_N = \frac{U}{L} = \frac{s}{s+f}$ 에서 구직률 f의 상승은 자연실 업률을 하락시키며, 실직률 s의 상승은 자연실업률을 상승시킨다는 점을 고려하여 각 항목에 답하면 다음과 같다.

(1) 노동조합의 소멸

해설

노조가 소멸하면 구직률 f는 상승할 것이며 이로 인해 자연실업률은 하락할 것이다.

(2) 노동시장으로의 10대들의 참여 증가

해설

10대들은 주로 취업에 신중하기 때문에 구직률이 낮고 실직률은 높은 성향이 높은 성향이 있다는 점을 감안한다면 자연실업률은 상승할 것이다.

(3) 총수요의 큰 증가

해설

총수요의 큰 증가는 관측된 실업률을 낮추는 효과가 있지만 자연실업률에는 영향을 미치지 못한다.

(4) 실업수당의 증가

해설

실업수당이 증가하면 적극적으로 구직할 유인이 감소하므로 구직률이 낮아질 것이다. 또한 다니던 직장을 쉽게 포기하고 탐색행위에 나설 가능성이 크기 때문에 실직률이 증가하여 자연실업률은 증가할 것이다.

(5) 최저임금의 인상

해설

최저임금제의 폐지 또는 최저임금의 인하는 직업 대기기간을 감소시킴으로써 구직률을 높일 것이다. 이로 인해 자연실업률은 하락할 것으로 예상된다.

(6) 총수요 구성 측면에서의 큰 변화

해설

총수요 구성 측면에서의 큰 변화는 부문간 이동을 유발하여 단기적으로 관측된 실업률을 높이는 효과가 나타날 수 있으나 자연실업률에는 영향을 미치지 못한다.

03. 현재 어떤 국가의 생산가능인구가 2,600만명이다. 그 중에서 1,300만명은 고용이 되었으며 100만명은 실업 상태이다.

(1) 경제활동인구를 구하라.

해설

경제활동인구 = 고용인구 + 실업인구 = 1,400만명

(2) 실업률을 구하라.

해설

실업률 = (실업인구/경제활동인구) × 100

= (100/1,400) × 100 ≒ 7.1(%)

(3) 비취업률(nonemployment rate)을 구하라.

해설

비취업률 = (취업하지 않은 인구/생산가능연령인구) × 100
= (1,300/2,600) × 100 = 50(%)

(4) 생산가능인구에 대한 비경제활동인구의 비율을 구하라.

해설

(1,200만명/2,600만명) × 100 = 46(%)
(경제활동 참가율은 54%가 된다.)

04. 기업이 노동자를 해고하는 것을 더욱 까다롭게 만드는 법안이 통과되었다고 하자. 만약 이러한 법안이 직장탐색률에 영향을 미치지 않으면서 해고비율을 줄인다면 자연실업률은 어떻게 변화할 것인가? 이 법안이 직장탐색률에 영향을 미치지 않는 것이 가능하다고 생각하는가?

해설

노동자를 해고하는 것이 까다로워진다는 것은 직접적으로 실직률 s가 하락한다는 것을 의미한다. 만약 이러한 조치가 구직률 f에 영향을 미치지 않는다면 자연실업률 공식 $u_N = \frac{U}{L} = \frac{s}{s+f}$에서 자연실업률의 감소가 나타날 것으로 예상된다. 그러나 노동자를 해고하는 것이 까다롭다면 기업의 입장에서는 당연히 노동자를 고용할 때 신중을 기하게 될 것이다. 따라서 구직률 f도 감소하게 될 것으로 기대된다. 이러한 효과는 자연실업률을 상승시키게 될 것이다. 직접적 효과와 간접적 효과를 모두 고려할 때 결과적으로 자연실업률은 하락할 수도 있고 오히려 상승할 수도 있다.

05. 실업을 줄이기 위해서는 사람의 힘으로 할 수 있는 작업에 기계를 사용하는 것을 금지하면 될 것이라는 우스개 소리가 있다. 만일 정부가 이와 같은 정책을 택한다면 다음 경제변수에 어떤 영향을 미칠 것인지를 논의해 보라.

(1) 실질임금

해 설

우선 기계를 사용하지 못하게 됨에 따라 동일한 노동투입이 이루어진 경우라 하더라도 한계생산은 감소할 것이다. 만약 기계를 대체하기 위하여 취업인구가 증가한다면 다시 한 번 노동의 한계생산성은 감소할 것이다. 노동시장의 균형에서 한계생산성과 실질임금이 동일하다는 점을 고려한다면 실질임금도 하락할 것이다.

(2) 취업인구

해 설

우선 한계생산의 감소로 인한 비용인상으로 생산량이 감소할 것이며 이는 고용을 감소시키는 효과가 있다. 반면 기계를 노동으로 대체해야 함에 따라 고용을 증가시키는 효과도 함께 나타난다. 결과적으로 이 두 가지 효과를 고려하면 고용은 증가할 수도 있고 감소할 수도 있다. 이러한 과정에서 실질임금은 하락하는데 실질임금의 감소로 사람들의 구매력이 감소하고 이것이 다른 상품이나 서비스에 대한 수요감소로 이어진다면 고용이 감소할 가능성은 더욱 커지게 된다.

(3) 실업인구

해 설

(2)번 해설 참고

(4) 노동생산성

해 설

(1)번 해설 참고

06. 어떤 국가가 지난 2년간 경기후퇴를 겪은 후 경기가 팽창국면에 접어들었다고 하자. 이 국가의 경제정책 담당자는 이제 실업률이 하락할 것을 기대했지만, 경기가 팽창국면에 접어든 후에도 6개월간 실업률은 그대로이다. 이와 같이 경제가 경기팽창국면에 있어도 실업률이 하락하지 않는 이유를 오쿤의 법칙을 이용해서 설명해 보라.

해 설

본문에 소개된 오쿤의 법칙은 다음과 같다.

실업률＝자연실업률－0.5×총생산갭

$$\Rightarrow \ u = u_N - 0.5 \times \frac{Y - Y_F}{Y_F}$$

이 식에서 자연실업률에 큰 변화가 없다면 다음과 같은 관계를 찾을 수 있다.

실제성장률＞잠재성장률 ⇒ 실업률＜자연실업률 ⇒ 실업률 감소
실제성장률＝잠재성장률 ⇒ 실업률＝자연실업률 ⇒ 실업률 불변
실제성장률＜잠재성장률 ⇒ 실업률＞자연실업률 ⇒ 실업률 증가

따라서 실제성장률이 양(＋)의 값을 갖더라도 그 크기가 미약하여 잠재성장률보다 크지 않다면 실업률은 감소하지 않거나(위 2번째 경우) 오히려 실업률이 증가할 수도 있다(위 3번째 경우).

Chapter 10

인플레이션과 물가안정정책

01. 필립스곡선의 식이 다음과 같을 때 아래 질문에 답하라.

$$\pi_t = \pi_{t-1} - 0.5(u_t - 0.06)$$

(1) 자연실업률은 얼마인가?

해설

자연실업률이란 경제가 장기적으로 수렴하는 실업률수준이다. 자연실업률은 필립스곡선에서 실제 인플레이션과 예상인플레이션이 일치하고 일시적인 충격이 사라졌을 때의 실업률과 일치한다.

주어진 필립스곡선은 경제주체들의 적응적 기대(또는 정태적 기대)를 전제로 한 것으로서 $\pi_{t-1} = \pi^e$를 반영한 것으로 볼 수 있다. 따라서 $\pi_t = \pi_{t-1} = \pi^e$일 때 $u_t = 0.06$이 성립하므로 자연실업률 $u_n = 6\%$가 된다.

(2) 단기와 장기에 있어서의 물가상승률과 실업률의 관계를 그림으로 그려보라.

해설

단기적으로는 예상인플레이션과 실제인플레이션이 상이할 수 있으므로 실업률이 자연실업률과 일치하지 않을 수 있다. 주어진 수식에 의한 단기 필립스곡선(SPC)을 그림으로 나타내면 금기 인플레이션이 전기 인플레이션과 같을 때 실업률이 자연실업률인 6%가 되며 기울기가 -0.5로 우하향하는 직선의 형태가 된다. 반면 장기적으로는 예상인플레이션과 실제인플레이션이 일치하게 될 것이므로 실업률은 항상 자연실업률과 일치한다. 따라서 장기 필립스곡선(LPC)을 그림으로 나타내면 자연실업률 수준에서 수직의 형태를 갖게 된다.

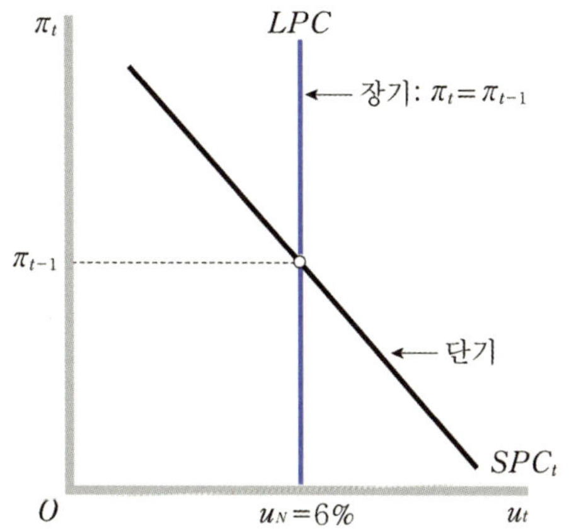

그림 10-2-1 필립스곡선: 단기 및 장기

(3) 물가상승률을 5% 포인트 하락시키는 데 필요한 경기적 실업률은 얼마인가?

해 설

경기적 실업이란 실제 실업률과 자연실업률의 차이 즉 $(u_t - u_n)$을 의미한다. 주어진 필립스곡선 $\pi_t = \pi_{t-1} - 0.5(u_t - 0.06)$을 정리하면 다음 관계를 얻는다.

인플레이션 저감 폭: $\pi_t - \pi_{t-1} = -0.5(u_t - 0.06) = -0.05$

이 등식이 성립하기 위해서는 $(u_t - 0.06) = 0.1$이 되어야 한다. 이는 5% 포인트의 인플레이션을 저감하기 위해 부담해야 하는 경기적 실업률이 10%임을 의미한다.

(4) 물가상승률이 10%일 때 중앙은행이 이를 5%로 낮추기를 원한다면 이러한 목표를 달성하기 위한 정책시나리오 두 가지를 밝혀라.

해 설

인플레이션을 저감하는 대표적인 시나리오로는 급랭전략과 점진주의 전략이 있다. 우선 급랭전략이란 인플레이션을 짧은 기간안에 목표한 수단까지 낮추는 것으로서 만약 1년 만에 목표한 인플레이션을 달성하는 경우를 가정하면 인플레이션과 실업의 변화는 다음과 같다.

$$\pi_t = \pi_{t-1} - 0.5(u_t - 0.06)$$

원래 상태	10%	10%	6%	6%
첫 번째 해	5%	10%	16%	6%
두 번째 해	5%	5%	6%	6%

이 경우 실업은 첫 번째 해에 16%까지 급격하게 상승하였다가 두 번째 해에 바로 자연실업률인 6%수준을 회복함을 알 수 있다. 이러한 변화 중 첫 번째 해의 변화는 [그림 10-2-2] (a)의 필립스곡선상에서 E점에서 E_1점까지의 이동으로 나타낼 수 있다. 또한 두 번째 해의 변화는 필립스곡선의 이동으로 인해 E_1점에서 E'점으로 이동하는 것으로 나타낼 수 있다.

반면 점진주의 전략이란 오랜기간에 걸쳐 서서히 인플레이션을 저감하는 방식을 의미하는 것으로서 만약 5년 만에 목표한 인플레이션을 달성하는 경우를 가정하면 인플레이션과 실업의 변화는 다음과 같다.

$$\pi_t = \pi_{t-1} - 0.5(u_t - 0.06)$$

원래 상태	10%	10%	6%	6%
첫 번째 해	9%	10%	8%	6%
두 번째 해	8%	9%	8%	6%
세 번째 해	7%	8%	8%	6%
네 번째 해	6%	7%	8%	6%
다섯 번째 해	5%	6%	8%	6%
여섯 번째 해	5%	5%	6%	6%

이 경우 실업은 첫 번째 해부터 다섯 번째 해까지 8%의 수준으로 완만하게 상승하였다가 여섯 번째 해에 바로 자연실업률인 6%수준을 회복함을 알 수 있다. 이러한 변화 중 첫 번째 해의 변화는 [그림 10-2-2] (b)의 필립스곡선상에서 E점에서 E_1점까지의 이동으로 나타낼 수 있다. 두 번째 해부터 여섯 번째 해까지는 필립스곡선이 이동하면서 E_2점, E_3점 등의 점을 거쳐 결국 E'점으로 수렴하게 된다.

두 정책을 비교하건데 급랭전략은 아주 짧은 기간 동안 급격한 실업상승을 부담해야 하는 반면, 점진주의 전략은 오랜 기간 동안 완만한 실업상승을 부담해야 하는 방식으로 평가할 수 있다(이 문제와 같은 선형의 가속도론자 필립스곡선에서는 두 방식에 의한 희생비율이 동일하다).

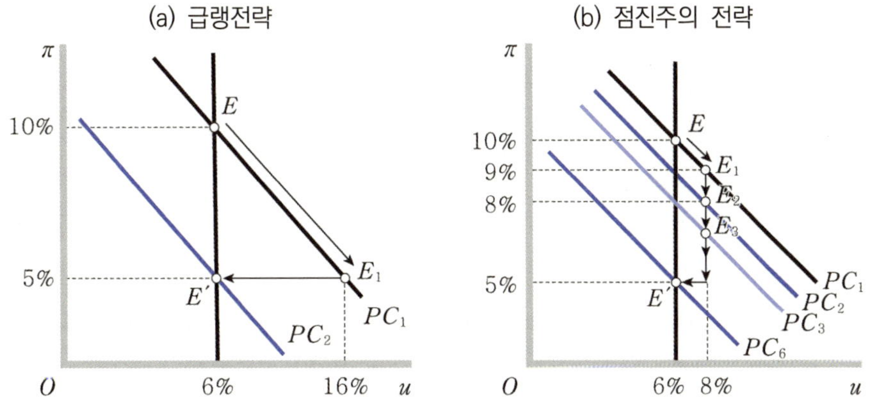

그림 10-2-2 급랭전략과 점진주의 전략

02. 다음과 같은 필립스곡선을 가진 경제가 있다.

$$\pi_t = \pi_{t-1} - 0.5(u_t - u_n)$$

u_n은 자연실업률이며 과거 2년간의 평균실업률에 의존한다. 즉, $u_n = 0.5(u_{t-1} + u_{t-2})$이다.

(1) 위의 방정식에서의 가정처럼 자연실업률이 최근의 실업률에 의존하는 이유를 설명하라.

해 설

실업의 자기이력현상(hysteresis)이란 실제 실업률이 높아진 상태가 일정기간 유지될 경우 자연실업률 자체가 높아지는 현상을 말한다. 현실적으로 경기후퇴로 인해 자연실업률이 변화하여 경제에 영원히 영향을 미칠 수 있는 여러 경로가 존재하는데 이를 정리하면 다음과 같다.

1. 노동시장의 신호이론(stigma effect): 노동시장의 비대칭 정보상황 하에서 기업이 실업상태에 있는 사람들을 무능한 사람이라 생각한다면 이들의 고용은 쉽게 이루

어지지 않는다.

2. 노동자의 숙련도 상실: 실업상태가 지속되면 노동자들의 숙련도가 상실되어 새로운 직장에 취직하기 어려워진다.
3. 근로에 대한 태도변화: 근로자들이 실직상태에 익숙해지면 구직행위의 적극성이 감소하여 구직률(f)이 감소한다.
4. 관대한 실업보험제도: 실업보험제도가 관대한 국가일수록 유보임금이 높고 구직률(f)이 낮으며 실직률(s)이 높은 특성을 가진다.
5. 내부자－외부자 모형: 노사협상이 기업과 노동조합 사이에 이루어지는 경우 내부자들은 새로운 일자리의 창출을 희생하면서도 높은 임금을 요구할 수 있는데 이는 임금경직성으로 인한 실업을 유발한다.

(2) 중앙은행이 물가상승률을 1% 포인트 영구히 낮추기 위해 물가안정정책을 실시한다고 하자. 이와 같은 정책이 시간이 흐름에 따라 실업에 어떤 영향을 미치는지 설명해 보라.

해 설

편의상 현재를 0기라 하고 물가안정정책이 이루어진 이후를 1기, 2기 …라고 하자. 인플레이션율을 1%포인트 낮추기 위해 부담해야 하는 경기적 실업은 다음과 같이 구할 수 있다.

인플레이션 저감 폭: $\pi_1 - \pi_0 = -1 = -0.5\left(u_1 - u_1^n\right)$

위 식을 정리하면 $\left(u_1 - u_1^n\right) = 2$ 또는 $u_1 = u_1^n + 2$를 얻는다. 따라서 인플레이션을 1% 저감하기 위해서는 첫 번째 해에 2%의 실업률 상승을 유발한다.

중앙은행은 항구적으로 1%의 물가안정정책을 계획했으므로 더 이상의 인플레이션 저감정책은 실시되지 않는다. 즉 제2기부터는 실제실업률과 자연실업률이 동일해진다. 그러나 자연실업률이 주어져 있는 경우와 달리 이 모형에서는 자연실업률이 과거 실업률의 변화에 의해 영향을 받게 된다. 따라서 물가안정정책이 종료된 이후에도 실업률이 예전의 자연실업률 수준으로 돌아가지 않는다. 현재까지의 실제실업률과 자연실업률이 일정하게 유지되어 왔다고 가정하고, 물가안정정책이 실시된 경우 실제실업률과 자연실업률의 변화를 기간별로 구해보면 다음과 같다.

1기의 자연실업률　u_1^n

1기의 실제실업률　$u_1 = u_1^n + 2$

2기의 자연실업률　$u_2^n = 0.5\left[\left(u_1^n + 2\right) + u_1^n\right] = u_1^n + 1$

3기의 자연실업률

$$u_3^n = 0.5\left[\left(u_1^n + 1\right) + \left(u_1^n + 1 + 1\right)\right] = u_1^n + 1 + \frac{1}{2}$$

4기의 자연실업률

$$u_4^n = 0.5\left[\left(u_1^n + 1 + \frac{1}{2}\right) + \left(u_1^n + 1\right)\right] = u_1^n + 1 + \frac{1}{4}$$

5기의 자연실업률

$$u_5^n = 0.5\left[\left(u_1^n + 1 + \frac{1}{4}\right) + \left(u_1^n + 1 + \frac{1}{2}\right)\right] = u_1^n + 1 + \frac{3}{8}$$

(단, 2기부터는 실제실업률과 자연실업률이 동일함에 유의)

실제실업률 및 자연실업률을 그림으로 나타내면 [그림 10-3-1]과 같다. 이때 자연실업률의 경로는 결국 $u_1^n + 1 + \frac{1}{3}$에 수렴된다. 이는 한 번의 인플레이션의 저감으로 인해 자연실업률이 영구적으로 상승할 수 있음을 의미한다.

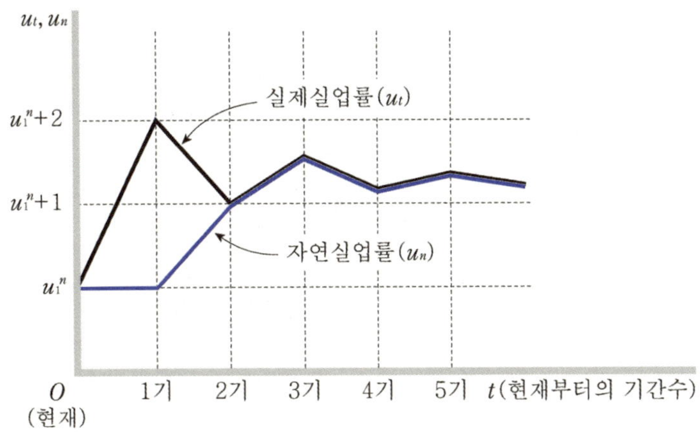

그림 10-3-1 이력가설하에서 실업률의 시간경로

(3) 이 경제의 희생률(sacrifice ratio)은 얼마인가? 그 이유를 설명하라.

해설

희생률(sacrifice ratio)은 1% 포인트의 인플레이션을 감소시키기 위해 감수해야 하는 연간 실업증가 또는 실질 GDP감소의 누적감소비율을 의미한다.

$$\text{희생률} = \frac{\text{실질}\,GDP\text{감소의 누적\%포인트}}{\text{인플레이션저감의 \%포인트}} \quad \text{또는} \quad \frac{\text{실업증가의 누적\%포인트}}{\text{인플레이션저감의 \%포인트}}$$

이 경우 1%의 디스인플레이션을 위해 자연실업률을 영구히 상승시키므로 실업률 상승의 누적분과 GDP감소의 누적분이 무한대가 된다. 따라서 희생률도 무한대가 된다.

(4) 위의 방정식들이 의미하는 실업과 물가 간의 장·단기 상충관계를 설명하라.

해설

이 경우 1회적인 물가안정정책은 자연실업률을 영구히 상승시킨다. 이는 자기이력가설이 성립하는 경제에서는 단기적으로 뿐만 아니라 장기적으로도 인플레이션과 실업 간 상충관계가 존재하게 된다. 즉 이력가설하에서는 인플레이션 저감정책의 혜택도 영원하지만 그 비용도 영원하다.

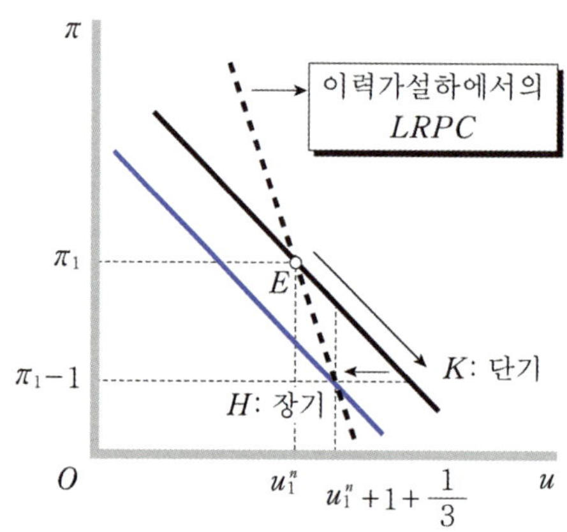

그림 10-3-2 이력가설하에서 장·단기 필립스곡선

03. 필립스곡선이 $\pi_t = \pi_{t-1} + 3(6 - u_t)$로 주어져 있다. $t-1$기의 실업률은 자연실업률과 같다고 하고, 물가상승률은 0%이라 하자. t기에 다음의 두 가지 사건이 발생했다고 하자.

- 정부는 실업률을 5% 수준으로 유지하려 한다.
- 모든 노동자들의 절반이 물가에 연동한 임금계약을 한다.

(1) 새로운 필립스곡선의 식을 구하라.

해설

완전한 물가연동 임금계약이 이루어진다면 인플레이션이 즉각 명목임금에 반영되기 때문에 항상 인플레이션을 정확히 예측하는 경우와 동일해진다. 주어진 상황은 노동자의 절반은 기존의 방식 즉 $\pi_t^e = \pi_{t-1}$의 방식으로 인플레이션을 예상하고, 나머지는 $\pi_t^e = \pi_t$의 방식으로 인플레이션을 예상하는 것과 동일하다. 따라서 새로운 인플레이션 기대는 $\pi_t^e = \dfrac{\pi_{t-1} + \pi_t}{2}$이 되며 이를 반영한 필립스곡선은 다음과 같다.

물가연동을 반영한 필립스곡선:

$$\pi_t = \frac{\pi_{t-1} + \pi_t}{2} + 3(0.06 - u_t) \Rightarrow \pi_t = \pi_{t-1} + 6(0.06 - u_t)$$

이때의 필립스 곡선은 원래의 경우에 비해 기울기가 2배인 형태가 된다. 원래의 필립스곡선과 새로운 필립스곡선을 그림으로 나타내면 [그림 10－1]의 (a)에서 각각 SPC곡선과 SPC'곡선이 된다.

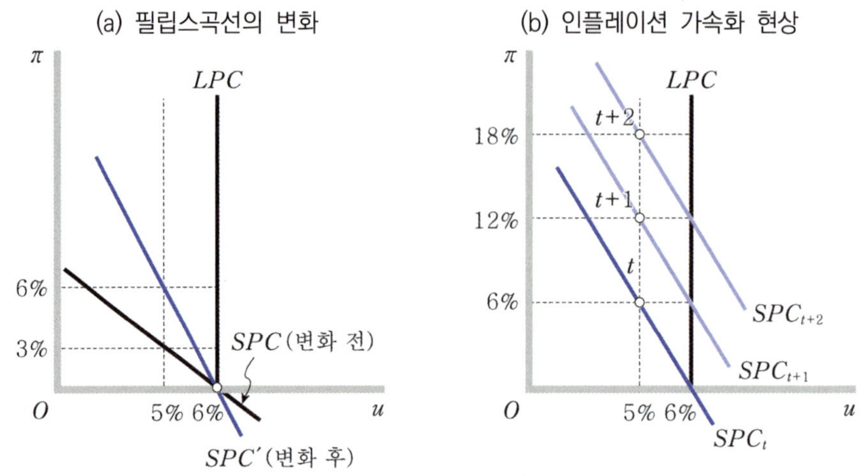

그림 10-1 물가연동계약과 필립스곡선

(2) t, $t+1$, $t+2$기의 물가상승률을 각각 구하라.

해 설

새로운 필립스곡선하에서 인플레이션과 실업의 진행과정을 살펴보면 다음과 같다.

	π_t	$= \pi_{t-1}$	$- 6(u_t$	$- 0.06)$
$t-1$기	0%	0%	6%	6%
t기	6%	0%	5%	6%
$t+1$기	12%	6%	5%	6%
$t+2$기	18%	12%	5%	6%

즉 새로운 필립스곡선에서 정부가 실업률을 자연실업률 이하로 유지하려고 할 때의 인플레이션율은 기간별로 6%, 12%, 18%가 된다. 이런 과정을 그림으로 나타내면 각각 [그림 10-1]의 (b)에서 t, $t+1$, $t+2$점에 해당한다.

(3) 임금물가연동제(wage indexation)가 자연실업률 이하로 실업률을 유지하는 데 어떤 영향을 미치는가?

해 설

원래의 필립스곡선하에서 인플레이션과 실업의 진행과정을 살펴보면 다음과 같다.

	π_t	$= \pi_{t-1}$	$- 3(u_t$	$- 0.06)$
$t-1$기	0%	0%	6%	6%
t기	3%	0%	5%	6%
$t+1$기	6%	3%	5%	6%
$t+2$기	9%	9%	5%	6%

즉 원래의 필립스곡선에서 정부가 실업률을 자연실업률 이하로 유지하려고 할 때의 인플레이션율은 기간별로 3%, 6%, 9%가 된다. 이에 반해 변화한 필립스곡선에서 정부가 실업률을 자연실업률 이하로 유지하려고 할 때의 인플레이션율은 기간별로 6%, 12%, 18%가 된다. 이는 물가연동계약이 도입된 경우 자연실업률 이하로 실업률을 유지하기 위해 2배의 물가상승률을 부담해야 함을 의미한다.

04. 아래와 같은 필립스곡선의 식을 생각해보자. 현재 이 경제는 높은 물가상승률로 인하여 전체 노동계약 가운데 $\lambda(0 < \lambda < 1)$만큼에 있어서 명목임금이 인플레이션에 연동되어 결정된다. 이 경우 필립스곡선의 식에서 π_t^e는 $\lambda\pi_t + (1-\lambda)\pi_t^e$로 대체될 수 있다. 한편 예상물가상승률은 적응적 기대에 의해 $\pi_t^e = \pi_{t-1}$과 같다고 가정하자.

$$\pi_t = \pi_t^e - \alpha(u_t - u_n)$$

(1) 자연실업률보다 낮은 실업률을 선호하는 중앙은행에게 임금의 물가연동은 어떤 함의를 주는지 설명하라.

해 설

필립스곡선에 물가연동의 효과를 반영하면 다음과 같다.

$$\pi_t = \lambda\pi_t + (1-\lambda)\pi_{t-1} - \alpha(u_t - u_n)$$

위 식을 정리하면 다음과 같다.

$$\pi_t = \pi_{t-1} - \frac{\alpha}{(1-\lambda)}(u_t - u_n) \text{ 또는 } \pi_t - \pi_{t-1} = -\frac{\alpha}{(1-\lambda)}(u_t - u_n)$$

위 식에서 자연실업률보다 1%p 낮은 실업률을 목표로 한다고 할 때, 매 기간마다 전기보다 $\frac{\alpha}{(1-\lambda)}$만큼 높은 인플레이션율을 받아들여야 한다. 따라서 물가연동계약기업의 비율 λ이 높아질수록 실업을 낮게 유지하기 위한 비용으로서의 더 빠른 속도로 증가하는 인플레이션을 받아들여야 한다.

(2) 중앙은행이 인플레이션율을 $\pi_{t-1} = 12\%$에서 $\pi_t = 2\%$로 10% 포인트 떨어뜨리고자 할 때 필요한 희생률을 구하라.

해 설

$\pi_t - \pi_{t-1} = 2\% - 12\% = -10\% = -\frac{\alpha}{(1-\lambda)}(u_t - u_n)$에서

$u_t = u_n + \frac{10(1-\lambda)}{\alpha}$가 된다. 즉 10%의 인플레이션 저감을 위해

$u_t - u_n = +\frac{10(1-\lambda)}{\alpha}$의 실업증가를 받아들여야 한다. 이 경우 희생률을 인플레이션 1%p를 저감하기 위한 실업률의 증가분으로 정의한다면 다음과 같다.

$$\text{희생률} = \frac{\frac{10(1-\lambda)}{\alpha}\%}{10\%} = \frac{(1-\lambda)}{\alpha}$$

(3) 실제로 중앙은행이 인플레이션율을 2%로 떨어뜨리겠다는 발표를 하였다. 이때 중앙은행의 발표로 기대물가상승률이 아래와 같이 형성되었다고 가정하자. 앞의 경우와 마찬가지로 노동계약 중 λ의 비율로 명목임금이 인플레이션율에 연동되어 있다고 할 때 희생률을 구하라.

$$\pi_t^e = \theta \times 2\% + (1-\theta)\pi_{t-1}$$

해 설

물가연동을 반영한 필립스곡선에 새로운 물가기대방식을 반영하면 다음과 같다.

$$\pi_t = \lambda\pi_t + (1-\lambda)\left[\alpha \times 2\% + (1-\theta)\pi_{t-1}\right] - \alpha(u_t - u_n)$$

위 식을 정리하면 다음과 같다.

$$(1-\lambda)\pi_t = (1-\lambda)\left[\theta \times 2\% + (1-\theta)\pi_{t-1}\right] - \alpha(u_t - u_n)$$

양변을 $(1-\lambda)$로 나눈 후 인플레이션율의 변화를 나타내는 식으로 정리하면 다음과 같다.

$$\pi_t - \pi_{t-1} = \theta \times 2\% - \theta\,\pi_{t-1} - \frac{\alpha}{1-\lambda}(u_t - u_n)$$

$\pi_t - \pi_{t-1} = 2\% - 12\% = -10\% = -10\theta - \dfrac{\alpha}{(1-\lambda)}(u_t - u_n)$에서 인플레이션 저감 후 실업률은 $u_t = u_n + \dfrac{10(1-\lambda)(1-\theta)}{\alpha}$가 된다. 즉 10%의 인플레이션 저감을 위해 $u_t - u_n = \dfrac{10(1-\lambda)(1-\theta)}{\alpha}$의 실업증가를 받아들여야 한다.

이 경우 희생률을 인플레이션 1%p를 저감하기 위한 실업률의 증가분으로 정의한다면 다음과 같다.

$$\text{희생률} = \frac{\dfrac{10(1-\lambda)(1-\theta)}{\alpha}\%}{10\%} = \frac{(1-\lambda)(1-\theta)}{\alpha}$$

위 식에서 θ는 중앙은행의 정책신뢰도를 반영한다. 위 식에서 θ가 커질수록 희생률이 감소하는데 이는 중앙은행의 정책신뢰도가 높을수록 희생률이 낮아짐을 의미한다.

05. 가속도론자 필립스곡선에 따르면 정책입안자가 실업률을 자연실업률 이하로 지속적으로 유지하려 할 경우 물가상승률은 어떻게 될 것인지를 설명하라.

해 설

가속도론자의 필립스곡선은 다음과 같은 형태로 나타낼 수 있다(편의상 공급충격은 존재하지 않는다고 가정한다).

가속도론자의 필립스곡선: $\pi_t = \pi_{t-1} - \lambda(u_t - u_n)$

이 식에서 $u_t < u_n$이면 $\pi_t > \pi_{t-1}$이 성립한다. 즉 정부가 실업률을 자연실업률 이하로 지속적으로 유지하려고 한다면 인플레이션은 매기간 전기 인플레이션보다 높아져야 한다. 이러한 이유로 자연실업률을 인플레이션을 가속하지 않는 실업률(NAIRU: Non accelerating inflation rate of unemployment)이라고도 부른다.

06. 스태그플레이션(stagflation) 현상을 필립스곡선을 이용하여 설명하라.

해설

스태그플레이션은 원유가 상승 등 부정적 공급충격으로 총공급곡선이 좌상방 이동할 때 필립스곡선이 우상향 이동하면서 인플레이션율과 실업률이 동시에 상승하는 현상으로 이해할 수 있다.

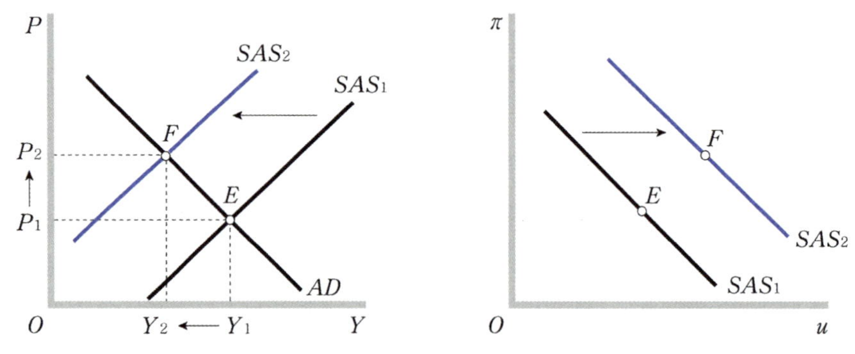

그림 10-6 스태그플레이션의 발생

07. 고통없는 물가안정정책의 조건은 무엇인가?

해 설

새고전학파가 주장하는 고통없는 물가안정정책(painless disinflation)이 이루어지기 위해서는 다음 4가지 조건이 필요하다.

1. 충분한 사전공지
2. 민간의 합리적 기대
3. 정책의 신뢰성
4. 모든 가격과 임금의 신축성

이 중 루카스나 사전트 등 새고전학파 경제학자들은 3번째 즉 정책의 신뢰성(credibility)을 강조하며 신뢰성을 얻기 위해서는 향후 번복가능성이 있는 점진주의 정책보다는 급랭정책이 바람직하다고 주장한다. 이에 대해 피셔, 테일러 등 새케인즈학파 경제학자들은 현실적으로 4번째, 즉 모든 가격과 임금의 신축성이 만족되기 힘들기 때문에 고통없는 물가안정정책이란 현실적으로 불가능하며 경제에 급격한 영향을 주지 않기 위해서는 점진주의방식에 의한 정책이 바람직하다고 주장한다.

08. 다음과 같은 단기총공급곡선의 식을 생각해 보자.

$$y_t = y_F + a(p_t - p_t^e) + \varepsilon_t$$

단, $y_t = \ln(Y_t)$, $y_F = \ln(Y_F)$, $p_t = \ln(P_t)$, $p_t^e = \ln(P_t^e)$

(1) ε_t가 영의 값을 가질 때 위 단기총공급곡선의 식은 제8장에서 소개한 단기총공급곡선의 식이 가지는 다음 특성을 갖고 있음을 보여라.

$P_t > P_t^e$일 때 $Y_t > Y_F$

$P_t = P_t^e$일 때 $Y_t = Y_F$

해 설

$\varepsilon_t = 0$이면 $y_t = y_F + a(p_t - p_t^e)$가 된다.

이때 $p_t = \ln P_t > p_t^e = \ln P_t^e$이면 $y_t = \ln Y_t > y_F = \ln Y_F$가 성립한다. 그런데 (자연) 로그함수는 단조증가함수이므로 로그가 취해져도 대소관계는 그대로 유지된다. 따라서 $P_t > P_t^e$이면 $Y_t > Y_F$가 성립한다. 이는 등호관계인 경우에도 동일하게 성립한다.

(2) ε_t의 증가는 정의 공급충격을 나타냄을 보여라.

해 설

정(+)의 공급충격이란 동일한 물가에 대응되는 생산량을 증가시키거나, 동일한 생산량에 대응되는 물가를 하락시키는 충격을 말한다. 주어진 공급곡선에서 ε_t가 증가하면 이러한 조건을 만족하므로 정의 공급충격이 된다.

(3) 위 식이 다음과 같은 단기총공급곡선의 식으로부터 도출될 수 있음을 보여라.

$$Y_t = Y_F\left(\frac{P_t}{P_t^e}\right)^a \exp(\varepsilon_t)$$

해 설

주어진 식의 양변에 자연로그를 취하면 다음과 같다.

$\ln Y_t = \ln Y_F + a(\ln P_t - \ln P_t^e) + \ln\exp(\varepsilon_t)$

위 식을 정리하면 $y_t = y_F + a(p_t - p_t^e) + \varepsilon_t$가 된다(단 exp는 자연지수함수를 나타내는 기호이므로 $\ln\exp(\varepsilon_t) = \varepsilon_t$임을 활용하였다).

09. (합리적 기대와 Cagan 모형) 다음과 같이 실금리가 영(0)이며 피셔효과를 가정한 화폐시장의 균형에 관한 식을 생각해보자. 단 모든 변수는 로그 값으로 표시한 것이다.

$$m_t - p_t = -\frac{1}{2}(Ep_{t+1} - p_t)$$

(1) t기 물가 p_t의 식을 m_t와 Ep_{t+1}로 표시하라.

해설

주어진 식을 정리하면 $p_t = \frac{2}{3}m_t + \frac{1}{3}Ep_{t+1}$이 된다.

(2) (1)에서 구한 p_t의 식을 m_t, Em_{t+1}과 Ep_{t+2}로 표시하라.

해설

$t+1$기에 대해 양변에 기대값을 구하면 $Ep_{t+1} = \frac{2}{3}Em_{t+1} + \frac{1}{3}Ep_{t+2}$이 된다.

(3) (2)에서 구한 p_t의 식을 m_t, Em_{t+1}, Em_{t+2}, Em_{t+3}, $\cdots$, Em_{t+T-1}과 Ep_{t+r}로 표시하라.

해설

(1)과 (2)의 과정을 반복하면 다음의 식을 유도할 수 있다.

$$p_t = \frac{2}{3}\left\{m_t + \frac{1}{3}Em_{t+1} + \left(\frac{1}{3}\right)^2 Em_{t+2} + \left(\frac{1}{3}\right)^3 Em_{t+3} + \cdots + \left(\frac{1}{3}\right)^{T-1} Em_{t+T-1}\right\}$$
$$+ \left(\frac{1}{3}\right)^T Ep_{t+T}$$

(4) (3)에서 구한 p_t의 식으로부터 $T \to \infty$일 때 현재와 미래에 예상되는 통화량으로 표시하라. 단 $\lim_{T\to\infty} Ep_{t+T}$은 유한하다고 가정한다.

해설

$T \to \infty$일 때 물가식은 다음과 같다.

$$p_t = \frac{2}{3}\left\{m_t + \frac{1}{3}Em_{t+1} + \left(\frac{1}{3}\right)^2 Em_{t+2} + \left(\frac{1}{3}\right)^3 Em_{t+3} + \cdots + \left(\frac{1}{3}\right)^4 Em_{t+4} + \cdots\right\}$$

(5) (4)에서 구한 p_t의 식에서 어떤 조건하에서 화폐의 중립성이 성립하는지 설명하라.

식의 오른쪽 항 계수 값의 합은 1이다. 즉 p_t는 현재의 통화량과 미래 예상되는 통화량의 가중치의 합과 같으며 그 가중치는 먼 미래일수록 감소한다. 이 식으로부터 통화량변화에 따른 물가의 변화는 다음의 식으로 표현된다.

$$\Delta p_t = \frac{2}{3}\left\{\Delta m_t + \frac{1}{3}\Delta Em_{t+1} + \left(\frac{1}{3}\right)^2 \Delta Em_{t+2} + \left(\frac{1}{3}\right)^3 \Delta Em_{t+3} + \cdots + \left(\frac{1}{3}\right)^4 \Delta Em_{t+4} + \cdots\right\}$$

변수가 로그 값으로 표시된 것은 $\Delta x = \Delta \log X = \dfrac{\Delta x}{x}$, 즉 Δx는 X의 % 변화율을 나타내기 때문에 위 식은 통화량 흐름의 % 증가율에 따른 물가상승률을 표시한 것이며 통화량 흐름의 각 계수 값은 물가상승률에 미치는 탄력성의 크기를 나타낸다. 만약 Em_{t+3}가 1%p 상승한다면 p_t는 $\dfrac{2}{3}\left(\dfrac{1}{3}\right)^3$%p 상승한다. 모든 계수 값의 합이 1과 같다는 성질은 모든 기간의 통화량의 흐름이 1% 증가할 때 물가가 1% 상승한다는 의미에서 화폐의 중립성이 성립한다. 즉 $\Delta m_t = \Delta Em_{t+1} = \Delta Em_{t+2} = \Delta Em_{t+3} = \Delta Em_{t+4} = 0.01 \rightarrow \Delta p_t = 0.01$의 인과관계가 성립한다. 다시 말하자면 통화량이 항구적으로 1% 상승 시 물가가 1% 상승한다. 그러나 여기서는 통상적인 화폐의 중립성은 성립하지 않는다. 즉 $\Delta m_t = 0.01 \rightarrow \Delta p_t = \dfrac{2}{3} \times 0.01$인 것이다.

10. (2020년 행정고시) 어떤 경제의 거시경제 상황은 다음과 같다.

총수요곡선 : $Y_t = 300 + 10(m_t - \pi_t)$

총공급곡선 : $Y_t = Y^* + 10(\pi_t - \pi_t^e)$

오쿤의 법칙 : $Y_t - Y^* = -2.5(u_t - u_n)$

π_t, π_t^e, u_t, m_t는 각각 인플레이션율, 기대인플레이션율, 총생산, 실업률, 통화증가율을 나타낸다. 단, 자연율 수준에서 총생산(Y^*) 과 실업률(u_n)은 각각 500과 4%이고 인플레이션율, 통화증가율 및 실업률의 단위는 %이다. 다음 물음에 답하시오.

(1) 통화증가율이 장기간 30%로 유지되어 왔고, 앞으로도 계속 30%로 유지될 경우 π_t, π_t^e, Y_t, u_t를 각각 구하시오.

해 설

다른 조건이 일정할 때 통화증가율이 일정하게 유지된다면 인플레이션율도 일정하게 유지될 것이라 예상할 것이므로 $\pi_t^e = \pi_t$이 성립한다.

이를 총공급곡선에 대입하면 $Y_t = Y^* = 500$이 성립한다.

이를 오쿤의 법칙에 대입하면 $u_t = u_n = 4(\%)$가 된다.

이를 총수요곡선에 대입하면 $\pi_t = 10(\%)$이 된다.

균형점을 나타내면 [그림 10-10-1]에서 $LRAS$, $SRAS_t$, AD_t가 만나는 E_0점이 된다. 이 점은 기대인플레이션율이 실제인플레이션율과 일치하고 총생산이 자연율 수준에서 총생산과 일치하므로 이 경제의 장기균형에 해당한다.

장기균형 : $\pi_t^e = \pi_t = 10$, $Y_t = 500$, $u_t = 4$

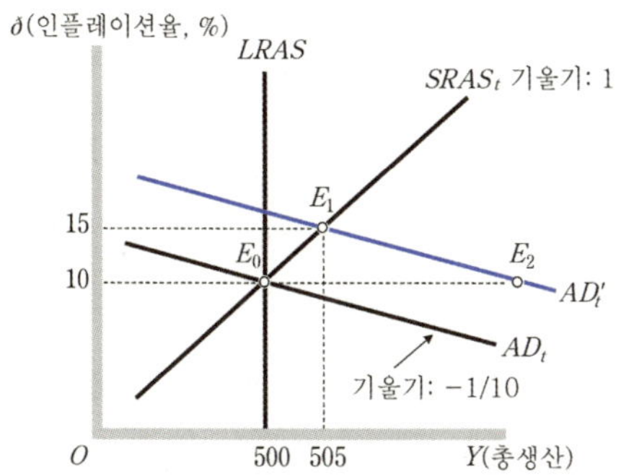

그림 10-10-1 예상치 못한 통화정책의 효과

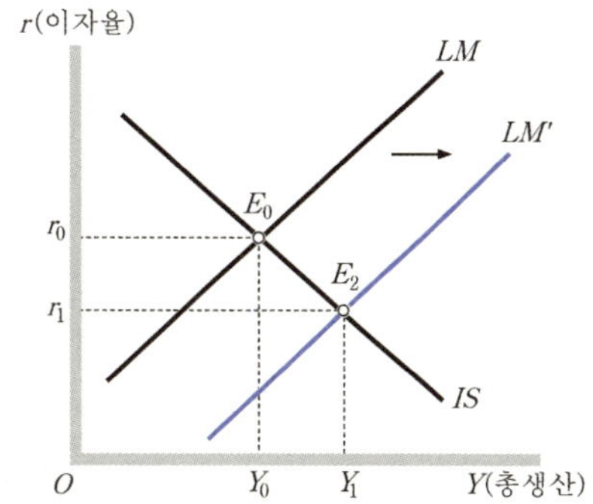

그림 10-10-2 통화정책의 이자율 경로

(2) 예상치 못하게 통화증가율이 35.5%로 증가했다고 하자. 이때 π_t, Y_t, u_t가 단기적으로 어떻게 변화할지 계산하고, Y_t의 변화를 통화정책의 전달 경로 중 이자율 경로를 이용하여 설명하시오.

해 설

1. 통화증가율 상승의 효과

   예상치 못하게 통화증가율이 상승했으므로 기대인플레이션율은 $\pi_t^e = 10$으로 불변이다. 이 경우 새로운 통화증가율 35.5를 총수요－총공급의 균형조건에 대입하면 다음과 같다.

   $$Y_t = 300 + 10(35.5 - \pi_t) = 500 + (\pi_t - 10)$$

   위 식을 풀면 $\pi_t = 15 > \pi_t^e = 10$, $Y_t = 505 > Y^* = 500$, $u_t = 2 < u_n = 4$가 성립한다. 이를 나타내면 [그림 10－10－1]의 E_1점에 대응된다.

2. 통화정책의 이자율 경로

   통화정책 전달경로 중 이자율 경로(interest rate channel)란 통화정책이 이자율을 변화시켜서 소비, 투자 등 실물경제에 영향을 미치는 경로를 의미한다. 통화정책의 이자율 경로를 나타내는 대표적인 모형이 $IS-LM$모형이다. 아래 균형식은 단순한 $IS-LM$모형으로서 각 곡선은 생산물시장의 수요와 화폐시장의 균형을 나타낸다. 단 명목이자율(i)과 실질이자율(r)은 피셔방정식을 통해 연결된다.

   IS곡선 : $Y = C(Y-T) + I(r) + G$, LM곡선 : $\left(\dfrac{M}{P}\right)^s = L(Y, i)$

   [그림 10－10－2]에서 최초균형이 E_0점이라고 하자. 예상치 못한 확장적 통화정책이 이루어지며 LM곡선의 좌변, 즉 실질통화량이 증가하면 LM곡선이 우측으로 이동한다. 이 경우 새로운 총수요균형은 E_2점이 되는데 이 경우 실질이자율이 하락하고 이에 따라 투자 및 소비가 증가하는데 이를 이자율 경로라고 한다. 단, 편의상 [그림 10－10－2]는 총수요측 분석만 반영하였는데 총공급측 분석이 반영되어 인플레이션율이 높아지면 실질통화량이 증가폭이 감소하며 이자율 경로는 일부 상쇄된다.

(3) 주어진 식으로부터 필립스곡선을 도출하고, 이에 내재된 인플레이션과 실업의 관계를 장단기로 나누어 설명하시오.

해 설

주어진 총공급곡선과 오쿤의 법칙을 연립하여 정리하면 다음과 같다.

$$Y_t - Y^* = \pi_t - \pi_t^e = -2.5(u_t - u_n)$$

$$\Rightarrow \text{단기 필립스곡선 : } \pi_t = \pi_t^e - 2.5(u_t - u_n) \text{ 또는 } \pi_t = 10 - 2.5(u_t - 4)$$

단, 이 모형에서 일시적 가격충격(ν)은 없다고 전제되어 있다. 이를 나타내면 [그림 10−10−3]의 *SRPC*와 같다. 즉 단기필립스곡선은 (u_n, π_t^e)을 지나며 기울기가 −2.5로 우하향한다. 단기필립스곡선상의 이동은 단기총공급곡선상의 이동에 해당하므로 (2)에서의 변화는 [그림 10−10−3]의 E_0점에서 E_1점으로의 변화에 대응된다. 이 경우 실업률은 2%p 감소하였으며 인플레이션율은 5%p 상승하는데 이와 같이 단기에 실업과 인플레이션율이 반대방향으로 움식여서 단기필립스곡선이 음(−)의 기울기를 갖게 되는 것을 실업과 인플레이션간의 단기 상충관계(trade off)라고 한다.

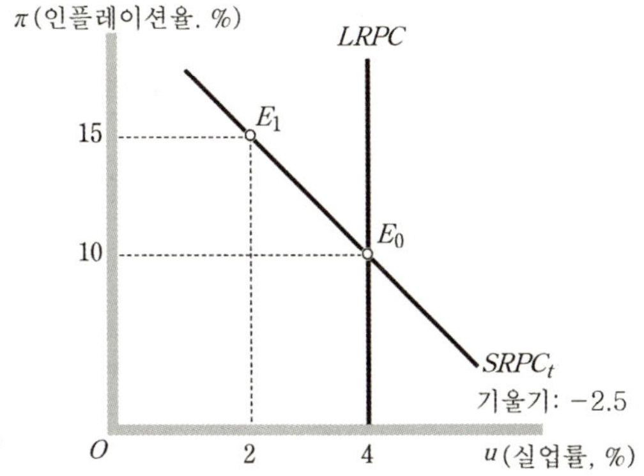

그림 10-10-3 장단기 필립스곡선의 형태

장기에는 물가예측오류가 없고 평균적으로 가격충격이 0이 되므로 $\pi_t^e = \pi_t$ 및 $\nu = 0$이 성립한다. 이를 반영하면 다음과 같다.

장기필립스곡선 : $u_t = u_n = 4$

이를 나타내면 [그림 10−10−3]의 *LRPC*와 같다. 장기필립스곡선이 수직이 되는 것은 장기 총공급곡선이 수직이 되는 것과 같은 원리이다. 즉 장기에는 착각이나 가격경직성 같은 마찰요인이 사라지기 때문에 실업과 인플레이션간의 상충관계가 사라져서 수직이 된다. 이와 같이 총수요 충격이 발생하는 경우 실제실업률이 단기적으로 자연실업률에서 벗어나지만 장기에는 결국 자연실업률수준으로 수렴된다는 것을 자연실업률가설(natural rate hypothesis)이라고 한다.

11. 가계에서 정부로 이전되는 실질인플레이션세를 시뇨리지(seigniorage)라고 한다. 정부가 통화량 ⊿M을 발행해서 지출할 때 시뇨리지는 다음의 식으로 표시할 수 있다.

$$S=\frac{\Delta M}{P}=\frac{\Delta M}{M}\frac{M}{P}$$

화폐시장균형의 식 $\frac{M}{P}=L(i, \overline{Y})$과 피셔방정식 $(i=\bar{r}+\pi^e)$을 이용해 다음 문제를 생각해보자.

(1) 실질잔고$\left(\frac{M}{P}\right)$가 일정한 균제상태(steady state)에서 $\frac{\Delta M}{M}=\pi=\pi^e$가 성립하는 것을 보여라. 단 실질금리 $(\bar{r})$와 산출량 $(\overline{Y})$은 일정하다고 가정한다.

해 설

장기균제상태라면 물가예상오차가 없어야 하므로 $\pi=\pi^e$가 성립할 것이다.
또한 $\frac{M}{P}$가 일정하기 위해서는 $\frac{\Delta M}{M}=\frac{\Delta P}{P}=\pi$가 성립해야 한다. 따라서 $\frac{\Delta M}{M}=\pi=\pi^e$가 성립한다.

(2) 이때 정부가 통화공급증가율$\left(\frac{\Delta M}{M}\right)$을 높일 때 더 많은 시뇨리지를 챙길 수 있는지 답하라.

해 설

시뇨리지공식에 (1)의 조건을 대입하면 다음과 같다.

$$S=\frac{\Delta M}{P}=\frac{\Delta M}{M}\frac{M}{P}=\pi\times L(\overline{Y}, \bar{r}+\pi)$$

여기서 π는 세율, $L(\cdot)$은 세원에 해당한다.

$$\frac{dS}{d\pi} = L + \pi \cdot \frac{dL}{d\pi} = L\left(1 + \frac{dL}{d\pi}\frac{\pi}{L}\right) = L(1 - \varepsilon_{\pi}) \overset{>}{\underset{<}{=}} 0 \Leftrightarrow \varepsilon_{\pi} \overset{<}{\underset{>}{=}} 1$$

여기서 ε_{π}는 실질잔고(실질화폐수요)의 인플레이션에 대한 탄력성이다. 따라서 ε_{π}가 1보다 작은 경우에는 통화증가율을 인상할 때 시뇨리지가 증가한다. 그러나 ε_{π}가 1보다 큰 경우에는 통화증가율을 인상할 때 시뇨리지가 감소한다. 이는 세율에 해당하는 통화증가율을 인상할 때 세원에 해당하는 실질잔고가 더 큰 비율로 감소하기 때문이다.

Chapter

11 경기안정정책 논쟁

01. 경제의 유일한 불안정요인이 투자수요의 교란이며, 정부는 다음과 같이 표현되는 재정정책 준칙을 채택하려 한다고 하자.

$$G=\overline{G}+r(Y-Y_0)$$

단, $\overline{G}$와 r은 양수다. 이와 같은 준칙은 총생산의 변동을 감소시킬 수 있는가? 왜 그런지 이유를 설명하라. 만약 그렇지 않다면 안정화정책을 위해 위 식을 어떻게 변화시켜야 하는지 설명하라.

해 설

간단한 $IS-LM$모형을 사용하여 문제에 답하면 다음과 같다. [그림 11－1]의 (a)에서 투자수요의 감소로 IS곡선이 좌측으로 이동하면 소득이 감소하여 $Y<Y_0$가 되는데 주어진 준칙에 따르면 $G<\overline{G}$가 되어 긴축적 재정정책이 실시된다. 이러한 긴축 재정정책은 다시 한 번 IS곡선을 좌측으로 이동시켜 소득의 감소폭을 확대시킨다. 반면 투자수요의 증가로 IS곡선이 우측으로 이동하면 소득이 증가하여 $Y>Y_0$가 되는데 주어진 준칙에 따르면 $G>\overline{G}$가 되어 확장적 재정정책이 실시된다. 이러한 확장 재정정책은 다시 한번 IS곡선을 우측으로 이동시켜 소득의 증가폭을 확대시킨다.
만약 안정화 효과를 거두기 위해서는 준칙을 다음과 같이 수정해야 한다.

수정된 준칙: $G=\overline{G}-r(Y-Y_0)$

이러한 형태의 준칙을 도입하게 된다면 투자수요의 증가로 $Y>Y_0$일 때 $G<\overline{G}$가 되어 긴축적 재정정책을 수행하게 된다. 반면 투자수요의 감소로 $Y<Y_0$일 때 $G>\overline{G}$가 되어 확장적 재정정책을 수행하게 된다. 이러한 수정된 준칙에 의한 정책 반응은 [그림 11－1]의 (b)에서처럼 IS곡선의 이동폭을 감소시키고 자동안정화장치로 작동하게 된다.

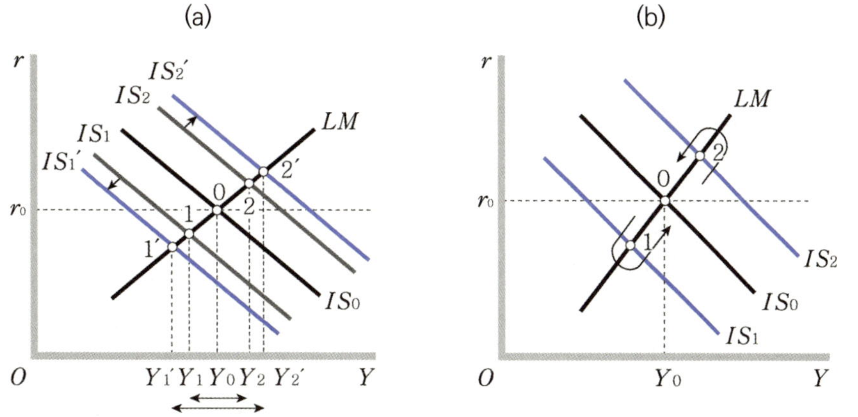

그림 11-1 재정준칙의 효과

참고사항

이 문제는 수식을 사용하여 확인할 수도 있다. 3~4장에서 사용되었던 균형국민소득 결정모형을 정리하면 다음과 같다.

소비함수: $C=\overline{C}+cYD$

가처분소득: $YD=Y-T+TR$

투자함수: $I=\overline{I}$

정부구매: $G=\overline{G}$

조세수입: $T=T$

이전지출: $TR=\overline{TR}$

위 식들을 생산물시장의 균형식에 대입하면 균형국민소득을 얻을 수 있다.

생산물시장의 균형식: $Y=AD=\overline{C}+c(Y-\overline{T}+\overline{TR})+\overline{I}+\overline{G}$

균형국민소득: $Y^{*}=\frac{1}{1-c}\overline{A}$ ………… 식 1

(단 $\overline{A}=\overline{C}-c\overline{T}+c\overline{TR}+\overline{I}+\overline{G}$)

만약 정부지출이 $G=\overline{G}+r(Y-Y_0)$가 된다면 생산물시장의 균형식과 균형국민소득은 다음과 같이 바뀐다.

생산물시장의 균형식: $Y=AD=\overline{C}+c(Y-\overline{T}+\overline{TR})+\overline{I}+\overline{G}+r(Y-Y_0)$

균형국민소득: $Y^*=\dfrac{1}{1-c-r}\overline{A}$ ………………………………………… 식 2

(단 $\overline{A}=\overline{C}-c\overline{T}+c\overline{TR}+\overline{I}+\overline{G}-rY_0$)

식 1과 식 2를 비교하면 투자 및 정부구매 등에 대한 승수가 $\dfrac{1}{1-c}$에서 $\dfrac{1}{1-c-r}$로 증가하였음을 알 수 있다. 이는 외생적 충격에 대해 국민소득의 변동이 커졌음을 의미하며 이러한 재정준칙이 자동안정화장치로 작용할 수 없음을 의미한다.

반면 정부지출이 $G=\overline{G}-r(Y-Y_0)$가 된다면 투자 및 정부구매 등에 대한 승수가 $\dfrac{1}{1-c}$에서 $\dfrac{1}{1-c+r}$로 감소한다. 이는 외생적 충격에 대해 국민소득의 변동이 감소하였음을 의미하며 이러한 재정준칙이 자동안정화장치로 작용할 수 있음을 의미한다.

02. 경제의 유일한 불안정 요인이 물가충격이라고 할 때 통화공급량을 $\overline{M}$에 고정시키는 정책과 아래 각각의 통화정책 준칙을 비교하라. 각 경우에 있어서 총수요곡선의 모양이 어떻게 달라지는지를 설명하라. (생산량과 물가의 초기값은 각각 Y_0와 1.0이고 $\overline{M}$, s, r은 양수다.)

(1) $M=\overline{M}+s(P-1.0)$

해 설

$M=\overline{M}$ 즉 통화량이 일정하게 유지되는 경우 물가충격은 총수요곡선상에서의 이동으로 나타낼 수 있다. 예를 들어 갑자기 물가가 상승하였다면 이는 [그림 11-2]의 (a)에서 A점에서 B점까지의 변화로 나타낼 수 있다.

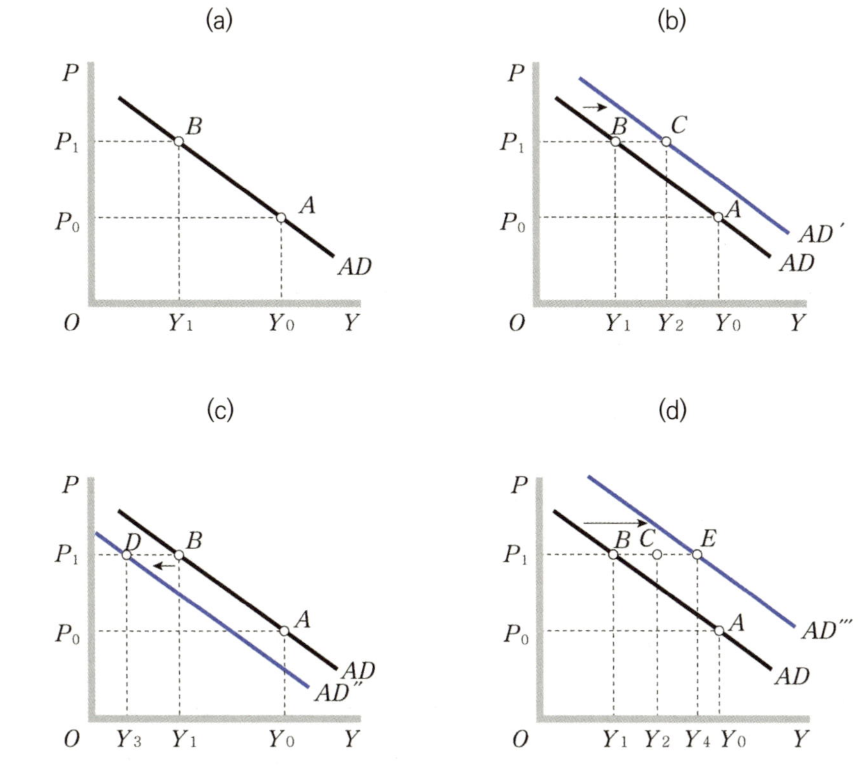

그림 11-2 통화준칙의 효과

이때 만약 $M = \overline{M} + s(P - 1.0)$의 준칙이 도입된다면 B점에서 $P > 1.0$이 성립하므로 $M > \overline{M}$이 되어 확장적 통화정책이 실시된다. 따라서 총수요곡선은 바깥쪽으로 이동하게 되어 새로운 균형은 [그림 11-2]의 (b)에서 C점이 된다. 즉 이러한 준칙은 물가충격에 대해 소득을 안정시키는 효과가 있다(만약 A점과 C점을 이은 궤적을 새로운 준칙의 효과를 반영한 총수요곡선이라고 한다면 총수요곡선이 가팔라지게 된다고 표현할 수도 있다).

(2) $M=\overline{M}+s(Y-Y_0)$

해설

만약 $M=\overline{M}+s(Y-Y_0)$의 준칙이 도입된다면 B점에서 $Y<Y_0$가 성립하므로 $M<\overline{M}$긴축통화정책이 실시된다. 따라서 총수요곡선은 안쪽으로 이동하게 되어 새로운 균형은 [그림 11－2]의 (c)에서 D점이 된다. 즉 이러한 준칙은 물가충격에 대해 소득의 변동폭을 증가시키는 효과가 있다(만약 A점과 D점을 이은 궤적을 새로운 준칙의 효과를 반영한 총수요곡선이라고 한다면 총수요곡선이 완만해진다고 표현할 수도 있다).

(3) $M=\overline{M}+s(P-1.0)-r(Y-Y_0)$

해설

만약 $M=\overline{M}+s(P-1.0)-r(Y-Y_0)$의 준칙이 도입된다면 B점에서 $P>1.0$ 및 $Y<Y_0$이 동시에 성립하므로 $M>\overline{M}$이 되어 확장적 통화정책이 실시된다. 따라서 총수요곡선은 바깥쪽으로 이동하게 되어 새로운 균형은 [그림 11－2]의 (d)에서 E점이 된다. 단 이 경우에는 (1)이 경우에 비해 더욱 강한 통화정책이 실시되므로 E점은 C점보다도 오른쪽에 있고 더욱 강력한 안정화효과를 가지게 될 것으로 예상된다(만약 A점과 E점을 이은 궤적을 새로운 준칙의 효과를 반영한 총수요곡선이라고 한다면 총수요곡선이 매우 가파른 형태가 된다고 표현할 수도 있다).

03. 일부 국회의원들이 "통화정책은 다른 국회의원이나 대통령에 의해 면밀히 감독되어야 한다"고 주장하였다. 이러한 주장의 의미는 무엇인가?

해설

정부의 정책이 면밀하게 감독되어야 한다는 주장의 근거는 현실의 정부가 경제전체를 위한 최선의 정책을 실시한다는 보장이 없기 때문이다. 그 이유로는 첫째, 경제현상이 매우 복잡하기 때문에 정책담당자들이 올바른 정책을 내릴 지식이나 정보를 충분히 갖고 있지 못할 수 있다. 둘째, 정책담당자들이 경제정책의 이득이 아닌 자신 또는 영향력이 강한 집단의 이익이 되는 정책을 선택할 수 있다. 이러한 문제를 대리인 문제(agency problem)라고도 하며 거시경제정책의 경우 정치적 경기변동(political business cycle)이 유발되는 원인이 될 수 있다.

04. 엄격한 균형재정 법안이 통과되어 어떠한 경제상황에서도 예외 없이 재정적자가 '0'이 되어야 한다고 하자. 이러한 정책이 경제 안정화에 기여하겠는가? 그렇게 생각하는 이유는?

해설

예외 없는 균형재정을 법제화하는 경우 독립적 지출의 변동이 총수요의 변동에 미치는 영향이 커진다. 예를 들어 투자의 감소로 불황이 와서 세금이 잘 걷히지 않는 경우 정부가 지출을 감소시킨다면 불황은 더욱 심각해질 것이다. 즉 정부가 기계적으로 균형재정을 지키려고 할 경우 국민소득은 더욱 불안정해질 수 있다. 따라서 소득의 안정화라는 측면에서 매기간 균형재정을 의무화하는 법안을 도입하는 것은 바람직하지 못하다.

05. 중앙은행의 총재로서 당신은 ① 이자율 유지정책 ② 일정한 통화공급 유지정책의 두 가지 중 하나를 택하려고 한다. 다음 각 경우에 있어서 어떤 정책이 적합한지를 설명하라. 단, $IS-LM$ 모형을 통해 분석하라.

(1) 경제의 교란요인이 화폐수요에만 있고 생산물시장에는 교란요인이 전혀 없는 경우

해설

경제의 교란요인이 화폐수요에 있는 경우 중앙은행이 통화량을 일정하게 유지한다고 할 때 화폐수요가 증가하면 LM곡선이 좌측으로 이동하고 화폐수요가 감소하면 LM곡선이 우측으로 이동하여 그 위치가 불안정해진다. 이러한 경우 균형은 [그림 11-5]의 (a)에서 a에서 b까지 변동을 보이게 되며 소득은 Y_1에서 Y_2까지 변동하게

된다. 반면 중앙은행이 이자율을 일정하게 유지하려고 한다면 화폐수요 증가시 상승한 이자율을 하락시키기 위해 통화량을 증가시킬 것이므로 *LM*곡선이 우측으로 이동하게 된다. 반면 화폐수요 감소시에는 하락한 이자율을 상승시키기 위해 통화량을 감소시킬 것이므로 *LM*곡선이 좌측으로 이동하게 된다. 따라서 균형은 항상 c점에 머물게 되며 소득은 Y_0로 안정화된다. 정리하면, 화폐부문에 불안정성이 있는 경우 국민소득을 안정화하기 위해서는 이자율을 일정하게 유지하는 정책이 바람직함을 알 수 있다.

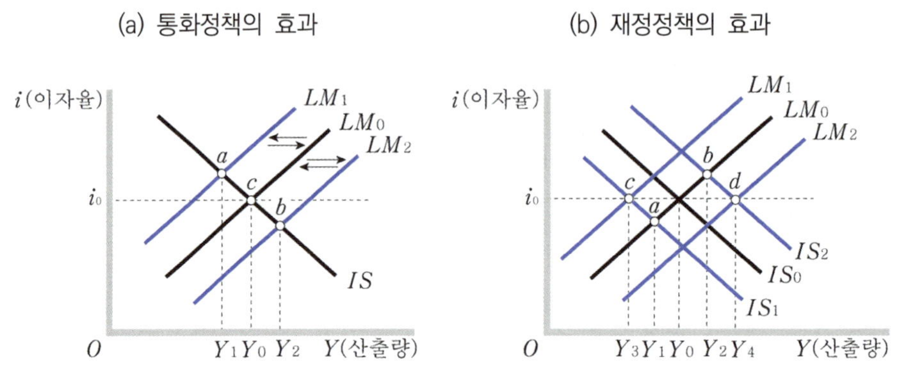

그림 11-5 경제의 교란요인과 중간목표의 선택

(2) 경제의 교란요인이 투자수요에만 있고 화폐시장에는 교란요인이 전혀 없는 경우

해 설

경제의 교란요인이 투자수요에 있는 경우 투자수요가 증가하면 *IS*곡선이 우측으로 이동하고 투자수요가 감소하면 *IS*곡선이 좌측으로 이동하여 그 위치가 불안정해진다. 이러한 경우 만약 중앙은행이 통화량을 일정하게 유지한다면 균형은 [그림 11-5] (b)에서 a에서 b까지 변동을 보이게 되며 국민소득은 Y_1에서 Y_2까지 변동하게 된다. 반면 중앙은행이 이자율을 일정하게 유지하려고 한다면 투자수요 증가시 상승한 이자율을 하락시키기 위해 통화량을 증가시킬 것이므로 *LM*곡선이 우측으로 이동하게 된다. 반면 투자수요 감소시에는 하락한 이자율을 상승시키기 위해 통화량을 감소시킬 것이므로 *LM*곡선이 좌측으로 이동하게 된다. 이 경우 균형은 그림 (b)에

서 c에서 d까지 변동을 보이게 되며 국민소득은 Y_3에서 Y_4까지 변동하게 된다. 정리하면, 생산물시장에 불안정성이 있는 경우 국민소득을 안정화하기 위해서는 통화량을 일정하게 유지하는 정책이 바람직함을 알 수 있다.

06. 중앙은행이 오직 물가안정에만 관심이 있는 경우와 오직 완전고용의 유지에만 관심이 있는 경우에 있어서 각각 다음과 같은 상황에서 중앙은행이 어떠한 조치를 취해야 하는지를 설명하라.

(1) 화폐유통속도의 외생적 감소

해 설

화폐유통속도 변화의 효과를 직접적으로 반영하고 있는 고전학파의 총수요곡선은 교환방정식으로부터 도출되며 다음과 같이 나타낼 수 있다.

총수요곡선: $MV = PY$에서 $Y = \dfrac{MV}{P}$

이러한 경우 통화량의 변화 또는 화폐유통속도의 변화는 총수요곡선을 이동시키는 요인이 된다. 이때 화폐유통속도가 감소하였다면 총수요가 감소하여 AD곡선이 좌측으로 이동하였을 것이다. 이때 새로운 균형은 [그림 11－6]의 (a)에서 F점이 되는데 이 점에서는 소득의 감소 및 물가의 하락이 나타난다. 만약 중앙은행이 물가안정에만 관심이 있다면 확장적인 통화정책으로 대응할 것이다. 또한 완전고용에 관심이 있는 경우라 하더라도 이러한 경우에는 확장적인 통화정책으로 대응할 것이다.

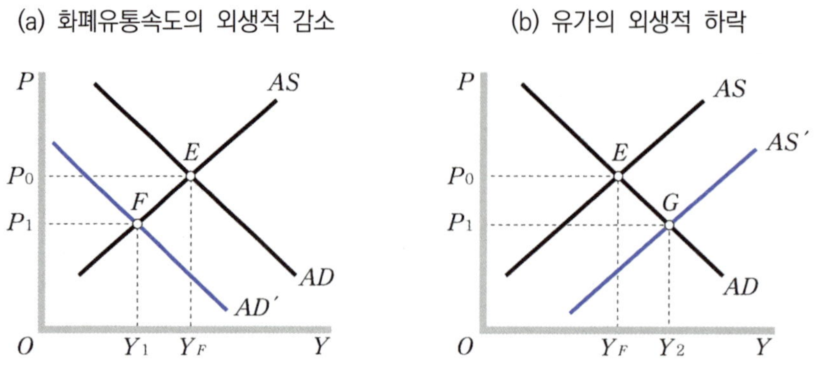

그림 11-6 충격에 대한 중앙은행의 대응

(2) 유가(oil price)의 외생적 하락

해설

유가하락은 총공급곡선(AS)을 우측으로 이동시킨다. 이때 새로운 균형은 [그림 11－6]의 (b)에서 G점이 되는데 이 점에서는 소득의 증가 및 물가의 하락이 나타난다. 만약 중앙은행이 물가안정에만 관심이 있다면 확장적인 통화정책으로 대응할 것이다. 반면 완전고용에 관심이 있는 경우라면 긴축적인 통화정책으로 대응할 것이다.

	화폐유통속도의 외생적 하락	유가의 외생적 하락
물가안정목표	확장적	확장적
완전고용목표	확장적	긴축적

정리하면, 총수요충격이 나타난 경우에는 중앙은행의 목표와 무관히 동일한 정책을 실시하게 된다. 반면 총공급충격이 나타난 경우에는 중앙은행의 목표에 따라 상이한 정책을 실시하게 된다.

07. 다음과 같은 통화당국의 손실함수를 생각해 보자.

$L(\pi,\ u) = \pi^2 + u$

필립스곡선이 $\pi = \pi^e - (u-3)$으로 주어졌을 때 준칙균형과 재량균형을 각각 구하라. 재량균형이 본문 〈표 11-2〉에서의 예와 차이가 있는 것은 어떤 이유에서인가?

해 설

(1) 재량균형의 도출

중앙은행의 최적화(극소화) 문제는 다음과 같다.

$$\min\ L = \pi^2 + u$$

$$s.t.\ \ \pi = \pi^e - (u-3) \qquad \text{단위는 모두 \%}$$

민간은 실제인플레이션과 예상인플레이션율이 일치하였을 때 후생이 극대화되며 실제인플레이션과 예상인플레이션율이 달라지면 후생이 감소한다고 가정한다.
이러한 모형에서 중앙은행이 재량에 의하는 경우 이는 민간은 중앙은행이 결정할 인플레이션을 예상해서 자신의 인플레이션 기대를 결정하며, 중앙은행은 이를 보고 실제인플레이션율을 결정짓는 것과 같다.
중앙은행의 최적화 문제를 하나의 식으로 정리하면 다음과 같다.

$$\min\ L = \pi^2 + \pi^e - \pi + 3$$

1계조건 $\frac{dL}{d\pi} = 2\pi - 1 = 0$에서 $\pi^* = \frac{1}{2}$가 된다.

(이 경우 최적인플레이션율은 민간의 기대인플레이션율에 영향을 받지 않으므로 우월전략으로서의 성격을 갖는다)

중앙은행이 $\pi^* = \frac{1}{2}$를 결정할 것이라 예상한다면 민간 역시 $\pi^e = \frac{1}{2}$로 결정할 것이므로 $u = 3$이 되고 이때의 $L = \frac{13}{4}$이 된다.

(2) 준칙균형의 도출

중앙은행이 준칙에 의하는 경우 이는 민간이 어떻게 기대인플레이션을 형성할 것인지 고려하여 중앙은행이 먼저 인플레이션율을 결정짓는 것과 같다.

우선 민간은 중앙은행이 얼마의 인플레이션율을 결정하는지와 관계없이 실제인플레이션율과 동일한 기대인플레이션율을 형성할 것이므로 $\pi=\pi^e$가 성립하게 된다. 민간의 이러한 의사결정을 고려한 중앙은행의 최적화 문제는 다음과 같다.

$$\min \ L=\pi^2+u$$
$$s.t. \ \ \pi=\pi^e, \ u=3$$

정리하면,

$$\min \ L=\pi^2+3$$

1계조건 $\dfrac{dL}{d\pi}=2\pi=0$에서 $\pi^*=0$이 된다.

즉 준칙에 의한 정책이 실시되는 경우 중앙은행은 $\pi^*=0$을 결정할 것이며 민간 역시 $\pi^e=0$으로 결정할 것이므로 $u=3$이 되고 이때의 $L=3$이 된다.

정리하면 재량정책이 실시된 경우의 손실이 $\dfrac{13}{4}$인 데 비하여 준칙에 의한 경우 손실이 3으로서 더 낮음을 알 수 있다. 즉 주어진 모형하에서는 재량에 비해 준칙에 의하는 경우에 더 바람직한 결과를 얻을 수 있게 된다.

(3) 본문과의 비교

주어진 모형에서 재량정책에 의할 때 최적 인플레이션율은 $\pi^*=\dfrac{1}{2}$이 되는데, 이는 본문에서의 최적 인플레이션율 $\pi^*=1$보다 낮은 값이다. 이러한 결과가 나타난 것은 본문의 손실함수 $L=\pi^2+2u$에서 실업률에 대한 계수가 2였지만 이 문제의 손실함수 $L=\pi^2+u$에서 실업의 계수가 1로 바뀌었기 때문이다. 이러한 변화는 중앙은행의 실업에 대한 혐오도가 상대적으로 낮아진 것으로 볼 수 있다(반대로 인플레이션에 대한 혐오도가 상대적으로 높아진 것으로 볼 수도 있다). 이러한 이유로 중앙은행이 인플레이션을 유발하여 실업을 낮출 유인이 감소하였기 때문에 실제 인플레이션율도 낮아지게 된 것이다.

08. (2014년 5급 행정고시) 루카스공급곡선 $Y=\overline{Y}+\alpha(P_t-EP_t)$와 오쿤의 법칙 $\frac{1}{\alpha}\left(Y_t-\overline{Y}\right)=-\beta(u_t-u_n)$을 이용하여 다음 물음에 답하라.

(단, Y_t : t기의 실제 생산량, $\overline{Y}$: 잠재생산량, P_t : t기의 실제 물가수준, EP_t : t기의 기대물가수준, u_t : t기의 실업률, u_n : 자연실업률, $\alpha>0$ $\beta>0$)

(1) 공급 충격 ν를 추가하여 필립스곡선을 도출하고, 인플레이션의 세 가지 원인을 설명하라. (단, 인플레이션율 $\pi_t=P_t-P_{t-1}$)

해 설

다음과 같은 단계를 거쳐 필립스곡선을 도출할 수 있다.

1. $Y_t=\overline{Y}+\alpha(P_t-EP_t)$ 단기총공급곡선
2. $P_t=EP_t+\frac{1}{\alpha}(Y_t-\overline{Y})$ 공급충격을 반영하면,
3. $P_t=EP_t+\frac{1}{\alpha}(Y_t-\overline{Y})+\nu$ 양변에서 P_{t-1}을 빼면,
4. $(P_t-P_{t-1})=(EP_t-P_{t-1})+\frac{1}{\alpha}(Y_t-\overline{Y})+\nu$

   $\pi_t=P_t-P_{t-1}, E\pi_t=EP_t-P_{t-1}$이므로,
5. $\pi_t=E\pi_t+\frac{1}{\alpha}(Y_t-\overline{Y})+\nu$ 오쿤의 법칙을 대입하면,
6. $\pi_t=E\pi_t-\beta(u_t-u_n)+\nu$ 단기필립스곡선

필립스곡선의 우변 각항은 인플레이션을 유발하는 요인들을 나타낸다. 첫째, $(u_t-u_n)<0$ 또는 $u_t<u_n$인 경우 인플레이션이 발생한다. 이는 다른 조건이 일정할 때 총수요측 충격으로 실제실업률이 자연실업률보다 낮아진 상태를 의미한다. 이처럼 총수요의 확대로 인해 발생하는 인플레이션을 '수요견인인플레이션(demand pull inflation)'이라고 한다. 이러한 인플레이션은 필립스곡선상의 이동으로 나타내어진다. 둘째, $\nu>0$인 경우 인플레이션이 발생한다. 이는 원유가 상승, 기상악화로 인한 식량가격 상승 등 공급측의 부정적 충격을 나타난다. 이러한 인플레이션을 '비용인상인플레이션(cost push inflation)'이라고 한다. 셋째, $E\pi_t>0$인 경우 인플레이션이 발생한다. 즉 경제주체들이 인플레이션을 기대한다면 명목임금을 결정하거나 상품

가격을 결정할 때 인플레이션에 대한 기대를 반영하여 높게 결정할 것이다. 따라서 인플레이션에 대한 기대는 실제인플레이션으로 이어질 수 있는데 이러한 인플레이션을 '자기실현적 인플레이션(self-fulfilling inflation)'이라고 부를 수 있을 것이다. 둘째, 셋째 유형의 인플레이션은 필립스곡선의 이동으로 나타내어진다.

(2) (1)에서 도출한 필립스곡선에서 공급 충격을 제거한 후 중앙은행의 손실 함수 $L(u_t,\ \pi_t)= u_t + r\pi_t^2$를 이용하여 준칙 및 재량에 의한 금융정책 하에서의 손실함수를 각각 도출하라.

해 설

필립스곡선 및 중앙은행손실함수에 대한 정보는 중앙은행과 민간에 모두 알려져 있으며 민간의 의사결정은 합리적 기대를 가정한다.

우선 준칙(rules)이란 사전에 정해진 규칙에 의해서 정책을 집행하는 것을 말한다. 설문의 금융정책 게임에서 준칙은 중앙은행이 먼저 실제 인플레이션율(π_t)을 결정짓고 이에 따라 민간이 기대인플레이션율($E\pi_t$)을 결정짓는 순차게임(sequential game)으로 이해할 수 있다. 이 경우 먼저 선택하는 중앙은행은 민간의 대응방식을 고려하여 자신의 최적대응을 결정짓는다. 민간은 인플레이션율을 잘못 예측하는 경우 후생이 감소하기 때문에 인플레이션율을 정확히 예측하는 것을 목표로 한다. 민간의 합리적 기대 및 필립스곡선을 고려할 때 중앙은행 손실함수는 다음과 같다.

준칙 하의 중앙은행 손실함수: $L(\pi_t, E\pi_t) = u_n + r\pi_t^2$

위 식에서 최적조건을 구하면 다음과 같다.

1계조건: $\dfrac{\partial L(\pi_t, E\pi_t)}{\partial \pi_t} = 2r\pi_t = 0 \Rightarrow \pi_t = E\pi_t = 0$

이 경우 중앙은행의 최적대응은 $\pi_t = 0$이다. 이 경우 민간의 기대인플레이션 역시 실제 인플레이션율이 같아져서 $E\pi_t = 0$가 되며 $u_t = u_n$이 된다. 준칙균형은 [그림 11-8-1]의 (a) 및 (b)에서 a점에 대응된다.

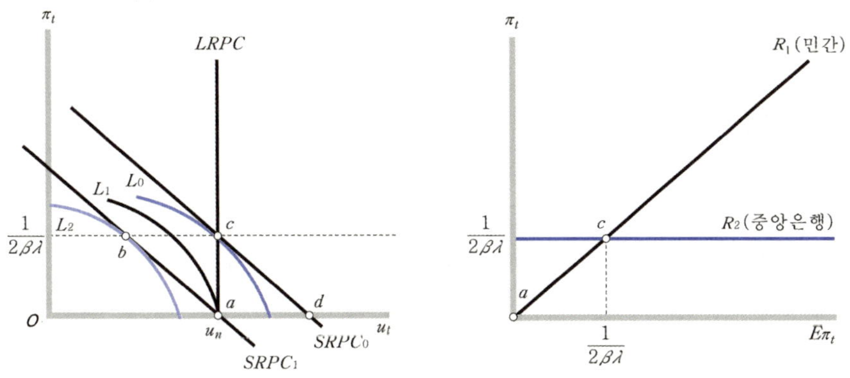

그림 11-8-1 재량정책과 준칙정책

재량(discretion)이란 그 당시의 주어진 상황에 맞게 담당자의 판단에 따라 정책을 집행하는 것을 말한다. 재량에 의하는 경우는 민간이 기대인플레이션율을 결정한 후 중앙은행이 실제인플레이션율을 결정하는 순차게임으로 이해할 수 있다. 이제 중앙은행이 상대의 전략이 주어져 있다고 가정하고 자신에게 가장 유리한 정책을 선택한다면 중앙은행의 최적대응은 다음과 같이 구할 수 있다. 손실함수에 필립스곡선을 대입해서 정리하면 다음과 같다.

재량 하의 중앙은행 손실함수: $L(\pi_t, E\pi_t) = u_n - \frac{1}{\beta}(\pi_t - E\pi_t) + r\pi_t^2$

위 식에서 최적조건을 구하면 다음과 같다.

1계조건: $\frac{\partial L(\pi_t, E\pi_t)}{\partial \pi_t} = -\frac{1}{\beta} + 2r\pi_t = 0 \Rightarrow \pi_t = E\pi_t = \frac{1}{2\beta r}$

이 경우 중앙은행의 최적대응은 $\pi_t = \frac{1}{2\beta r}$이다. 이 경우 민간의 기대인플레이션 역시 실제 인플레이션율이 같아져서 $E\pi_t = \frac{1}{2\beta r}$가 되며 $u_t = u_n$이 된다. 준칙균형은 [그림 11−8−1]의 (a) 및 (b)에서 c점에 대응된다. 이상의 결과를 정리하면 다음 <표>와 같다.

〈표〉 준칙균형과 재량균형의 비교

	π_t	$E\pi_t$	u_t	L
준칙균형(a점)	0	0	u_n	u_n
재량균형(c점)	$\frac{1}{2\beta r}$	$\frac{1}{2\beta r}$	u_n	$u_n+\frac{1}{4\beta^2 r}$

(3) (2)의 결과에 근거하여 어느 정책이 상대적으로 우위에 있는지 판단하고 그 이유를 설명하라.

해 설

이상의 분석에서 흥미로운 점은 자유로운 선택이 가능한 재량에 의한 결과가 선택이 제약되는 준칙에 의한 결과에 비해 열등하다는 것이다. 이러한 결과는 준칙에 의한 경우는 낮은 인플레이션을 유지하겠다는 약속이 민간의 신뢰를 얻어 낮은 기대인플레이션을 유도할 수 있지만, 재량의 경우에는 이러한 신뢰를 얻을 수 없기 때문이다. 예를 들어 재량의 경우 중앙은행이 사전에 0의 인플레이션율을 달성하겠다고 약속했다고 하자. 그러나 민간이 이를 믿고 0의 기대인플레이션율을 결정한다면 중앙은행은 실제 인플레이션율을 인상함으로서 실업을 감소시킬 유인을 갖게 된다. 즉 중앙은행의 선택에 시간비일관성이 존재한다. 이처럼 중앙은행이 자신의 약속을 번복하고 싶어지는 유인이 있다는 것을 알고 있는 민간은 준칙과 같은 구속장치가 존재하지 않는 한 중앙은행의 발표를 처음부터 믿지 않는다. 이처럼 신뢰성이 문제가 되는 경우에는 '자신의 선택을 스스로 구속하는 것(tying one's own hands)'이 게임의 결과를 개선시킬 수도 있다.

09. (2018년 5급 행정고시) 어떤 경제의 필립스곡선과 사회후생함수는 다음과 같다.

필립스 곡선: $u=\bar{u}-(\pi-\pi^e)$

사회후생함수: $W=-0.5(u-u^*)^2-0.5(\pi-\pi^*)^2$

단, u는 실제 실업률, $\bar{u}$는 자연실업률, π는 실제 인플레이션율, π^e는 기대인플레이션율,

u^*와 π^*는 각각 사회적으로 최적인 수준의 실업률과 인플레이션율이다. 이 경제에는 불확실성이 존재하지 않으며, 사회적으로 최적인 실업률은 자연실업률보다 낮다고 가정한다. 통화정책에 대한 사전적 구속장치(pre-commitment)가 없는 중앙은행이 필립스곡선을 제약조건으로 인식하고 사후생함수를 극대화하는 인플레이션을 선택한다고 할 때, 다음 물음에 답하라.

(1) 이 경제에서 중앙은행이 확장적 통화정책을 추구할 유인이 있음을 보여라.

해 설

통화정책에 대한 사전적 구속장치가 없으므로 중앙은행이 상황에 따라 재량적 판단에 따라 π를 결정할 수 있다. 재량적 정책상황은 민간이 먼저 π^e를 결정한 후 이를 보고 중앙은행이 π를 결정하는 순차게임(sequential game)으로 설명할 수 있다. 초기 균형상태에서 $\pi=\pi^e=\pi^*$이 성립한다고 가정하자. 즉 최초 균형에서 중앙은행이 실제 선택한 인플레이션율, 민간의 기대인플레이션율, 최적인플레이션율이 일치한다. 이상의 조건하에 중앙은행의 사회후생 극대화문제는 다음과 같다.

$$\max \ W = -0.5(u-u^*)^2 - 0.5(\pi-\pi^*)^2 \ \text{ s.t. } \ u=\overline{u}-(\pi-\pi^e)$$

[그림 11-9-1]에서 주어진 사회후생함수의 무차별곡선은 a점(u^*, π^*)를 중심으로 하는 동심원형태로 나타내어지며 a점에서 멀어질수록 사회후생수준이 하락한다. 또한 제약식인 필립스곡선은 b점$(\overline{u}, \pi^e)$을 지나는 우하향하는 직선이 된다.

제약식을 목적식에 대입하여 정리하면 다음과 같다.

$$\max \ W = -0.5\left[\overline{u}-(\pi-\pi^e)-u^*\right]^2 - 0.5(\pi-\pi^*)^2$$

연쇄법칙을 활용하여 위 식을 π로 미분하면 다음과 같다.

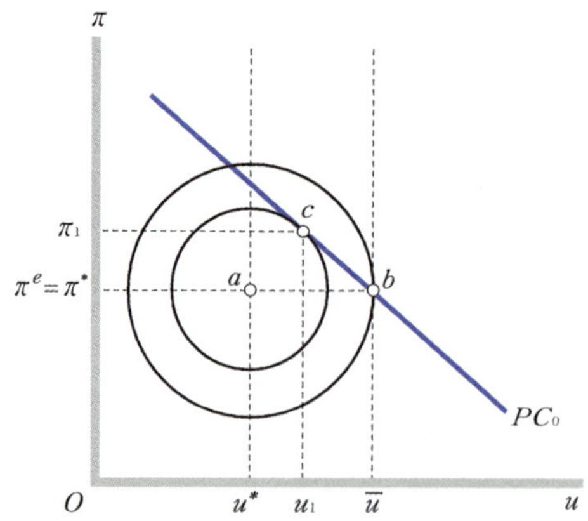

그림 11-9-1 확장적 통화정책의 유인

$$\frac{\partial W}{\partial \pi} = 0.5 \times 2 \times [\bar{u} - (\pi - \pi^e) - u^*] - 0.5 \times 2 \times (\pi - \pi^*) = \bar{u} - 2\pi + \pi^e - u^* + \pi^*$$

위 식에 $\pi = \pi^e = \pi^*$ 및 $\bar{u} - u^* > 0$를 대입하면 다음과 같다.

$$\frac{\partial W}{\partial \pi} = \bar{u} - u^* > 0$$

즉 중앙은행은 인플레이션율을 인상시킴으로써 사회후생수준을 높일 수 있다. 즉 확장적 통화정책의 유인을 가진다. [그림 11−9−1]에서 민간의 인플레이션 기대가 주어졌을 때 중앙은행의 최적의사결정은 c점에서 이루어진다. 이는 최초균형점인 b점보다 사회후생이 높은 점이다. 즉 중앙은행은 인플레이션을 높임으로써 실업을 감소시키려는 편향성(inflation bias)을 보인다. 이러한 편향성은 $u^* < \bar{u}$이기 때문에 발생한다. 즉 중앙은행이 자연실업률보다 낮은 실업률을 목표로 함에 따라 확장적 통화정책의 유인이 발생한다.

(2) 이 경제의 균형 인플레이션과 균형 실업률을 구하고, 통화정책의 효과를 설명하라.

해설

식 1을 미분한 결과를 정리하면 다음과 같다.

1계조건: $\frac{\partial W}{\partial \pi} = 0.5\times 2\times [\bar{u} - (\pi - \pi^e) - u^*] - 0.5\times 2\times (\pi - \pi^*) = 0$

$\Rightarrow$ 중앙은행 반응곡선(R_1): $\pi = \frac{\bar{u} - u^* + \pi^* + \pi^e}{2}$

이는 [그림 11−9−2]의 (b)에서 기울기 $\frac{1}{2}$의 우상향하는 선분으로 나타내어진다. 합리적 기대를 전재할 때 불확실성 및 불완전정보가 존재하지 않아 민간이 중앙은행의 극대화문제를 정확히 인식하고 있다면 민간은 중앙은행이 결정할 인플레이션과 동일한 인플레이션기대를 형성할 것이다.

민간 반응곡선(R_2): $\pi^e = \pi$

균형인플레이션율은 중앙은행의 반응곡선상에서 민간이 가장 바람직하다고 생각하는 점에서 성립할 것이다. 따라서 두 반응곡선을 연립하면 다음의 결과를 얻는다.

$\pi^e = \pi = (\bar{u} - u^*) + \pi^* > \pi^*,\ u = \bar{u} > u^*,\ W_d = -(\bar{u} - u^*)^2$

이는 [그림 11−9−2]의 (a) 및 (b)에서 d점에 해당한다. 주어진 상황에서 재량정책을 실시했음에도 불구하고 실업률은 자연실업률보다 낮아지지 않았다. 대신 인플레이션만 높아진 상태가 된다. 즉 완전정보하에서 통화정책이 원하는 효과는 거두지 못하고 인플레이션율만 상승시키는 정책무력성명제(policy ineffectiveness proposition)가 성립하고 있다.

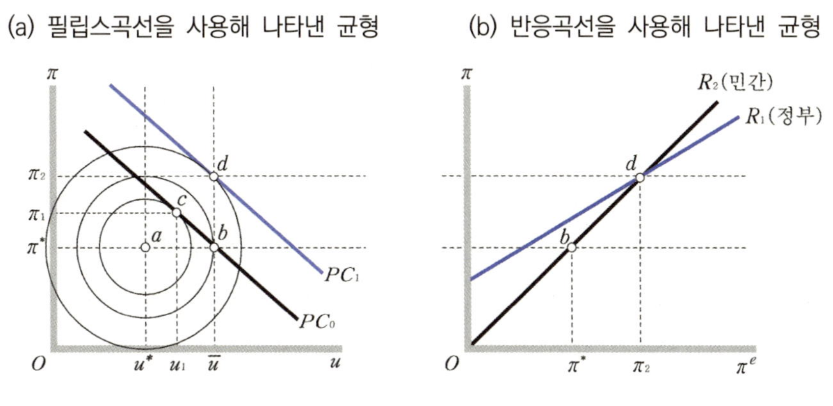

그림 11-9-2 통화정책의 효과

Chapter 12

소비와 저축

01. 대차거래와 재화의 저장이 모두 불가능할 경우의 예산제약은 다음과 같이 쓸 수 있다.

$0 \le C_1 \le Y_1,\ 0 \le C_2 \le Y_2$

위 예산제약식을 그림으로 표시하고, 최적 소비는 Y_1과 Y_2가 됨을 보여라.

해 설

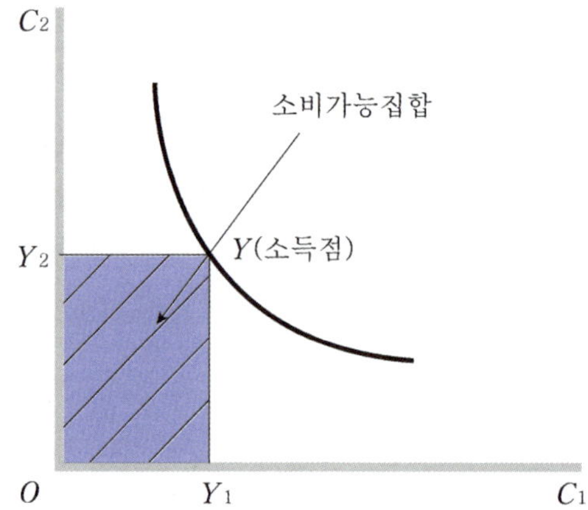

그림 12-1 대차거래와 저장이 모두 불가능한 경우

대차거래와 저장이 모두 불가능하다면 매기간 주어진 소득이상을 소비할 수 없기 때문에 소비가능집합은 [그림 12-1]의 빗금친 영역, 즉 주어진 소득점을 꼭지점으로 하는 직사각형의 형태가 된다. 이러한 경우 효용을 극대화하는 소비자는 주어진 소득점인 $(Y_1,\ Y_2)$를 그대로 소비하게 된다.

02. 효용함수가 다음과 같이 주어져 있다고 하자.

$$u(C_1,\ C_2)=\nu(C_1)+\frac{1}{1+\rho}\nu(C_2),\ v'>0,\ v''<0$$

(1) 무차별곡선의 기울기를 구하라.

해설

주어진 시점간 효용함수에서 한계대체율을 구하면 다음과 같다.

한계대체율 $MRS_{C_1,C_2}=\dfrac{MU_{C_1}}{MU_{C_2}}=\dfrac{v'(C_1)}{\dfrac{1}{(1+\rho)}v'(C_2)}=\dfrac{v'(C_1)(1+\rho)}{v'(C_2)}$

한계대체율은 무차별곡선 기울기의 음수값이므로 무차별곡선의 기울기는 $-\dfrac{v'(C_1)(1+\rho)}{v'(C_2)}$이 된다.

(2) $Y_1=Y_2$이고 $r>\rho$인 경우 $C_1<C_2$임을 보여라. 이 경우 $S_1>0$임을 보여라.

해설

소비자 균형은 예산선상의 점 중 무차별곡선과 예산선의 기울기가 일치하는 점에서 이루어진다.

소비자 균형조건: $-\dfrac{v'(C_1)(1+\rho)}{v'(C_2)}=-(1+r)$

위 식을 정리하면 $v'(C_1)=\dfrac{1+r}{1+\rho}v'(C_2)$이 된다. 따라서 $r>\rho$일 때 $v'(C_1)>v'(C_2)$이 성립해야 하는데 한계효용체감을 가정하므로 $C_1<C_2$가 성립한다.

03. 본문에서 제시된 2기간 모형에서 재화의 대차거래는 불가능하나 생산물의 저장이 가능한 경우의 소비가능집합을 구하라. 단, 한 단위의 생산물을 저장할 경우 단위만큼 감가상각된다고 가정하라(단, $0<\delta<1$).

해 설

주어진 조건하에서 각 기간에 제약식을 써보면 다음과 같다.

제1기: $C_1+S_1=Y_1$

제2기: $C_2=Y_2+(1-\delta)S_1$

두 식에서 S_1을 소거하면 $C_2=Y_2+(1-\delta)(Y_1-C_1)$이 되며 이를 정리하면 다음의 제약식을 얻는다.

시점간 제약식: $C_1+\dfrac{C_2}{1-\delta}=Y_1+\dfrac{Y_2}{1-\delta}$

이러한 제약식은 초기 소득점을 지나며 기울기 $-(1-\delta)$인 직선이 된다. 단 차입이 불가하므로 이 제약식은 $S_1\geq 0$, 즉 $C_1\leq Y_1$구간에서만 성립하며 $C_1>Y_1$인 구간에서는 소비가 불가능하다. 이러한 제약을 그림으로 나타내면 [그림 12−3]과 같다.

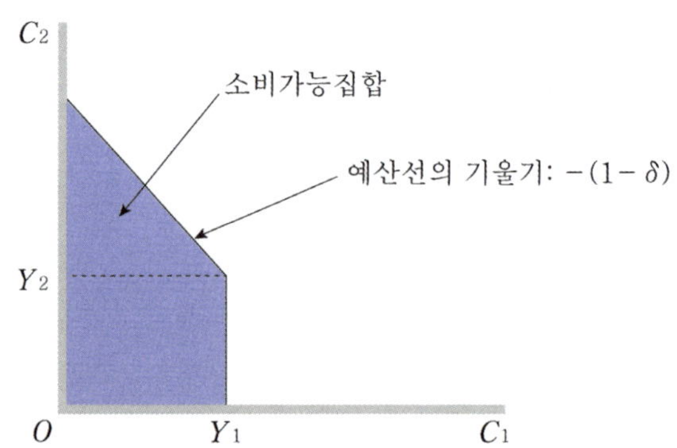

그림 12-3 차입은 불가능하나 감가상각이 이루어지는 경우

04. 동갑내기인 갑과 을 중 갑의 기대수명이 더 높다고 한다. 수명을 연장시킬 수 있는 방법이 없다고 가정하면, 갑과 을 중 누구의 저축성향이 더 높을 것인가?

해설

평생소득이론에 따를 때, 소비는 평생소득에 의해 결정된다. 이자율을 0으로 가정하였을 때 평생소득가설에서의 소비함수는 다음과 같다.

소비함수: $C=\frac{1}{N-t}NW+\frac{R-t}{N-t}YL$

(단, N은 예상수명, t는 현재나이, R은 은퇴시점, NW는 비인적 자산, YL은 근로소득을 의미한다)

이때 갑과 을의 평생소득이 동일하다면 기대수명이 높은 갑이 매기간 더 적은 금액을 소비할 것이다. 저축이 소득에서 소비를 제한 금액으로 정의된다는 점을 고려한다면 갑의 저축성향이 더 높을 것으로 예상된다. 이러한 결론에 따르면 은퇴 이후 기간이 길어질 것으로 예상한다면 사람들이 더 많은 금액을 저축하게 될 것이라는 예상을 할 수 있게 된다.

05. 소득세율이 금년에 한해 한시적으로 10% 인상되는 경우 금년의 소비에 어떤 영향을 미칠 것인지를 절대소득이론과 항상소득이론을 이용하여 분석하라.

해설

절대소득이론이란 소비는 현재 가처분소득에 의해 결정되며 미래소득이나 이자율 등은 큰 영향을 미치지 못한다는 주장을 말한다. 따라서 이 경우 소득세율을 한시적으로 10% 인상하더라도 현재 가처분소득은 10% 감소할 것이므로 소비도 10% 감소한다(금기 소비가 금기 가처분소득과 동일한 경우를 가정).

항상소득이론이란 현재 관측된 소득이 아니라 소비자가 얻을 것으로 예상되는 평균적인 소득인 항상소득에 의해 소비가 결정된다는 주장을 말한다. 소득세율을 한시적으로 인상하는 것은 임시소득의 감소에 해당하며 항상소득에 큰 영향을 미치지 않을 것이다. 따라서 이러한 경우 소비자는 소비를 변화시키지 않고 저축을 감소시켜 조세를 납부할 것이다.

06. 일반적으로 전쟁이나 핵위험이 증가하는 경우 사람들의 기대수명이 짧아진다고 한다. 한반도에서의 전쟁위험 증가가 한국인의 소비에 어떤 영향을 미칠 수 있는지를 적절한 소비이론을 이용하여 설명하라.

해 설

한반도에서 전쟁이 발생한다면 한국인들의 사망확률이 높아지고 기대수명이 짧아진다. 이 경우 한국인들은 현재 보유한 자산과 미래소득을 더욱 짧은 기간에 소비하려 들 것이므로 소비가 증가하고 평균소비성향이 높아질 것이다. 관련된 소비이론은 평생소득이론이다.

07. 만일 모든 사람들이 미래의 근로소득을 담보로 하여 금융기관으로부터 차입하는 것이 가능해진다면 다음 각각에 어떤 영향을 미칠 것인지를 설명하고 그 근거를 제시하라.

(1) 현재의 소비수준

해 설

현재를 1기, 미래를 2기라고 하고 Y_1, Y_2, C_1, C_2는 매 기간의 소득과 소비를 나타낸다고 하자. 현재 경제주체 중 일부가 차입제약에 직면해 있다고 가정하고 소비자의 효용극대화 문제를 쓰면 다음과 같다.

$$\max \ U = U(C_1, C_2)$$

$$\text{s.t.} \ C_1 + \frac{C_2}{1+r} = Y_1 + \frac{Y_2}{1+r}$$

(단, 차입제약시 $C_1 \le Y_1$이 성립해야 함)

차입제약에 직면해 있던 사람들이 차입이 가능해지는 경우 그동안 소비하지 못하던 점들을 소비할 수 있게 된다. 이러한 변화는 [그림 12-8-1]의 E점에서 D점으로의 이동으로 나타나 있으며 이들의 현재소비를 증가시킨다. 차입제약이 없던 사람들은 변화가 없는 반면, 차입제약이 있던 사람들의 현재소비는 증가하므로 경제 전체적으로 현재소비가 증가할 것이다.

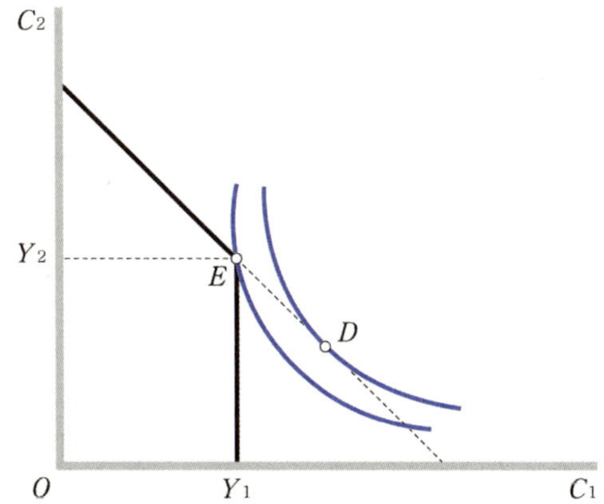

그림 12-8-1 유동성 제약의 완화와 소비의 변화

(2) 투자승수의 크기

해 설

차입제약하에서는 사람들의 소비가 현재소득에 매우 민감하게 반응한다. 이러한 특징을 Flavin 등은 과잉민감성(excess sensitivity)이라고 하였다. 반면 그러나 차입제약이 존재하지 않는 경우에 사람들은 매기 소득의 흐름보다 장기적이고 평균적인 소득에 근거하여 소비를 결정한다. 예를 들어 차입제약이 존재하는 [그림 12-8-2]의 (a)의 경우에는 현재소득에 대한 현재소비의 한계소비성향이 1이 된다. 반면 차입제약이 사라진 (b)의 경우에는 한계소비성향이 1보다 작은 값이 된다(기간이 매우 길다면 0에 가까운 값이 될 것이다).

이제 본문의 식 (12-24)를 옮기면 다음과 같다.

현재소비의 변화: $\Delta C_t = \lambda \Delta YD_t + (1-\lambda)\varepsilon_t$

이 식에서 λ는 유동성제약에 직면한 소비자의 비율을 의미한다. 만약 차입제약이 완화된다면 λ의 값이 감소하게 되며, 현재소득으로부터의 한계소비성향이 감소하는 것을 의미한다. 한계소비성향이 감소되면 $\dfrac{1}{1-\text{한계소비성향}}$으로 정의되는 투자승수도 감소하게 된다.

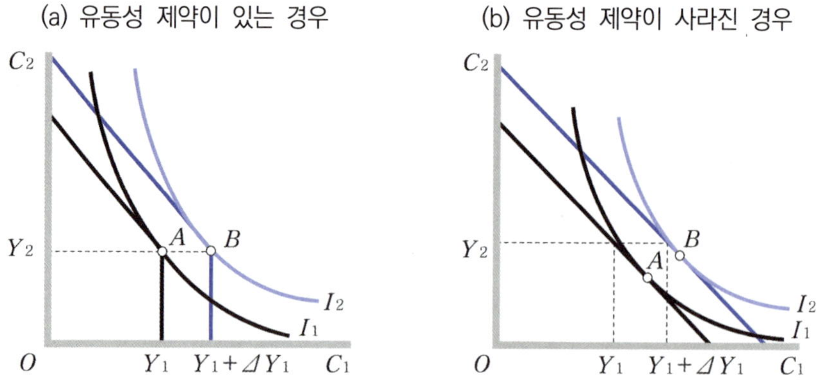

그림 12-8-2 유동성 제약과 한계소비성향

08. 앞서 2기간 소비선택모형을 이용하여 이자율 상승이 저축에 미치는 영향을 분석하였다. 만일 소비자가 현재 부(負)의 저축을 하고 있는 차입자라면 이자율 상승이 소비와 저축에 어떤 영향을 미칠 것인지를 2기간 소비선택모형을 이용하여 설명하라.

해 설

이자율상승으로 인한 대체효과는 저축자와 차입자에게 동일하게 작용한다. 즉 상대가격이 비싸진 현재소비(C_1)를 감소시키고, 미래소비(C_2)를 증가시킨다. 이는 [그림 12-9]의 A에서 B로의 변화로 나타내어진다. 반면 이자율상승으로 인한 소득효과는 저축자와 차입자에게 반대로 작용한다. 이자율 상승시 저축자는 실질소득이 증가하지만 차입자는 실질소득이 감소하기 때문이다. 따라서 두 기간의 소비가 모두 정상재(normal goods)라는 가정하에 차입자의 두 기간의 소비는 모두 감소한다. 이는 [그림 12-9]의 B에서 C로의 이동으로 나타내어진다. 결과적으로 현재소비는 반드시 감소하며, 미래소비는 대체효과가 더 크다면 증가, 소득효과가 더 크다면 감소한다.

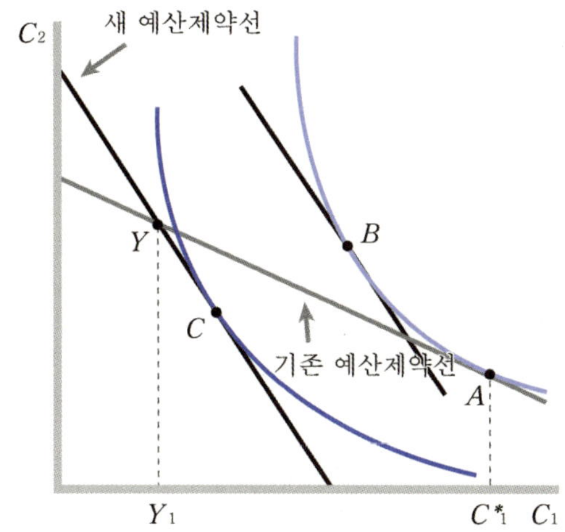

그림 12-9 이자율 상승의 효과-차입자의 경우

09. 갑과 을은 동일한 효용함수 $u(C_1,\ C_2)=\log C_1+\log C_2$를 갖고 있지만, 근로소득은 갑이 1, 2기에 각각 50원과 100원이며, 을은 반대로 100원과 50원이다. 이자율이 10%인 경우와 20%인 경우에 대해 각각 갑과 을의 1기의 소비와 저축을 계산하고 비교하라.

해 설

소비자의 효용극대화 문제를 써보면 다음과 같다.

$$\max\ u(C_1,\ C_2)=\log C_1+\log C_2$$

$$\text{s.t. } C_1+\frac{C_2}{1+r}=Y_1+\frac{Y_2}{1+r}$$

효용극대화의 1계조건은 $MRS_{C_1, C_2}=\frac{C_2}{C_1}=(1+r)$이므로 $C_2=(1+r)C_1$의 관계가 성립해야 하며, 이 조건 예산식에 대입하면 1기의 최적소비를 구하면 다음과 같다.

$$C_1+\frac{(1+r)C_1}{1+r}=Y_1+\frac{Y_2}{1+r}$$

$$\Rightarrow \text{1기의 최적소비 } C_1^*=\frac{1}{2}\left(Y_1+\frac{Y_2}{1+r}\right)$$

우선 $r=0.1$일 때,

갑의 경우 $C_1=\frac{1}{2}\left(50+\frac{100}{1+0.1}\right)=70.45$

$S_1=Y_1-C_1=50-70.45=-20.45$

을의 경우 $C_1=\frac{1}{2}\left(100+\frac{50}{1+0.1}\right)=72.73$

$S_1=Y_1-C_1=100-72.73=27.27$

다음 $r=0.2$일 때,

갑의 경우 $C_1=\frac{1}{2}\left(50+\frac{100}{1+0.2}\right)=66.67$

$S_1=Y_1-C_1=50-66.67=-16.67$

을의 경우 $C_1=\frac{1}{2}\left(100+\frac{50}{1+0.2}\right)=70.83$

$S_1=Y_1-C_1=100-70.83=29.17$

(주어진 효용함수에 있어 1기의 소비는 항상 이자율의 감소함수가 되고 저축은 항상 이자율의 증가함수가 됨을 확인하라)

10. 현재 20세인 사람이 80세까지 사는데 60세가 될 때까지 매년 3,000만원의 근로소득을 벌고 그 이후에는 은퇴한다고 하자. 이자율이 0이라 할 때, 평생소득이론에 입각하여 다음 물음에 답하라.

(1) 이 사람이 현재 아무 재산이 없고, 유산을 남기지 않을 작정이라면, 매년 얼마를 소비할 것인가? 이 경우 50세, 60세, 70세, 80세가 될 때의 재산은 각각 얼마인가?

해 설

이 사람의 평생소득은 40년간의 근로소득의 합으로 $40\times 3{,}000=120{,}000$(만원)이 된다. 따라서 이 경우 연간 소비는 $C=\frac{120{,}000}{80-20}=2{,}000$(만원)이 된다.

또한 근로기간 동안 매년 $S=Y-C=3{,}000-2{,}000=1{,}000$(만원)을 저축할 것이므로, 은퇴시점인 60세까지 재산은 매년 1,000만원씩 증가한다.

50세의 재산=30×1,000=30,000(만원)

60세의 재산=40×1,000=40,000(만원)

그러나 60세가 지나게 되면 소득이 없기 때문에 매년 재산은 2,000(만원)씩 감소하게 된다.

70세의 재산=40×1,000−10×2,000=20,000(만원)

80세의 재산=40×1,000−20×2,000=0(만원)

이상의 내용을 그림으로 나타내면 [그림 12−10]과 같다.

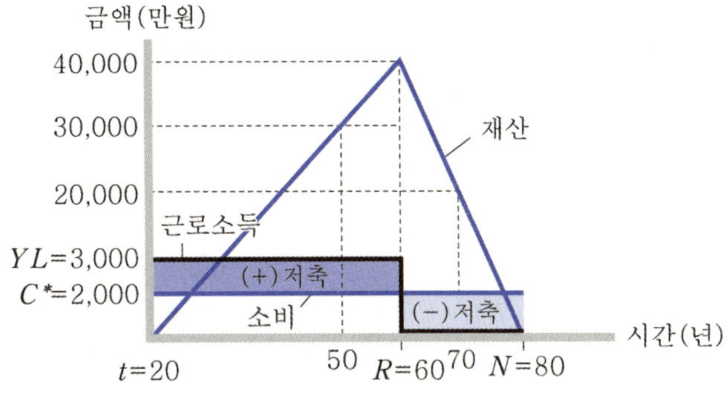

그림 12-10 생애주기에 따른 재산의 변화

(2) 이 사람이 현재 2억 4,000만원의 재산을 갖고 있고 유산을 남기지 않을 작정이라면 매년 얼마를 소비할 것인가?

해 설

이제 이 사람의 평생소득은 현재 재산 2억 4천만원과 40년간의 근로소득의 합이므로, 24,000+40×3,000=144,000(만원)이 된다.

이 경우 연간 소비는 $C=\frac{144,000}{80-20}=2,400$(만원)이 된다.

(3) 이 사람이 현재 재산이 없고 3억원을 유산으로 남길 예정이라면 매년 소비는 얼마가 될 것인가?

해 설

이 사람은 평생소득 중 상속용도인 3억원을 제외하고 나머지를 소비할 것이므로, 소비가능한 재원은 40년간의 근로소득에서 3억원을 제한 값인 $40 \times 3{,}000 - 30{,}000 = 90{,}000$(만원)이 된다. 이 경우 연간 소비는 $C = \dfrac{90{,}000}{80-20} = 1{,}500$(만원)이 된다.

(4) 정부가 근로소득의 20%를 사회보장세로 징수하여 은퇴 후 사망시까지 매년 일정액을 연금으로 준다고 하자. 정부가 징수된 사회보장금을 모두 연금으로 지출한다면 이 사람이 매년 받는 연금은 얼마인가?

해 설

이 사람에게 40년간 징수된 사회보장금은 $40 \times 0.2 \times 3{,}000 = 24{,}000$(만원)이 된다.

이를 20년에 걸쳐 연금으로 지급한다면 연금$= \dfrac{40 \times 0.2 \times 3{,}000}{20} = 1{,}200$(만원)이 된다.

(5) 위 (4)번의 경우 현재 재산이 없고 유산을 남기지 않는다면 매년의 소비는?

해 설

만약 연금의 기여금총액과 연금수령액총액이 동일하다면 평생소득의 변화가 없기 때문에 소비패턴은 변하지 않는다.

연금도입 이후의 소비 $C = \dfrac{120{,}000 - 24{,}000 + 24{,}000}{80-20} = 2{,}000$(만원)

그러나 민간의 자발적 저축은 감소하게 된다.

연금도입 이후 자발적 저축: $S = Y - T - C = 3{,}000 - 600 - 2{,}000 = 400$

즉 연금도입 이후에 사람들은 자발적 저축의 필요성이 감소하기 때문에 저축을 감소시키게 되는데 이러한 효과를 재산대체효과(wealth displacement effect)라고 한다 (이 문제에서는 저축의 감소폭은 정확히 연금 기여금과 동일하다. 이러한 특징이 나타난 것은 연금 기여금총액과 연금 수령액 총액이 동일하기 때문이며, 현실적으로는 저축감소폭과 연금기여금의 크기가 상이할 수 있다).

11. 어떤 사람의 소비함수가 $C = 80 + 0.9Y^P$라 하자. 여기서 Y^P는 항상소득인데 이는 당해 연도와 전년도의 가처분소득의 평균이라 하자.

(1) 첫 해와 둘째 해의 가처분소득이 모두 3,000만원이라면, 둘째 해의 소비는 얼마인가?

해설

첫째 해와 둘째 해의 가처분소득이 3,000만원이면 둘째 해의 $Y^P = \dfrac{(Y_{-1} + Y)}{2} = 3{,}000$(만원)이 되며 둘째 해의 소비는 $C = 80 + 0.9Y^P = 2{,}780$(만원)이 된다.

(2) 셋째 해부터 계속 가처분소득이 4,000만원이라면 셋째 해와 넷째 해 그리고 그 이후의 소비는 얼마인가?

해설

$Y^P = \dfrac{(Y_{-1} + Y)}{2}$을 통해 항상소득을 구한 후 이를 소비함수 $C = 80 + 0.9Y^P$에 대입하여 매 기간의 소비를 구하면 다음과 같다.

	Y	Y_P	C
제1기	3,000		
제2기	3,000	3,000	2,780
제3기	4,000	3,500	3,230
제4기	4,000	4,000	3,680

(3) 첫 해와 둘째 해의 가처분소득이 3,000만원이고 셋째 해부터 가처분소득이 4,000만원으로 증가하는 경우, 소비의 변화분을 가처분소득의 변화분으로 나눈 한계소비성향은 얼마인가? 여기서 구한 한계소비성향과 소비함수에서 볼 수 있는 장기적인 한계소

비성향을 비교하라.

해 설

둘째 해에서 셋째 해로 소득이 증가하는 경우 한계소비성향을 구하면 다음과 같다.

단기 한계소비성향: $mpc = \dfrac{\Delta C}{\Delta Y} = \dfrac{C_3 - C_2}{Y_3 - Y_2} = 0.45$

반면 둘째 해에서 소득이 지속적으로 증가한 것으로 인식되는 넷째 해까지의 소비변화에 대한 한계소비성향을 구하면 다음과 같다.

장기 한계소비성향: $mpc = \dfrac{\Delta C}{\Delta Y} = \dfrac{C_4 - C_2}{Y_4 - Y_2} = 0.9$

이러한 결과는 장기적인 소득변화에 대한 한계소비성향에 비해 단기적인 소득변화에 대한 한계소비성향이 더 작다는 쿠즈네츠의 실증연구 결과와 일치한다.

12. 금융자유화의 추진으로 인한 소비자 금융의 확대는 소비에 어떤 영향을 미칠 것인지를 설명하라.

해 설

소비자금융의 확대는 소비자가 미래의 소득을 담보로 차입을 할 수 있는 기회를 높일 것이다. 그 결과 이전에 유동성 제약에 처한 소비자가 차입을 통해 현재소비를 증가시키게 되므로 총소비가 증가할 것으로 기대된다.

13. 복권에 당첨된 사람이 승용차를 구입하였다면 항상소득이론과 일관성을 가지고 있는 것인지를 설명하라.

해설

복권에 당첨된 금액은 일시소득이다. 자동차는 내구재이며 그 서비스는 자동차를 보유한 기간 동안 지속적으로 발생하므로 자동차의 소비는 항상소비라 할 수 있다. 항상소비를 포함한 소비는 항상소득에 의해 결정되며 일시소득에 의해서는 영향을 받지 않는다. 따라서 항상소득이론과 일관성을 갖지 않는다.

14. 당초 영이의 소득흐름이 $\{Y_t, Y_{t+1}, Y_{t+2}, \cdots\} = \{10, 10, 10, 10, \cdots\}$으로 기대되었으나 t기에 부(-)의 충격이 일어나 t기 소득이 감소하여 소득흐름이 $\{9, 10, 10, 10, ...\}$으로 변했다. 이자율은 r로 시간에 관계없이 일정하다.

편의상 예비적 동기 저축 및 상속동기 저축이 없어서 항상소득을 모두 소비한다고 가정한다. 즉 $C_t = Y_t^P$가 성립한다.

(1) 부(-)의 충격이 있기 전 영이의 항상소득을 구하라.

해설

부(−)의 충격 이전 항상소득은 다음 조건을 만족하는 Y^P이다.

$$Y^P + \frac{Y^P}{1+r} + \frac{Y^P}{(1+r)^2} + \cdots\cdots = 10 + \frac{10}{1+r} + \frac{10}{(1+r)^2} + \cdots\cdots$$

위 식을 만족하는 $Y^P = 10$임을 쉽게 알 수 있다.

(2) 부(-)의 충격 이후 새로운 항상소득을 구하라.

해설

부(−)의 충격 이후 항상소득은 다음 조건을 만족하는 Y^P이다.

$$Y^P + \frac{Y^P}{1+r} + \frac{Y^P}{(1+r)^2} + \cdots\cdots = 9 + \frac{10}{1+r} + \frac{10}{(1+r)^2} + \cdots\cdots$$

$$\Rightarrow \ Y^P + \frac{Y^P}{r} = 9 + \frac{10}{r} \ \Rightarrow \ Y^P = \frac{r}{1+r}\left(9 + \frac{10}{r}\right) = \frac{r}{1+r}\left(\frac{9r+10}{r}\right) = 9 + \frac{1}{1+r}$$

(3) 충격 이후 영이의 저축흐름을 구하라.

해설

매 기간 저축의 흐름은 다음과 같다.

$$\{9 - Y^P, 10 - Y^P, 10 - Y^P, \cdots\cdots\} = \left\{-\frac{1}{1+r}, \frac{r}{1+r}, \frac{r}{1+r}, \cdots\cdots\right\}$$

즉 소득이 감소한 시기에 $\frac{1}{1+r}$을 차입하고 다음 기부터 차입금에 대한 이자 $\frac{r}{1+r}$를 영원히 상환한다.

(4) 만약 t기에 영이가 차입제약에 빠졌다면 소비흐름은 무엇인가? 단 영이는 이 소득흐름이 유일한 소비의 재원이다.

해설

만약 차입제약에 빠진다면 매 기간 $C_t \leq Y_t$의 제약이 추가되는 셈이므로 첫 기에 9를 소비할 수밖에 없다. 이 경우 $t+1$기부터 $Y^P = 10$으로 일정하게 유지되므로 소비의 흐름은 $\{9, 10, 10, \cdots\cdots\}$이 될 것이다.

15. 현재 철수의 은행잔고는 W원이다. 철수가 은행잔고를 항상 W로 유지하면서 매달 은행에서 인출할 수 있는 금액은 얼마인가? 단 월 금리는 r로 일정하다.

해설

편의상 예비적 동기 저축 및 상속동기 저축이 없어서 항상소득을 모두 소비한다고 가정한다. 즉 $C_t = Y_t^P$가 성립한다. 인출이 각 기간 초기에 이루어진다고 할 때 t기의 은행잔고와 $t+1$기의 은행잔고가 일정하게 유지될 조건은 다음과 같다.

$$W_{t+1} = (1+r)\left(W_t - Y_t^P\right)$$

위 식에 $W_{t+1} = W_t = W$를 대입하면 $Y_t^P = \frac{r}{1+r}W$가 된다.

16. 영이의 소득흐름은 아래와 같다.

$$\left\{Y_t,\ \widetilde{Y}_{t+1},\ \widetilde{Y}_{t+2},\ \widetilde{Y}_{t+3}\ \cdots\right\}$$

여기서 t기에 Y_t를 제외하면 나머지 소득흐름은 정확히 알 수 없다고 가정한다.

(1) t기 영이의 소득흐름의 현재가치 W_t의 기대값 $E[W_t \mid \Omega_t]$를 구하라. Ω_t는 t기에서 영이 소득흐름에 대한 모든 유용한 정보의 집합이다.

해설

$$\widetilde{W}_t = Y_t + \frac{\widetilde{Y}_{t+1}}{1+r} + \frac{\widetilde{Y}_{t+2}}{(1+r)^2} + \cdots\cdots = \sum_{s=0}^{\infty}\frac{\widetilde{Y}_{t+s}}{(1+r)^s}$$ 이에 기댓값을 구하면

$$E\left[\widetilde{W}_t \mid \Omega_t\right] = \sum_{s=0}^{\infty}\frac{E\left[\widetilde{Y}_{t+s} \mid \Omega_t\right]}{(1+r)^s}$$ 이 된다.

(2) t기 영이의 항상소득의 기대값 $E\left[Y_t^P \mid \Omega_t\right]$을 W_t의 기대값 $E[W_t \mid \Omega_t]$로 표시하라.

해설

편의상 확률변수임을 나타내는 ~표시를 생략하고 나타내면 다음과 같다.

항상소득의 정의에서 $E[W_t \mid \Omega_t] = \sum_{s=0}^{\infty}\frac{E\left[Y_t^P \mid \Omega_t\right]}{(1+r)^s}$이며 정리하면 $E\left[Y_t^P \mid \Omega_t\right] = \frac{r}{1+r}E[W_t \mid \Omega_t]$이 된다.

(3) t기에서 본 $t+1$기 영이의 항상소득의 기대값 $E\left[Y_{t+1}^P \,|\, \Omega_t\right]$을 $E\left[W_{t+1} \,|\, \Omega_t\right]$로 표시하고 $E\left[W_{t+1} \,|\, \Omega_t\right] = E\left[W_t \,|\, \Omega_t\right]$의 등식이 성립하는 이유를 설명하라.

해 설

소득흐름의 불확실성이 없다면 항상소득만큼 소비할 때 $W_t = W_{t+1} = W_{t+2} = \cdots$의 등식이 성립한다. 즉 시간에 관계없이 소득흐름의 현재가치는 일정하다. 한편 소득흐름이 불확실할 때 (2)와 같이 오늘의 항상소득은 오늘 예측한 소득흐름의 현재가치로부터 구한다. 따라서 $E\left[Y_t^P | \Omega_t\right] = E\left[Y_{t+1}^P | \Omega_t\right] = \cdots$ 그리고 $E\left[W_t | \Omega_t\right] = E\left[W_{t+1} | \Omega_t\right] = \cdots$의 등식이 성립한다. 즉 불확실성이 존재하는 경우에도 시간에 관계없이 현재 정보로 예측한 미래 모든 시점에서의 항상소득 및 미래 모든 시점에서의 예상 현재가치가 일정하다.

(4) $E\left[Y_{t+1}^P \,|\, \Omega_{t+1}\right] - E\left[Y_{t+1}^P \,|\, \Omega_t\right]$의 값은 무엇에서 비롯하는 지 설명하라.

해 설

항상소득에 대한 기댓값의 변화는 새로운 정보의 업데이트에서 비롯한다.

$E[Y_t^P | \Omega_t] = \frac{r}{1+r} E[W_t | \Omega_t]$ 로부터 $E[Y_{t+1}^P | \Omega_{t+1}] = \frac{r}{1+r} E[W_{t+1} | \Omega_{t+1}]$ 이 되어

$E[Y_{t+1}^P | \Omega_{t+1}] - E[Y_{t+1}^P | \Omega_t] = \frac{r}{1+r} \{E[W_{t+1} | \Omega_{t+1}] - E[W_{t+1} | \Omega_t]\}$이다.

한편 $E[Y_t^P | \Omega_t] = E[Y_{t+1}^P | \Omega_t]$로부터 $E[Y_{t+1}^P | \Omega_{t+1}] - E[Y_{t+1}^P | \Omega_t] =$
$E[Y_{t+1}^P | \Omega_{t+1}] - E[Y_t^P | \Omega_t]$이다.

17. 다음 내용을 읽고 소비패턴에 어떤 영향을 주는지 설명하라.

(1) 1999년 3월 정부는 동해에 한국이 30년간 소비할 수 있는 천연가스가 매장되었다고 발표하였다.

해 설

새로운 정보가 항상소득을 증가시킴에 따라 소비가 증가할 것이다.

(2) 1주일 뒤 매장량은 30년이 아니라 5년간 소비량이라고 정정발표하였다.

해 설

새로운 정보가 항상소득을 감소시킴에 따라 소비가 감소할 것이다. 단 원래의 소비수준에 비해서는 여전히 소비는 높은 수준을 유지할 것이다.

(3) 다시 1주일 뒤 동해의 천연가스는 경제성이 없다고 발표하였다.

해 설

항상소득은 원래의 수준보다 낮은 수준으로 복귀한다. 항상소득이 불변임에도 2주간 높은 소비를 유지했다면 이 소비자는 이를 평생에 걸쳐 상환하려할 것인데 이런 경우 소비수준은 원래의 소비수준보다 약간 낮은 수준이 될 것이다.

(4) 케인즈의 소비함수와 비교할때 어떤 차이가 있는지 설명하라.

해 설

케인즈 소비이론에 의하면 금기소비는 주로 금기 가처분소득에 영향을 받기 때문에 새로운 정보 등은 소비에 영향을 미치지 않는다. 따라서 이상의 모든 경우에 소비의 변화는 없다.

18. 다음과 같은 효용함수와 예산제약식을 생각해보자.

$$\text{Max}\ \ E_t\left[u(C_t)+\frac{u(C_{t+1})}{1+\rho}+\cdots+\frac{u(C_T)}{1+\rho^{(T-t)}}\right]$$

$$\text{s.t.}\ \ C_t+\frac{C_{t+1}}{1+r}+\cdots+\frac{C_T}{(1+r)^{T-t}}=E_t\left[Y_t+\frac{Y_{t+1}}{1+r}+\cdots+\frac{Y_T}{(1+r)^{T-t}}\right]$$

(1) C_t 와 C_{t+1}사이의 최적화 조건, 즉 오일러 조건이 다음과 같음을 보이라.

(Hint: 예산제약식을 C_{t+1}에 대해 풀어서 효용함수의 C_{t+1}에 대입한 후, 이를 C_t에

대해 미분하여 정리하라.)

$$u'(C_t)=\frac{1+r}{1+\rho}E_t[u'(C_{t+1})]$$

해 설

예산선을 정리하면 다음과 같다.

$$C_{t+1}=-(1+r)C_t-\frac{C_{t+2}}{1+r}-\cdots-\frac{C_T}{(1+r)^{T-t-1}}$$
$$+(1+r)E_t\left[Y_t+\frac{Y_{t+1}}{1+r}+\cdots+\frac{Y_T}{(1+r)^{T-t}}\right]$$

위 식에서 E_t는 합리적 기대, 즉 t기에 이용가능한 모든 정보집합에 대한 조건부 기대를 나타낸다. 이를 간단히 나타내면 다음과 같다.

$$C_{t+1}=-(1+r)C_t-\frac{C_{t+2}}{1+r}-\cdots-\frac{C_T}{(1+r)^{T-t-1}}+(1+r)E_t[\,\cdot\,]$$

이를 기대효용함수에 대입하면 다음과 같다.

$$Max\ E_t\left[u(C_t)+\frac{u\left(-(1+r)C_t-\frac{C_{t+2}}{1+r}-\cdots-\frac{C_T}{(1+r)^{T-t-1}}+(1+r)E_t[\,\cdot\,]\right)}{1+\rho}+\cdots+\frac{u(C_T)}{(1+\rho)^{T-t}}\right]$$

이를 C_t로 미분하면 다음과 같다. C_t에 의한 미분은 편미분이므로 C_t를 포함하지 않은 항은 모두 0이 되며 합성함수의 미분이므로 연쇄법칙(chain rule)이 활용된다.

$$E_tu'(C_t)-\frac{1+r}{1+\rho}E_tu'(C_{t+1})=0$$

이때 제t기의 소비에는 불확실성이 없다면 다음과 같이 나타낼 수 있다.

$$u'(C_t)=\frac{1+r}{1+\rho}E_tu'(C_{t+1})$$

위 식이 성립되는 경우에는 t기의 소비를 감소시키고 대신 $t+1$기의 소비를 증가시키더라도 전체 효용에는 변화가 없다. 예를 들어 소비자가 t기의 소비를 ΔC만큼 줄이는 대신 이를 $t+1$기의 소비를 늘리는 데에 사용한다고 하자. t기의 소비감소로 인한 소비자의 효용감소분은 $u'(C_t)\Delta C$가 될 것이다. 반면 $t+1$기의 소비는 $(1+r)\Delta C$만큼 증가시킬 수 있고 이로 인한 $t+1$기의 효용증가분은 $u'(C_{t+1})(1+r)\Delta C$가 된다. 소비자의 효용이 극대화된 경우에는 서로 다른 기간간 소비의 대체에 의해 효용을 더 이상 증가시킬 수 없으므로 t기의 효용감소분과 $t+1$기의 효용증가분을 시간선호율에 의해 현재가치로 할인한 값은 서로 같아져야 하며 그 결과 위와 같은 오일러 조건을 얻을 수 있다.

(2) 효용함수가 $u(C_t)=-aC_t^2+bC_t$일 때 소비가 예측 불가능함을 보여라. 즉 소비는 $C_{t+1}=C_t+\varepsilon_{t+1}$의 형태를 가지며 ε_{t+1}은 현재의 정보집합에 포함되지 않는다. 즉 $E_t(\varepsilon_{t+1})=0$이다. 단 $a>0$, $b>0$이며 $0<C<b/2a$이다.

해설

오일러조건식에 $\rho=r$을 대입하면 다음과 같다.

$$u'(C_t)=E_t u'(C_{t+1})$$

주의할 점은 위 식은 기간별 소비의 기대한계효용이 일치할 것을 의미하는 것이지, 기간별 소비의 기댓값이 일치할 것을 의미하는 것은 아니란 점이다.
이제 기간별 효용함수의 1계미분을 대입하면 다음과 같은 관계를 구할 수 있다.

$$-2aC_t+b=E_t[-2aC_{t+1}+b]$$

위 식을 정리하면 다음과 같다.

$$E_t(C_{t+1})=C_t$$

위 식은 현재 정보를 이용한 미래소비의 예측치가 현재소비와 같음을 의미하는데, 이와 같은 특성을 만족시키려면 소비는 아래와 같이 임의보행과정을 따라야 한다.

$$C_{t+1} = C_t + \varepsilon_{t+1} \qquad \text{단 } \varepsilon_{t+1} \sim i.i.d.\,(0, \sigma^2)$$ [2)]

이는 미래소비의 가장 좋은 예측치가 현재소비이며 소비의 변화는 예측할 수 없음을 의미한다. 즉 소비는 임의보행(random walk)한다.

19. 일반적으로 공적 연금제도는 자신이 번 근로소득의 일부를 연금기관에 납부하고 은퇴 후 수익률 실적에 따라 돌려받는 적립식시스템(fully funded system)과 현재 소득이 있는 청장년 세대로부터 세금을 거두어 은퇴한 노년세대에게 이전지출의 형태로 지급하는 부과식(payasyougo system)으로 구분된다. 이제 연금제도가 최초로 도입하였다고 하자.

(1) 두 종류의 연금시스템 도입이 각각 국민저축에 미치는 영향을 설명하라.

해 설

이 문제에서는 서로 다른 시스템의 연금이 최초로 도입될 당시 저축에 미치는 효과를 묻고 있다. 적립식 시스템에서 자신이 납부할 금액과 수령할 금액의 현재가치가 동일하다면 평생부가 동일하므로 국민저축이 영향을 받지 않는다(단 국민연금수익률과 민간연금기금수익률은 동일하다고 가정한다). 반면 부과식 시스템에서는 최초 단계에서 기여금보다 수령액이 커서 생애 가처분소득이 증가하는 세대가 존재하므로 소비가 늘고 저축은 감소한다.

(2) 각각의 연금시스템이 도입된 상태에서 장수에 대한 기대감이 높아질 경우 저축에 어떤 영향을 미칠 것인가?

해 설

은퇴시점이 주어진 상태에서 장수에 대한 기대감이 높아지는 경우 적립식 시스템에서는 길어진 노후를 대비하기 위해 소비가 감소하고 저축이 증가한다. 반면 부과식

2) $i.i.d.$란 'independent and identically distributed'의 약어로서 동일독립분포를 의미한다. $i.i.d.\,(0, \sigma^2)$는 동일독립분포로서 평균이 0이고 표준편차가 σ임을 의미한다.

시스템에서는 별다른 변화가 없다.

(3) 각각의 연금시스템이 도입된 상태에서 인구증가율이 현저히 감소하는 추세가 나타난다면 저축률에 어떤 영향을 미칠 것인가?

해 설

인구증가율이 감소하더라도 적립식 시스템에서는 자신이 낸 돈을 받는 것이기 때문에 국민저축이 영향을 받지 않는다. 반면 부과식 시스템에서는 연금 수령액이 감소할 것을 반영하여 소비가 감소하고 저축이 증가한다.

20. (2017년 5급 행정고시) 한 경제 내에는 두 종류의 소비자(A, B)가 있다. 이들은 모두 두 기간만 생존하고 이들의 효용함수는 $U(c_1, c_2)=\sqrt{c_1c_2}$로 동일하다. 여기서 c_1과 c_2는 각각 1기와 2기의 소비를 의미한다. 소비자 A의 1기와 2기소득은 각각 1,000과 1,800이며 소비자 B의 1기와 2기의 소득은 각각1,500과 1,200이다. 경제 내에서 소비자 A와 B는 각각 절반씩 존재한다고 가정하자. 소비자들은 기간 간 예산제약하에서 자신의 효용을 극대화 하도록 두 기간의 소비를 선택하고자 한다. 다음 물음에 답하라. (단, 계산결과가 소수로 나오는 경우, 소수점 이하 둘째자리에서 반올림한다.)

(1) 이 경제는 외국과의 자본거래가 없는 폐쇄경제이고 소비자는 시장균형이자율로 자기가 원하는 만큼 빌리거나 빌려줄 수 있다고 가정하자. 각 소비자의 최적소비조합(C_1^{A*}, C_2^{A*}, C_1^{B*}, C_2^{B*})과 시장균형이자율(r^*)을 구하라.

해 설

소비자 A의 효용극대화문제는 다음과 같다.

$$\max\ U^A(c_1^A, c_2^A) = \sqrt{c_1^A \cdot c_2^A}\quad \text{s.t.}\ c_1^A + \frac{c_2^A}{1+r} = 1000 + \frac{1800}{1+r}$$

최적소비조건: $MRS^A_{c_1, c_2} = \dfrac{c_2^A}{c_1^A} = 1 + r$ 또는 $c_2^A = (1+r)c_1^A$

$$\Rightarrow c_1^A = 500 + \frac{900}{1+r},\ c_2^A = 500(1+r) + 900 \cdots\cdots \text{식 } 1$$

이는 [그림 12-21-1]의 (a)에서 a점에 대응된다.

소비자 B의 효용극대화문제는 다음과 같다.

$$\max\ U^B(c_1^B, c_2^B) = \sqrt{c_1^B \cdot c_2^B}\ \ \text{s.t.}\ c_1^B + \frac{c_2^B}{1+r} = 1500 + \frac{1200}{1+r}$$

최적소비조건: $MRS^B_{c_1, c_2} = \frac{c_2^B}{c_1^B} = 1 + r$ 또는 $c_2^B = (1+r)c_1^B$

$$\Rightarrow c_1^B = 750 + \frac{600}{1+r},\ c_2^B = 750(1+r) + 600 \cdots\cdots \text{식 } 2$$

이는 [그림 12-21-1]의 (b)에서 a점에 대응된다.

왈라스법칙에 의하면 2기간 소비시장 중 1기가 균형을 이루면 2기도 균형을 달성하므로 1기의 균형조건을 정리하면 다음과 같다.

$$c_1^A + c_1^B = y_1^A + y_1^B \text{ 또는 } -s^A = c_1^A - y_1^A = s^B = c_1^B - y_1^B \cdots\cdots \text{식 } 3$$

(단, y_1^A와 y_1^B는 소비자의 1기 소득, s^A, s^B는 소비자의 저축으로 양(+)수이면 대여자, 음(-)수이면 차입자가 됨)

식 1, 식 2를 식 3에 대입하여 정리하면 다음과 같다.

$$\left(500 + \frac{900}{1+r}\right) + \left(750 + \frac{600}{1+r}\right) = 1000 + 1500$$

정리하면 $r^* = 0.2$, $(c_1^{A*},\ c_2^{A*},\ c_1^{B*},\ c_2^{B*}) = (1250, 1500, 1250, 1500)$이 된다.

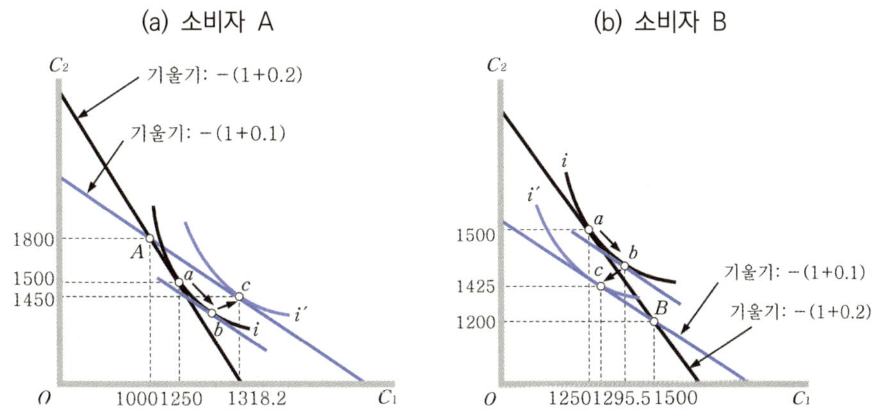

그림 12-21-1 소비자의 최적소비

(2) 문제 (1)의 상황이 변하여 자본시장자유화로 외국자본이 국내로 대량 유입되면서 국내 이자율이 국제 자본시장의 균형이자율인 10%가 되었다고 가정하자. 각 소비자의 소득수준이 전혀 변하지 않았다면, 자본자유화 이후 각 소비자의 최적소비조합을 구하고, 이 결과가 의미하는 바를 간단하게 서술하라.

해 설

식 1 및 식 2에 $\bar{r}=0.1$을 대입하면 다음과 같다.

$$(c_1^{A*},\ c_2^{A*},\ c_1^{B*},\ c_2^{B*})=(1318.2, 1450, 1295.5, 1425)$$

소비자들이 직면하는 이자율이 변화하면 대체효과와 소득효과가 나타난다. 대체효과는 상대적으로 값비싸진 소비를 다른 기간의 소비로 바꾸는 것이며, 소득효과는 실질소득변화로 인해 소비를 조정하는 것이다. 소비자 A는 차입자의 위치에 있으며 [그림 12−21−1]에서 대체효과는 a점에서 b점까지, 소득효과는 b점에서 c점까지의 변화로 나타내어진다. 이 경우 대체효과와 소득효과가 모두 c_1을 증가시키므로 c_1이 증가한다. 반면 대체효과는 c_2를 감소시키는 반면 소득효과는 c_2를 증가시키는데 이 경우 대체효과가 더 크게 작용하여 c_2가 감소하였다.

소비자 B는 대여자의 위치에 있으며 [그림 12−21−2]에서 대체효과는 a점에서 b점까지, 소득효과는 b점에서 c점까지의 변화로 나타내어진다. 이 경우 대체효과는 c_1을 증가시키는 반면 소득효과는 c_1을 감소시키는데 이 경우 대체효과의 크기가 더 크게 작용하여 c_1이 감소하였다. 반면 대체효과와 소득효과가 모두 c_2를 감소시키므로 c_2는 감소하였다. 이상의 분석에서 이자율이 하락하는 경우 두 소비자의 현재소비가 모두 늘어나고 우리나라 입장에서 외국의 자금을 차입하게 된다. 이상의 결과는 현실적으로 저금리하에서 가계부채가 증가할 수 있다는 주장의 이론적 근거를 보여준다.

(3) 문제 (2)에서 자본자유화를 시행하면서, 1기의 차입은 각 소비자의 1기 소득의 20%를 넘을 수 없도록 하는 규제를 도입했다고 가정하자. 이런 금융구조하에서 각 소비자의 최적소비조합을 구하고, 규제의 효과를 간단하게 서술하라.

해설

A의 경우 차입규제가 도입되면 A의 예산제약에 다음 조건이 추가된다.

$c_1^A \leq 1.2 \times y_1^A = 1200$

이를 나타내면 [그림 12-21-2]의 (a)와 같다. 이러한 차입제약하에 소비자는 A 더 이상 c점을 소비할 수 없어 d점을 소비한다. 이 경우 최적소비는 다음과 같다.

$(c_1^{A*},\ c_2^{A*}) = (1200, 1580)$

B의 경우 차입규제가 도입되면 B의 예산제약에 다음 조건이 추가된다.

$c_1^B \leq 1.2 \times y_1^B = 1800$

이를 나타내면 [그림 12-21-2]의 (b)와 같다. B의 경우 차입제약이 구속력이 없으며 여전히 자신이 소비하던 c점을 그대로 소비한다. 이 경우 최적소비는 다음과 같다.

$(c_1^{B*},\ c_2^{B*}) = (1295.5, 1425)$

이 문제에서 차입규제의 도입으로 A의 1기 소비를 제한하여 차입규모를 감소시키는 효과가 있었다. 그러나 이의 대가로 A의 효용수준은 하락하였다. 그 외에 차입규제 등으로 인해 차입제약이 발생할 경우 기간 소비가 현재 가처분소득에 민감하게 반응하지만 미래 가처분소득 및 이자율에 둔감하게 반응하는 효과가 발생한다.

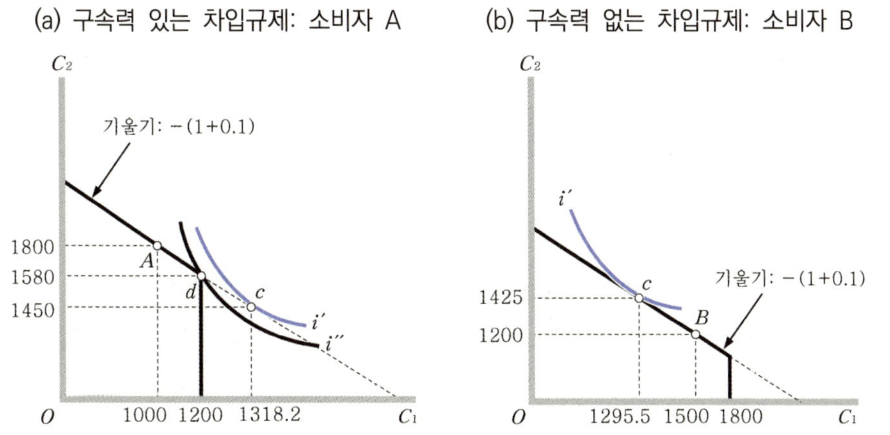

그림 12-21-2 차입규제의 효과

Chapter

13 투자

01. 지금 어떤 기계를 사들여서 제품을 생산할 경우 1년 후 100만원, 2년 후 150만원, 3년 후 150만원의 수익이 발생하며, 4년 이후에는 기계를 사용할 수 없게 된다고 할 때 다음 질문에 답하라.

(1) 이자율이 10%인 경우 이 기계로부터의 수익의 현재가치를 구하라.

해 설

매 기간 발생하는 수익의 현재가치를 구하면 다음과 같다.

$$PV = \frac{100}{1+0.1} + \frac{150}{(1+0.1)^2} + \frac{150}{(1+0.1)^3} = 327.57(\text{만원})$$

현재가치법(present value method)에 의할 때 기업은 기계의 가격이 327.57(만원)보다 낮다면 이 기계를 구입하는 것이 바람직하다.

(2) 기계를 사는 데 드는 비용이 300만원이라 할 때 이 기계에 대한 투자로부터의 내부수익률을 계산하라.

해 설

내부수익률(internal rate of return)이란 수익흐름의 현재가치와 투자비용을 일치시키는 할인율, 또는 투자안의 순현재가치를 0으로 만드는 할인율을 말한다.

$$300 = \frac{100}{1+\mu} + \frac{150}{(1+\mu)^2} + \frac{150}{(1+\mu)^3}$$

이 방정식을 풀면 $\mu^* = 0.15$가 도출된다.

02. 어떤 기업의 생산함수가 다음과 같은 콥더글라스 생산함수로 주어져 있다고 하자. 이 기업이 생산물시장과 요소시장에서 모두 완전경쟁기업이라 하고 자본의 실질 임대비용이 rc라 할 때 이 기업의 최적자본량을 생산량(Y)과 자본의 실질 임대비용의 함수로 나타내라.

$$Y = AK^{\alpha}L^{1-\alpha}$$

해설

편의상 생산물가격이 1로 주어져 있다고 가정하자. 주어진 조건하에서 기업의 이윤극대화 문제는 다음과 같다.

$$\begin{aligned} \max\ \pi &= Y - rc \times K - w \times L \\ &= AK^{\alpha}L^{1-\alpha} - rc \times K - w \times L \end{aligned}$$

이때 최적자본량을 구하기 위해 이 식을 K로 미분하여 0으로 두면 다음과 같다.

$$\frac{d\pi}{dK} = \alpha AK^{\alpha-1}L^{1-\alpha} - rc = \alpha\frac{Y}{K} - rc = 0$$

이 식을 정리하면 최적자본량의 식 $K^* = \frac{\alpha}{rc}Y$가 구해진다.

03. 어떤 와인 투자자가 가지고 있는 와인 한 병을 오늘 내다팔면 700만원을 받을 수 있고, 이를 30년 동안 보관하였다가 팔면 2,000만원을 받을 수 있다고 하자. 이자율이 30년간 4%로 고정될 것으로 기대되는 경우 와인 투자자는 어떻게 해야 하는가?

해설

와인 투자자는 다음 두 가지 전략을 비교할 것이다.

전략 1: 30년 이후 판매

전략 2: 즉시 판매

전략 1에 의할 때 현재가치는 $PV = \frac{2,000}{(1.04)^{30}} = 616.64$(만원)이며, 전략2에 의할 때 현재가치는 $PV = 700$(만원)이 된다. 따라서 와인 투자자는 전략 2를 선택하는 것이 낫다. 즉 30년 보유 후에 판매하는 것보다 즉시 판매하는 편이 낫다.

04. 어떤 기업에 있어서 q의 값이 1보다 클 때 다음 모두가 타당할 수 있음을 설명하여라.

(1) 이 기업은 유상증자를 하는 것이 바람직하다.

해설

토빈의 q는 다음과 같이 정의된다.

$$q = \frac{\text{설치된 자본의 시장가치}}{\text{설치된 자본의 대체비용}}$$

q값이 1보다 크다면 현재 이 기업은 실물자본의 투자비용에 비해 주식가격상승이 더 클 것이다. 따라서 기업은 유상증자를 통해 투자를 늘리는 경우 이익을 볼 수 있다.

(2) 이 기업의 가치가 과대평가되었다.

해설

기업은 q값이 1보다 크다면 투자를 증가시킬 것이며, q값이 1보다 작다면 투자를 감소시킬 것이므로 기업이 목표자본량을 달성한 균형상태에서 $q=1$이 성립할 것이다. 그러나 현실적으로는 q가 항상 1이 되는 것은 아니다. 그 중 한 가지가 거품(bubble)의 존재인데 거품이 존재한다면 기업이 투자한 자본재의 가치를 지나치게 높게 평가하여 q값이 1보다 큰 상태가 유지될 수 있다.

(3) 이 기업에 속한 산업에 진입규제가 있다.

해설

현실적으로 q값이 1이 아닐 수 있는 또 하나의 가능성은 산업에 진입규제가 존재하는 경우이다. 이러한 경우라면 독점이윤의 존재로 인해 주식의 시장가치가 높을 것이기 때문에 시장이 경쟁인 경우에 비해 높은 q값이 형성될 수 있다.

05. 기업이 언제나 최적자본량을 고용할 수 있다면 $q=1$의 등식이 성립한다. 왜 그런가 설명하라.

해 설

기업은 q값이 1보다 크다면 투자를 증가시킬 것인데 이 경우 투자비용은 점차 상승하고 투자의 수익률은 점차 감소하므로 q는 점차 감소할 것이다. 반면 q값이 1보다 작다면 투자를 감소시킬 것인데 이 경우 투자비용은 점차 하락하고 투자수익률은 점차 상승할 것이므로 q는 점차 상승할 것이다. 결국 이러한 조정이 충분히 이루어질 수 있어서 기업이 목표자본량을 달성한 균형상태에서는 $q=1$이 성립할 것이다.

06. 아래의 자료는 단기 국공채 수익률과 GNP 디플레이터 자료다.

연도	국공채 수익률(%)	GNP 디플레이터
1970		42.0
1971	4.3	44.0
1972	4.1	46.5
1973	7.0	49.5
1974	7.0	54.0
1975	5.8	59.3
1976	5.0	63.1
1977	5.3	67.3
1978	7.2	72.2
1979	10.0	78.6
1980	11.5	85.7

(1) 이자소득세율이 30%라 할 때 1971~1980년 각각의 사후적인 세후 실질수익률(명목수익률-물가상승률)을 계산하라. 단순화를 위해 각 연도의 이자율은 각 연도의 1월 1일부터 1년간 투자된 수익률이며, 각 연도의 GNP 디플레이터는 그 해 12월 31일의 물가수준이다.

해설

세후 실질수익률을 알기 위해서는 명목수익률, 세율 그리고 물가상승률을 알아야 하는데, 예를 들어 1971년의 세후 실질수익률을 구하기 위해서는 다음과 같은 관계를 사용하면 된다.

1971년의 세후 실질수익률(%)

$=(1-\text{세율})\times 1971\text{년도 국공채수익률}-\text{물가상승률}$

1971년의 물가상승률

$$=\frac{1941\text{년도 } GNP\text{ 디플레이터}-1970\text{년도 } GNP\text{ 디플레이터}}{1970\text{년도 } GNP\text{ 디플레이터}}\times 100$$

이러한 관계를 통해 매 연도별 실질수익률을 구하면 다음과 같다.

연도	국공채 수익률(%)	세후수익률	GNP 디플레이터	물가상승률	세후 실질수익률
1970	-	-	42.0	-	-
1971	4.3%	3.01%	44.0	4.76%	-1.75%
1972	4.1%	2.80%	46.5	5.68%	-2.88%
1973	7.0%	4.90%	49.5	6.45%	-1.55%
1974	7.0%	4.90%	54.0	9.09%	-4.19%
1975	5.8%	4.06%	59.3	9.81%	-5.75%
1976	5.0%%	3.50%	63.1	6.41%	-2.91%
1977	5.3%	3.71%	67.3	6.66%	-2.95%
1978	7.2%	5.04%	72.2	7.28%	-2.24%
1979	10.0%	7.00%	78.6	8.86%	-1.86%
1980	11.5%	8.05%	85.7	9.03%	-0.98%

(2) 1971년 1월 1일에 저축한 1,000만원이 12월 31일에 가지는 실질가치를 세후 수익률을 고려하여 계산하라.

해 설

국공채 수익률과 예금금리가 같다고 가정하면 1971년 12월 31일에 측정된 1,000만원의 세후 실질가치는,

1,000만원×[1+4.3%×(1−0.3)−물가상승률]
=1,000만원×(1+세후실질수익률)
=1,000만원×(1−0.0175)≒982.5(만원)

(3) (1)번 문제에서 세후 실질수익률이 음의 값을 갖는 경우를 보았을 것이다. 만약 세후 실질 수익률이 음이라면 국공채를 사거나 은행에 예치하는 것보다 장롱 속에 현금으로 갖고 있는 것이 더 나은가?

해 설

장롱 속의 현금은 명목수익률이 0이다. 명목수익률이 0인 경우의 세후 실질수익률은 (−)물가상승률과 같다. 따라서 이 경우는 명목수익률이 양(+)인 경우에 비해 세후 실질수익률이 반드시 낮게 측정된다(예를 들어 1971년의 경우 국공채의 세후 실질수익률은 −1.75%이지만 장롱 속 현금의 세후 실질수익률은 −4.76%이다). 따라서 다른 특별한 이유가 없다면 장롱 속에 두는 것보다는 국공채에 투자하는 것이 수익률 측면에서 낫다.

07. 어느 기업이 백만 주의 주식을 발행하였으며 한 주당 시장가격은 2만 5천원이다. 기업이 가진 모든 자본스톡의 대체비용은 1천 8백만원이다.

(1) 이 기업이 물적자본에 투자(순투자)를 할 것인가?

해 설

모든 자본스톡의 대체비용이 백팔십억원인 경우 토빈의 q는 다음과 같이 구해진다.

$$q=\frac{\text{설치된 자본의 시장가치}}{\text{설치된 자본의 대체비용}}=\frac{2.5\times 1{,}000{,}000(\text{만원})}{1{,}800{,}000(\text{만원})}\fallingdotseq 1.39$$

기업은 q값이 1보다 크다면 자본스톡의 규모를 증가시킬 것이며, q값이 1보다 작다면 자본스톡의 규모를 감소시킬 것이다. 따라서 이 기업은 물리적 자본에 투자(순투자)를 할 것이다.

(2) 만약 대체비용이 2천 5백만원으로 변한다면 (1)의 답은 변하겠는가?

해설

모든 자본스톡의 대체비용이 백팔십억원인 경우 토빈의 q는 다음과 같이 구해진다.

$$q=\frac{\text{설치된 자본의 시장가치}}{\text{설치된 자본의 대체비용}}=\frac{2.5\times 1{,}000{,}000(\text{만원})}{2{,}500{,}000(\text{만원})}=1$$

이 경우 기업은 최적자본스톡을 달성하였으므로 더 이상 자본스톡을 증가시키거나 감소시킬 이유가 없다. 따라서 이 기업은 물리적 자본에 순투자를 하지 않을 것이다.

08. 최적자본량이 $K^*=g(rc,\ Y^e)=\theta Y^e/rc$로 주어져 있으며 $\theta=0.3$, $Y^e=50$억, $rc=0.12$라 할 때 아래 질문에 답하라.

(1) 최적자본량 K^*는?

해설

주어진 조건하에서 최적자본량 $K^*=\frac{\theta Y^e}{rc}=\frac{0.3}{0.12}\times 50=125(\text{억원})$

(2) Y^e가 60억으로 상승할 것으로 기대된다. 이에 따른 최적자본량 K^*는?

해설

새로운 조건하에서 최적자본량 $K^{**}=\frac{0.3}{0.12}\times 60=150(\text{억원})$

(3) 예상되는 소득수준의 변화가 발생하기 전에 자본량이 최적수준이었다고 하자. 최적투자로의 조정계수 λ가 0.4라고 하자. 예상소득이 변화한 이후의 첫 번째 해의 투자액과 두 번째 해의 투자액을 구하라. (Hint: $I = K_t - K_{t-1} = \lambda\left(K^* - K_{t-1}\right)$)

해 설

$I_t = K_t - K_{t-1} = 0.4\left(K^* - K_{t-1}\right)$이므로

첫 번째 해 $I_1 = 0.4(150 - 125) = 10$

$\Rightarrow K_1 = 125 + 10 = 135$

두 번째 해 $I_2 = 0.4(150 - 135) = 6$

$\Rightarrow K_2 = 135 + 6 = 141$

(4) (3)번 문제의 답이 총투자인지 또는 순투자인지를 구별하라.

해 설

본문에서 살펴본 자본축적방정식에 따르면 $K_t - K_{t-1} = I_t^g - \delta K_t = I_t^n$의 관계가 성립한다. 따라서 (3)에서 구해진 투자는 순투자에 해당한다.

09. 미국은 1950년대에 출생률 급등을 경험하였다. 이 베이비붐 세대 사람들은 1970년대에 성인이 되어 그들의 가정을 꾸리게 되었다. 주택투자모형을 이용하여 위의 사건이 1970년대의 주택가격과 주택투자에 미치는 영향을 예측하라.

해 설

베이비붐세대가 성인이 되어 주택에 대한 수요가 일어날 때 [그림 13−9]에서처럼 주택저량에 대한 수요곡선이 HD_0곡선에서 HD_1곡선으로 이동하여 주택가격은 상승할 것이다. 따라서 이 경우에 주택에 대한 신규투자도 NH_0곡선에서 NH_1곡선으로 증가할 것으로 예상된다.

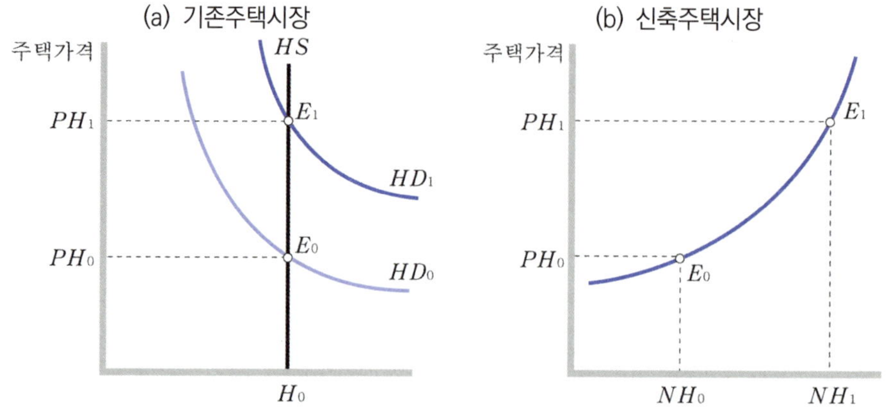

그림 13-9 주택투자 결정모형

10. (2013년 5급 행정고시) 현재 어떤 아파트의 가격이 P_t이다. 어떤 투자자가 은행으로부터 아파트 구입자금 전액을 1년간 차입하여 그 아파트를 구입하고 1년 뒤 이를 시장에 되팔아 은행 부채를 청산한다고 하자. 투자자는 부채 청산을 위해 은행에 원금과 연간 이자율 i_t로 이자를 지불해야 하며 1년 뒤 판매 가격은 P_{t+1}에서 결정된다. 수수료, 세금, 감가상각 등 기타 거래 비용과 보유 비용은 발생하지 않는다고 가정한다.

(1) 위와 같은 방법으로 투자자가 해당 아파트를 1년간 소유할 때 발생하는 투자자의 사용자 비용을 구하라. (단, 사용자 비용은 양(+)의 값이다)

해설

투자자의 사용자 비용(user cost of capital)은 명목이자율 및 감가상각률에서 자본재 가격상승률을 뺀 것과 같다.

투자자의 사용자 비용(명목): $P_t(i_t - \pi_K^e + \delta)$ ········ 식 1

단 $\pi_K^e = \dfrac{P_{t+1}^e - P_t}{P_t}$로서 아파트 가격상승률의 예상치이며 $\delta = 0$이다.

(2) 현재 그 아파트의 전세 가격은 R_t이다. 임차인이 필요한 전세 대금을 전액 은행으로부터 차입하여 지급하고 아파트에 입주하였다. 1년 후 전세 대금을 환급받아 전세 계약을 해지하고 은행 부채를 청산할 경우, 임차인에게 발생하는 비용을 구하라. (단, 연간 이자율은 i_t로 위의 경우와 동일하며 다른 비용은 발생하지 않는다)

해 설

임차인의 비용은 1년간 차입한 전세대금에 대한 이자비용이다.

임차인의 비용(명목): $i_t \times R_t$ ·· 식 2

(3) (1)의 사용자 비용과 (2)의 임차인 비용이 같아지는 수준에서 전세 가격이 결정될 경우, 은행 이자율이 불변인 상태에서 아파트의 가격 상승률이 하락한다면, R_t/P_t의 비율이 어떤 방향으로 변할지 R_t/P_t를 아파트 가격 상승률의 함수로 도출하여 설명하라.

해 설

(1)의 사용자 비용이 (2)의 임차인 비용보다 낮다면 전세보다 자가주거가 유리하며, 반대의 경우 전세가 유리하므로 균형에서는 두 가지 비용이 일치할 것이다. 식 1과 식 2를 정리하면 다음과 같다.

$$P_t(i_t - \pi_K^e) = i_t \times R_t \text{ 또는 } \frac{R_t}{P_t} = 1 - \frac{\pi_K^e}{i_t}$$

다른 조건이 일정할 때 아파트 가격상승률이 하락하면 전세가/매매가비율 R_t/P_t이 상승한다. 만약 $\pi_K^e < 0$이라면 전세가가 매매가를 역전하는 현상이 나타날 수 있다.

Chapter

14 재정과 정부부채

01. 감세 후 같은 액수의 국채를 발행하여 정부지출에 조달하는 경우를 생각해 보자. $IS-LM$ 모형에 따르면 감세는 가처분소득을 증가시키고 소비지출을 증가시킴으로써 IS 곡선은 우측으로 이동한다. 그러나 감세로 가처분소득이 증가하였다고는 하나 감세액 만큼의 국채를 매입하는 데 지출하였으므로 가처분소득의 증가가 곧 소비지출의 증가를 의미하는 것은 아니다. 그렇다면 어떻게 IS곡선이 우측으로 이동하고 감세의 효과가 일어나는 것인가?

해 설

공채로 조달된 감세(debt funded tax cut)가 이루어지는 경우 증가한 가처분소득은 국채를 구입하는 데 사용될 것이다. 그러나 이 경우 국채의 형태로 저축을 보유하게 된 민간은 다른 형태의 저축의 필요성이 감소하기 때문에 기존의 저축을 감소시키고 이를 소비에 사용하게 된다. 이러한 소비증가는 민간이 국채를 기존의 저축을 대체할 수 있는 자산의 일종으로 간주하는 경우에만 나타날 수 있다. 즉 소비의 증가여부는 공채가 순부(net wealth)인지의 여부, 즉 공채의 자산성 여부와 밀접한 관련이 있다. 만약 공채를 순부로 생각하지 않는다면 기존의 저축을 감소시키지 않을 것이므로 소비도 증가할 수 없다.

02. 사회보장제도는 노동자에게 조세를 부과하여 고령자에게 수혜되도록 한다. 국회에서 조세와 사회보장수혜를 모두 증가시켰다고 하자. 단순화를 위해 국회는 이와 같은 조치를 1년 동안만 한시적으로 실시한다고 공포하였다고 하자.

(1) 이러한 공포가 경제 전체의 저축에 미치는 영향을 설명하라.

해 설

편의상 경제전체가 젊은 세대와 나이든 세대로 이루어져 있으며 젊은 세대는 앞으로 30년의 생애를, 나이든 세대는 앞으로 10년간의 생애를 살게 된다고 할 때 소비의 평생소득이론(life cycle theory)에 근거하여 문제에 답해보기로 하자.

평생소득이론에 따를 때, 소비는 평생소득에 의해 결정된다. 이자율을 0으로 가정하였을 때 평생소득이론에서의 소비함수는 다음과 같다.

소비함수: $C=\dfrac{NW+(R-t)YL}{N-t}$

(단, N은 예상수명, t는 현재나이, R은 은퇴시점, NW는 비인적 자산, YL은 근로소득을 의미한다)

이제 젊은 세대가 납부한 조세(T)는 모두 나이든 세대에게 이전지출(B)로 지급된다고 하자. 이 경우 젊은 세대의 소비는 다음과 같다.

젊은 세대의 소비함수: $C=\dfrac{NW+(R-t)YL-T}{30}$

따라서 조세부과 후 소비의 변화 $\Delta C=-\dfrac{T}{30}$가 된다. 반면 나이든 세대의 소비는 다음과 같다.

나이든 세대의 소비함수: $C=\dfrac{NW+(R-t)YL+B}{10}$

따라서 조세부과후 소비의 변화 $\Delta C=\dfrac{8}{10}=\dfrac{T}{10}$가 된다.

정리하면 경제 전체적으로 소비는 $\Delta C=-\dfrac{T}{30}+\dfrac{T}{10}=\dfrac{T}{15}$만큼 증가한다. 이에 의해 경제 전체적인 저축률은 감소한다(이러한 정책이 항구적으로 실시되는 경우에는 소비의 증가폭, 또는 저축의 감소폭이 더욱 커진다).

(2) 여러분의 답변이 세대간 애타심의 존재여부에 따라 어떻게 달라질 수 있는지를 논의해 보라.

해 설

위 문제에서 만약 애타심이 완전하다면, 즉 나이든 세대가 젊은 세대를 자신과 똑같이 여긴다면 사회보장 수혜는 전적으로 유산증가로 이어져 소비에 아무런 변화가 나타나지 않을 것이다. 반면 부분적인 애타심을 가지고 있다면 일부만이 유산증가로 이어질 것이므로 소비가 비교적 소폭으로 증가하게 될 것이다.

03. 조세 대신 차입에 의한 재원조달로 재정지출을 일시적으로 증가시키는 것이 이자율, 투자, 가격수준에 미치는 효과의 차이를 분석하라. 단, 자신이 사용한 가정을 명시하라. (리카도 동등성 정리의 성립 여부에 따라 결과가 달라짐에 유의하라.)

해 설

리카도 동등성 정리란 조세와 공채는 동일한 부담이므로 조세를 공채로 대체하는 정책에 의해 경제에 어떤 실질적인 변화도 나타나지 않는다는 주장을 말한다.

만약 리카도 동등성 정리가 성립하지 않는다면 조세로 재원을 조달하는 경우에 비해

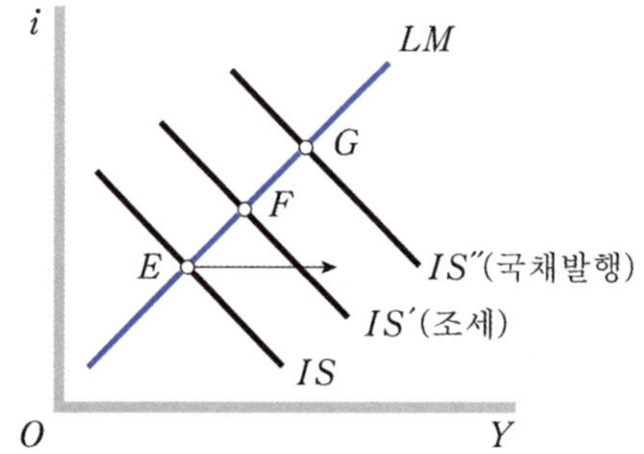

IS': 조세로 조달된 재원에 의한 정부지출의 증가

IS'': 국채발행으로 조달된 재원에 의한 정부지출의 증가

그림 14-3 리카도 동등성 정리와 IS 곡선의 이동

공채로 조달하는 경우에 민간이 더 많은 가처분소득을 갖게 되고 소비도 상대적으로 더 커질 것이다. [그림 14-3]에서 조세로 조달된 경우의 균형이 F점이라면 공채로 조달한 경우에는 이보다 더 큰 소비가 나타나기 때문에 균형이 G점에서 나타날 것이다. 반면 리카도 동등성 정리가 성립한다면 민간은 공채 역시 조세와 동일한 부담이라 느끼고 소비에도 아무런 차이가 없기 때문에 두 경우 모두 F점이 균형점이 된다.

04. 정부지출과 조세 및 정부부채의 규모가 최초 '0'이라고 하자. 1기에 정부가 매년 50억원을 환경보호를 위해 지출하기 시작했다. 정부는 매년 이 프로그램의 재원마련을 위해 채권을 발행하였다. 정부부채 및 재정적자는 경상가격으로 측정되며 다음 식에 따라 변화한다.

$D_t = (1+r)(D_{t-1} + G_t)$

$BD_t = D_t - D_{t-1}$

(단, G는 경상가격으로 측정되며 최초 물가수준은 1이다.)

(1) 이자율이 5%, 물가상승률이 0%일 경우 처음 5년 동안 매년의 정부부채와 재정적자의 실질가치 및 명목가치를 계산하라.

해설

문제에서 주어진 식을 정리하면 다음과 같다.

$D_t = (1+r)D_{t-1} + G_t$ ············ 식 1

$BD_t = D_t - D_{t-1}$ ············ 식 2

$D_0 = 0$임을 감안하면 식 1로부터

$D_t = \sum_{j=0}^{t-1}(1+r)^j G_j$가 유도되며 ············ 식 3

또한 $G_j = \overline{G}$로 일정하다는 가정을 고려하면 식 3으로부터 다음이 성립한다.

기간별 정부부채(명목, 실질): $D_t = \overline{G}\sum_{j=0}^{t-1}(1+r)^j$

기간별 재정적자(명목, 실질): $BD_t = D_t - D_{t-1} = \overline{G}(1+r)^{t-1}$

이 관계식에 $r = 0.05$(명목, 실질), $\overline{G} = 50$(억원)을 대입하여 $t = 1,\ 2,\ \cdots,\ 5$의 경우에 값을 구하면 다음 표와 같다. 인플레이션율이 0이므로 명목가치와 실질가치는 동일하다.

	정부부채(명목)	재정적자(명목)	정부부채(실질)	제정적자(실질)
제1기	50.00	50.00	50.00	50.00
제2기	102.50	52.50	102.50	52.50
제3기	157.63	55.13	157.63	55.13
제4기	215.51	57.88	215.51	57.88
제5기	276.28	60.78	276.28	60.78

(2) 물가가 매년 5% 상승한다고 하자. 명목이자율이 5%로 유지될 경우 처음 5년 동안 매년의 정부부채와 재정적자의 실질가치 및 명목가치를 계산하라.

해 설

$\pi = 0.05$, $i = 0.05$(명목)라면 명목가치는 (1)과 동일하게 되나 실질가치는 다음의 식에 의하여 결정된다(실질가치는 1기의 화폐단위로 측정된 것임).

기간별 정부부채(실질): $d_t = \dfrac{D_t}{(1+\pi)^{t-1}}$

기간별 재정적자(실질): $bd_t = \dfrac{BD_t}{(1+\pi)^{t-1}}$

여기서 유의할 점은 명목부채에 있어 $D_t = D_{t-1} + BD_t$의 관계가 성립하지만, 실질부채에 있어 $d_t = d_{t-1} + bd_t$의 관계는 성립하지 않는다는 점이다.
이러한 불일치가 발생하는 이유는 위 재정적자 측정방식은 인플레이션으로 인해 기존채무의 실질가치가 하락하는 것을 반영하지 않아 재정적자의 실질가치를 과대측정하는 문제가 있기 때문이다.

	정부부채(명목)	재정적자(명목)	정부부채(실질)	제정적자(실질)
제1기	50.00	50.00	50.00	50.00
제2기	102.50	52.50	97.62	50.00
제3기	157.63	55.13	142.97	50.00
제4기	215.51	57.88	186.16	50.00
제5기	276.28	60.78	227.30	50.00

(3) 물가상승률이 5%, 명목이자율이 10.25%인 경우 처음 5년 동안 매년의 정부부채와 재정적자의 실질가치 및 명목가치를 계산하라.

해 설

$\pi = 0.05$, $i = 0.1025$일 때 실질금리는 $1 + r = \dfrac{1+i}{1+\pi} = 0.05$가 된다.

명목가치는 r대신 명목금리 $i = 0.1025$를 대입하여 구한다.

기간별 정부부채(실질): $d_t = \dfrac{1}{(1+\pi)^{t-1}} \sum_{j=0}^{t-1} (1+i)^j \overline{G}$

기간별 재정적자(실질): $bd_t = \left(\dfrac{1+i}{1+\pi}\right)^{t-1} \overline{G} = (1+r)^{t-1} \overline{G}$

	정부부채(명목)	재정적자(명목)	정부부채(실질)	제정적자(실질)
제1기	50.00	50.00	50.00	50.00
제2기	105.13	55.13	100.12	52.50
제3기	165.90	60.78	150.48	55.13
제4기	232.91	67.00	201.19	57.88
제5기	306.78	73.87	252.39	60.78

(4) 실질 정부부채의 경로가 (1), (2), (3)의 문제에 따라 어떻게 달라지는지 설명하라.

해 설

정부부채의 실질가치는 (1) > (3) > (2)의 관계가 성립하며, 재정적자의 실질가치는 (1) = (3) > (2)의 관계가 성립한다.

(5) 문제 (1), (3)에서는 실질 정부부채규모가 같음을 알 수 있다. 그러나 실질 재정적자는 매년 (1)이 (3)보다 높음을 알 수 있다. 높은 재정적자가 높은 정부부채를 야기하지 않는 이유는 무엇인가?

해 설

이러한 차이간 발생한 것은 (3)에서는 부채의 실질가치 증가분이 시간이 지남에 따라 감소하기 때문이다.

(6) (1), (2), (3) 중 어떠한 경우에 물가가 금융시장에서 예견되었다고 할 수 있는가? 그 이유는 무엇인가?

해 설

물가가 금융시장에서 예견된 것은 (3)의 경우이다. 이 경우 물가상승률이 0%에서 5%로 상승함에 따라 명목이자율도 상승하여 실질이자율이 5%로 일정하게 유지된다.

05. 재정적자와 정부부채와의 관계를 설명하라. 국민총생산 대비 정부부채의 변화를 결정하는 요인이 무엇인지를 설명하라. 본원적자에도 불구하고 GDP대비 국가채무가 관리가능하다는 논리적 근거는 어디에서 비롯한 것인가. 설명하라.

해 설

본장의 부록에 따르면 GDP대비 정부부채 비율의 동태적 변화는 다음과 같이 나타낼 수 있다.

$$\frac{D_t}{Y_t} - \frac{D_{t-1}}{Y_{t-1}} \fallingdotseq (r-g)\frac{D_{t-1}}{Y_{t-1}} + \frac{G_t + TR_t - T_t}{Y_t}$$

이 식에는 정부부채비율(Debt to GDP ratio)의 변화를 설명하는 세 가지 요인이 나타나 있다.
첫째는 본원적 재정적자이다. 본원적 재정적자는 다른 조건이 일정할 때 정부부채비율을 증가시키는 요인이 된다.

둘째는 실질이자율(r)이다. 다른 조건이 일정할 때 실질이자율이 상승하면 이자부담으로 인해 정부부채비율을 증가시키는 요인이 된다.
셋째는 경제성장률(g)이다. 다른 조건이 일정할 때 경제성장률이 상승하면 GDP가 빠른 속도로 증가하기 때문에 정부부채비율이 감소하는 요인이 된다.

06. 재정적자와 본원적 재정적자의 차이점을 설명하고 왜 이 두 가지 개념을 구분할 필요가 있는지를 설명하라.

해설

일반적으로 측정되는 재정적자과 본원적 재정적자간에는 다음의 관계가 있다.

재정적자: $BD_t = rD_{t-1} + G_t + TR_t - T_t (= D_t - D_{t-1})$

= 순지급이자 + 본원적 재정적자

(= 정부채무의 변화)

일반적으로 측정되는 재정적자와 본원적 재정적자와의 괴리는 기존 정부채무로 인한 순지급이자이다. 즉 일반적인 재정적자가 주로 기존 정부 채무의 과다정도를 평가할 수 있는 지표가 된다면 본원적 재정적자는 당해연도에 있어 정부 재정정책의 방향을 가늠하는 지표가 된다.

07. 정부와 모든 가계들이 1기와 2기의 두 기간만 존재하며, 각 기간의 정부구매를 G_1과 G_2, 조세수입(정액세)을 T_1과 T_2, 가계소득을 Y_1과 Y_2, 가계소비를 C_1과 C_2 그리고 이자율을 r이라 하자.

(1) 현재(1기) 이 가계가 소득보다도 더 많은 소비를 하고 있다고 하자. 이 가계의 예산제약선과 무차별곡선의 그림을 그리고 소득점과 소비점을 표시하라. 이 그림을 이용하여 이자율이 상승하는 경우 이 가계의 현재 소비에 어떤 영향을 미치는지를 분석하라.

해설

[그림 14-7-1]에서 소득부존점은 Y이고 이자율 상승이전 소비점은 A이다. 이자율이 상승하면 상대가격이 비싸진 현재 소비(C_1)를 감소시키고, 미래 소비(C_2)를 증가시킨다. 이를 대체효과(substitution effect)라고 하며 [그림 14-7-1]의 A에서 B로의 이동으로 나타내어진다. 반면 이자율 상승으로 인해 차입자의 실질소득이 감소하면 두 기간의 소비가 모두 정상재(normal goods)라는 가정하에 두 기간의 소비는 모두 감소한다. 이를 소득효과(income effect)라고 [그림 14-7-1]의 B에서 C로의 이동으로 나타내어진다. 결과적으로 현재 소비는 반드시 감소하며, 미래 소비는 대체효과가 더 크다면 증가, 소득효과가 더 크다면 감소한다.

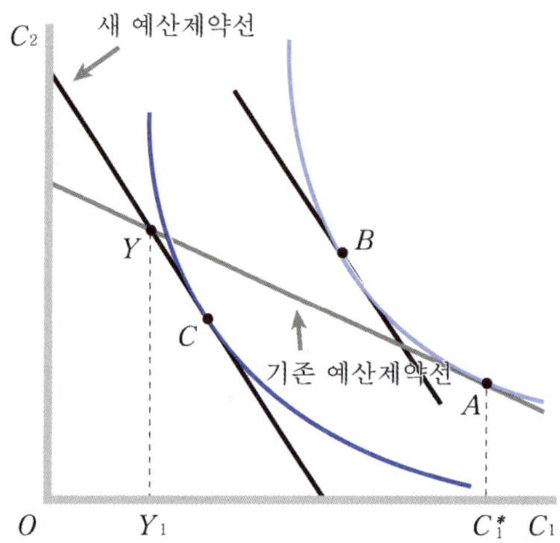

그림 14-7-1 이자율 상승의 효과: 차입자의 경우

(2) 정부가 1기의 정부구매를 증가시킨다고 하자. 리카도 동등성이 성립되는 경우 정부구매 증가 발표가 가계의 현재 소비에 어떤 영향을 미칠 것인지를 설명하되 반드시 예산제약식을 제시하라. 이 경우 1기에 있어서 경제 전체의 총생산에는 어떤 영향을 미칠까? 단 현재 이 경제는 잠재생산량보다 낮은 수준의 생산을 하고 있다고 가정하라.

해설

본 문제에서 민간의 예산제약, 정부의 예산제약, 통합된 예산제약은 각각 다음과 같다.

$$\text{민간의 예산제약: } C_1 + \frac{C_2}{1+r} = Y_1 - T_1 + \frac{Y_2 - T_2}{1+r}$$
$$= Y_1 + \frac{Y_2}{1+r} - \left(T_1 + \frac{T_2}{1+r}\right)$$

$$\text{정부의 예산제약: } C_1 + \frac{G_2}{1+r} = T_1 + \frac{T_2}{1+r}$$

$$\text{통합된 민간의 예산제약: } C_1 + \frac{C_2}{1+r} = Y_1 + \frac{Y_2}{1+r} - \left(G_1 + \frac{G_2}{1+r}\right)$$

우선 Y_1, Y_2가 불변인 경우를 생각해 보자. 정부가 1기에 정부구매를 증가시키면 소비자의 평생부가 감소한다. 따라서 예산선이 축소되고 소비자는 두 기간의 소비를 모두 감소시킬 것이다. 이는 [그림 14-7-2]의 A에서 A'로의 이동으로 나타내어진다(단 문제에서 조세를 어느 시점에 거둘지 밝히지는 않았기 때문에 소득부존점을 정확히 나타낼 수는 없다. 그러나 어느 시점에 조세를 거두는지와 무관히 예산선은 동일한 폭으로 이동한다. 이것이 리카도 등가가 의미하는 바이다).

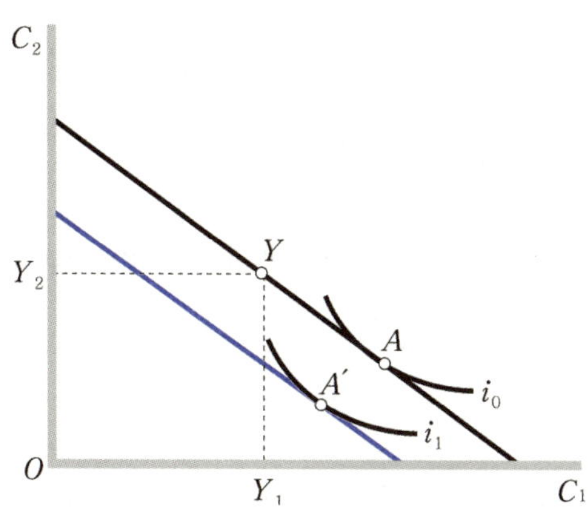

그림 14-7-2 정부구매 증가의 효과

이제 Y_1, Y_2가 변할 수 있다고 하자. 다른 조건이 일정할 때 평생부가 감소했다고 느낀 노동자들은 여가를 포기하고 노동공급을 증가시킬 것이다. 따라서 균형고용량 및 GDP는 증가한다. 이러한 효과를 고려하면 앞서 살펴본 소비감소효과는 일부 상쇄된다.

08. (2016년 5급 행정고시) 기간1과 기간 2의 두 기간에 걸친 정부의 예산제약식이 다음과 같이 주어졌다.

$$T_1 + \frac{T_2}{(1+r)} = G_1 + \frac{G_2}{(1+r)}$$

기간 1과 기간 2에서 정부구매에는 변화가 없는 상태에서 정부가 기간 1의 조세만 ΔT_1 만큼 삭감하였다고 가정하자. 단, T_1과 G_1은 기간 1에서의 정부의 조세와 지출, T_2와 G_2는 기간 2에서의 정부의 조세와 지출, r은 이자율을 나타낸다. 다음 물음에 답하시오.

(1) 정부가 예산제약을 지키는 경우 기간 2에서 조세 ΔT_2는 어떻게 변해야 하는가?

해 설

정부지출이 변화가 없으므로 예산선에서 우변이 일정하다. 따라서 다음의 조건이 성립해야 한다.

$$T_1 + \frac{T_2}{(1+r)} = (T_1 + \Delta T_1) + \frac{T_2 + \Delta T_2}{(1+r)} \qquad \text{단 } \Delta T_1 < 0,\ \Delta T_2 > 0$$

위 식을 정리하면 $\Delta T_2 = -(1+r)\Delta T_1$이 된다. 즉 기간 1에 조세를 삭감하는 경우 기간 2에는 이의 원리금 합계에 해당하는 만큼 조세 증가가 이루어져야 한다.

(2) 리카도의 동등성정리(Ricardian equivalence theorem)가 성립한다고 할 때, 소비자의 저축은 어떻게 변화하는가?

해 설

기간 1에 감세가 이루어지는 경우 기간 1의 가처분소득($Y-T$)는 증가한다. 그러나 기간 2에 동일한 현재가치를 갖는 조세증가가 이루어지므로 민간 평생부의 현재가치는 변하지 않는다. 따라서 민간소비에 아무런 영향을 미치지 않기 때문에 민간저축은 정확히 $-\Delta T_1$의 크기만큼 증가한다. 이를 나타내면 [그림 14-8-1]과 같다. 감세이전 소비자 예산선은 초기부존점 I_1을 지나며 기울기 $-(1+r)$의 직선이다. 이 경우 최적소비점은 E점이며 민간저축은 가처분소득과 소비의 차이 $S_1 = Y_1 - T_1 - C_1^*$이 된다. 감세정책이 실시되면 1기 가처분소득은 $-\Delta T_1$만큼 증가하며, 2기 가처분소득은 ΔT_2만큼 감소한다. 그러나 민간 평생부와 이자율은 변하지 않으므로 이러한 변화는 예산선의 형태를 변화시키지 못하며 단지 초기부존점을 I_1에서 I_2로 이동시킨다. 이러한 경우 소비자의 최적소비는 E점으로 변화가 없다. 대신 가처분소득은 증가하였으므로 새로운 민간저축은 $S_1{}' = Y_1 - T_1 - \Delta T_1 - C_1^*$이 된다. 즉 민간저축은 정확히 $-\Delta T_1$의 크기만큼 증가함을 알 수 있다.

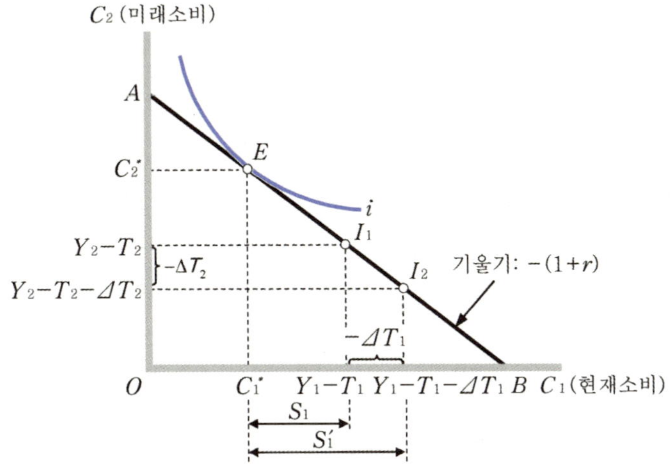

그림 14-8-1 리카도 동등성정리가 성립하는 경우

09. (2022년 행정고시) 정부부채와 재정수지는 다음의 관계를 충족한다.

$$G + rB_{-1} = T + (B - B_{-1})$$

B, G, T, r은 실질정부부채, 실질정부지출, 실질조세수입 및 실질이자율이다. 실질국내총생산의 증가율과 실질이자율은 일정하다. 다음의 물음에 답하시오.

(Hint: $B = (1+r)B_{-1} + (G - T) - S$, $S = \dfrac{\Delta M}{P}$)

(1) 실질국내총생산 대비 실질정부부채 비율$\left(\dfrac{B}{Y}\right)$이 일정하기 위한 조건을 구하라.

해 설

주어진 정부예산제약식을 정리하면 다음과 같다.

$$B - B_{-1} = rB_{-1} + (G - T) \quad \text{식 1}$$

식 1의 좌변은 실질정부부채의 변화이며 우변의 첫 번째 항은 실질이자지급액, 두 번째 항은 본원적 재정적자(primary budget deficit)이다. 식 1의 양변을 실질국내총생산 Y로 나누고 정리하면 다음과 같다(정리과정은 본장의 부록 참고).

$$\frac{B}{Y} - \frac{B_{-1}}{Y_{-1}} \fallingdotseq (r-g)\frac{B_{-1}}{Y_{-1}} + \frac{G-T}{Y} \quad \text{식 2}$$

식 2에서 우변의 첫 번째 항은 과거 누적된 정부부채 및 주어진 경제여건에 의해 결정되어 누적되는 부분이므로 자동적 정부부채동학(automatic government debt dynamics) 요인 또는 스노우볼 효과(snowball effect)라고 한다. 우변의 두 번째 항은 당해연도 본원적 재정적자가 실질부채비율에 미치는 영향을 나타낸다.

실질정부부채 비율이 일정하기 위해서는 식 2의 우변이 0이 되면 된다. 즉 자동적 정부부채동학요인과 당해연도의 본원적 재정적자요인이 서로 상쇄된다면 실질정부부채 비율이 일정하게 유지된다. 예를 들어 본원적 재정수지가 균형이고 $r = g$이면 실질정부부채비율이 일정하게 유지된다. 뿐만 아니라 본원적 재정적자가 양(+)이라도 $r < g$이거나, 본원적 재정적자가 음(−)이라도 $r > g$이면 실질정부부채비율이 일정할 수 있다.

(2) 중앙은행의 통화증발을 통한 정부부채의 화폐화(monetization of government debt)가 가능한 경우, 실질국내총생산 대비 실질정부부채 비율이 일정하기 위한 조건은 (1)과 비교하여 어떻게 달라지는지 답하고, 그 의미를 설명하라.

해 설

이 경우 통화증발이라는 새로운 재원조달수단이 생긴 셈이므로 정부예산제약식은 다음과 같이 수정된다.

$$G + rB_{-1} = T + (B - B_{-1}) + \frac{\Delta M}{P} \quad \text{식 3}$$

식 3에서 P는 물가수준이며 M은 명목통화량을 의미한다. 식 3의 마지막 항은 정부가 신규로 화폐를 발행하여 얻는 수입을 의미하는데 이를 실질 화폐발행차익(real seigniorage)이라고 한다.

식 3을 정리하면 다음과 같다.

$$B-B_{-1}=rB_{-1}+(G-T)-\frac{\Delta M}{P} \quad \text{식 4}$$

식 4와 식 1을 비교하면 마지막 항만 다르다. 이 식이 의미하는 바는 만약 통화증발을 통한 정부재원조달이 가능하다면 이것이 정부부채비율의 상승을 막아줄 수 있다는 것이다. 동일한 방식으로 식을 정리하면 다음과 같은 결과를 얻는다.

$$\frac{B}{Y}-\frac{B_{-1}}{Y_{-1}} \fallingdotseq (r-g)\frac{B_{-1}}{Y_{-1}}+\frac{G-T}{Y}-\frac{1}{Y}\frac{\Delta M}{P} \quad \text{식 5}$$

실질정부부채 일정하기 위해서는 식 5의 우변이 0이 되면 된다. 즉 자동적 정부부채동학요인, 당해연도의 본원적 재정적자요인, 통화증발요인이 상쇄된다면 실질정부부채 비율이 일정하게 유지된다. 예를 들어 $r>g$이고 본원적 재정적자가 양(+)이라도 통화증발이 이루어진다면 실질정부부채 비율은 일정할 수 있다.

(3) (1)과 (2)의 결과를 이용하여 정부부채의 증가가 인플레이션의 원인이 될 수 있다는 주장에 대해 논하라.

해 설

대부분의 국가에서 정부지출증가 및 정부부채증가에는 제약이 있다. 이는 제도적인 제약일 수도 있고 민간의 공채구입능력 제한에 의해 발생하는 제약일 수도 있다.
만약 정부부채비율이 낮다면 통화증발의 필요성도 없을 것이다. 그러나 정부부채비율이 일정수준을 넘는 경우 통화증발이 불가능하다면 정부는 재정을 긴축적으로 운영할 것이나, 통화증발이 가능하다면 방만한 재정을 유지하며 정부부채를 화폐화할 유인을 느끼게 될 것이다.

식 3의 마지막 항 즉 실질 화폐발행차익부분을 다음과 같이 변형해보자.

$$\text{실질 화폐발행차익 : } \frac{\Delta M}{P} = \frac{\Delta M}{M}\frac{M}{P} \quad \text{식 6}$$

식 6에서 $\frac{\Delta M}{M}$는 통화증가율로서 만약 화폐수량설이 성립한다면 인플레이션율과 같아진다. 또한 $\frac{M}{P}$는 실질통화량 또는 실질잔고이다. 이렇게 보면 실질 화폐발행차익은 실질잔고를 세원으로, 인플레이션율을 세율로 하는 암묵적 조세의 의미를 가진다고 볼 수 있다. 이러한 의미에서 화폐발행차익을 인플레이션조세(inflation tax)라고 부르기도 한다. 화폐시장 균형식에 피셔방정식을 대입하면 다음과 같다.

$$\frac{M}{P} = L(Y, r+\pi^e) \Rightarrow P = \frac{M}{L(Y, r+\pi^e)} \quad \text{식 7}$$

정부부채가 누적된 상태에서 정부가 통화증발을 하는 경우를 생각해보자. 통화증발은 직접적으로 식 7의 분자를 상승시켜 물가를 상승시킨다. 그런데 정부부채가 누적된 상태에서 통화증발이 이루어진 것을 민간이 인식하면 기대인플레이션율이 상승할 것이다. 이는 식 7의 분모를 감소시키고 이는 다시 물가를 상승시킨다. 실질잔고의 감소는 식 6에서 세원의 감소를 의미하므로 정부가 동일한 실질화폐발행차익을 얻기 위해서는 통화증가율을 인상시켜야 한다. 이러한 과정이 반복되면서 인플레이션율은 급속도로 치솟게 되며 심각한 경우 초인플레이션(hyper inflation)으로 이어질 수 있다. 프리드먼이 말한 것처럼 인플레이션은 화폐적 현상(monetary phenomenon)이지만, 때로는 재정적 현상(fiscal phenomenon)이기도 하다.

10. 제5장 [그림 5-1]에서 리카도 동등성 정리가 성립할 때 정부지출을 일정하게 유지하면서 조세를 감면할 경우 대외수지와 투자에 미치는 영향은 무엇인가?

해설

정부지출이 불변일 때 조세를 감면하면 정부저축은 감소하지만 동일한 크기로 민간저축이 증가하여 $NS-I$곡선이 이동하지 않는다. 따라서 대외수지와 투자에도 아무런 변화가 생기지 않는다.

Chapter 15

화폐수요와 공급

01. 통화안정증권은 한국은행이 원리금 지급의무를 지고 발행하는 한국은행의 부채다. 통화안정증권을 발행하는 경우 어떻게 본원통화를 감소시키게 되는지를 한국은행의 대차대조표를 이용하여 설명하라.

해 설

본문에 소개된 중앙은행의 대차대조표에 통화안정증권을 포함하면 다음과 같다.

자산	부채와 자본
국내자산 • 유가증권 • 대정부대출 • 재할인대출	국내부채 • 화폐발행 • 지준예치금 • 통화안정증권
해외자산	해외부채

일반적으로 중앙은행의 부채인 통화안정증권을 발행하면 시중은행들이 인수하게 되고 이때 이들 은행의 지준예치금 잔액이 동일한 크기만큼 감소하게 된다. 지준예치금은 화폐발행액과 함께 본원통화를 구성하므로 결과적으로 통화안정증권을 발행하면 본원통화가 감소한다(즉 중앙은행의 자산에는 영향이 없고 부채의 구성요인이 바뀜). 만약 은행이 통화안정증권의 인수대금을 현금으로 지급한다면 시재금이 감소하면서 본원통화를 구성하는 화폐발행액이 감소한다. 만약 통화안정증권을 민간이 인수하게 되면 현금통화가 감소하면서 본원통화를 구성하는 화폐발행액이 감소한다.

02. 민간의 현금통화비율이 0.3이고, 총지급준비율이 0.45라고 한다면 1단위의 본원통화의 증가는 통화량을 몇 단위 증가시키는가?

해 설

1단위 본원통화 증가시 통화량의 증가를 측정하는 값이 통화승수이다. 본문에 소개된 통화승수에 주어진 값들을 대입하면 다음과 같다.

통화승수: $m = \dfrac{1}{c + (1+c)(r_D + r_E)} \fallingdotseq 1.63$

03. 총통화($M2$)에 대한 통화승수를 구해보자. 총통화에는 현금(C)과 요구불예금(D)에 저축성예금(T)이 추가된다. 요구불예금과 저축성예금에 대한 지급준비율이 각각 r_D와 r_T이고, 초과지급준비율은 요구불예금과 저축성예금에 있어서 모두 r_E이며, 총통화 중 현금과 저축성예금의 비중이 각각 c와 t라 할 때 총통화에 대한 통화승수를 도출해 보라.

해 설

주어진 문제에서 통화량은 유통중인 현금(C)과 요구불예금(D), 저축성예금(T)의 합이 된다.

통화량: $M = C + D + T$

본원통화(B)에 대한 공급과 수요의 균형조건을 나타내면 다음과 같다.

본원통화: $B = C + (r_D + r_E) \times D + (r_T + r_E) \times T$

또한 현금, 요구불예금, 저축성예금은 다음과 같이 나타낼 수 있다.

현 금: $C = c \times M$
요구불예금: $D = (1 - c - t) \times M$
저축성예금: $T = t \times M$

위 식들을 본원통화에 대한 균형조건에 대입하면 다음 식이 도출된다.

$$B = c \times M + (r_D + r_E)(1-c-t) \times M + (r_T + r_E)t \times M$$
$$= [c + (r_D + r_E)(1-c-t) + (r_T + r_E)t] \times M$$

양변을 M으로 나누고 역수를 취하면 다음의 통화승수가 도출된다.

$$\text{통화승수: } m = \frac{M}{B} = \frac{1}{c + (r_D + r_E)(1-c-t) + (r_T + r_E)t}$$

04. 화폐공급량이 이자율이 증가함수로 표현될 수 있는 이유를 설명하라.

해설

본문에 소개된 통화공급방정식은 다음과 같다.

$$\text{통화공급방정식: } M = \frac{1}{c + (1-c)(r_D + r_E)} \times B$$

이 식에서 현금비율(c)이 상승하거나 지급준비율($r_D + r_E$)이 상승하면 신용창조과정이 제한되면서 통화량이 감소한다.

이자율이 상승하면 민간이 현금을 보유하는 기회비용이 상승하기 때문에 현금비율(c)이 하락할 것이다. 또한 이자율이 상승하면 은행이 지급준비금을 보유하는 기회비용이 상승하기 때문에 초과지급준비율(r_E)이 하락할 것이다. 이처럼 현금비율(c)이나 초과지급준비율(r_E)이 하락하면 추가적인 신용창조가 이루어지면서 통화량이 증가한다. 이를 고려하면 이자율이 통화량에 대한 증가함수가 되며 이는 이자율-통화량 평면에서 우상향하는 통화공급곡선으로 나타낼 수 있다.

05. 화폐의 유통속도를 $V = PY/M$으로 정의할 때 화폐유통속도가 매년 일정하다면 중앙은행은 그 해의 물가상승률 예측치와 경제성장률 목표를 감안하여 통화량의 증가율을 결정할 수 있다.

(1) 올해 물가상승률이 5%로 예측되고 경제성장률 목표가 2%일 때, 올해 통화량을 얼마나 증가시키면 될 것인가?

해 설

화폐유통속도가 일정하다는 점을 고려하여 교환방정식 $MV = PY$를 변형하면 다음 식이 도출된다.

변형된 교환방정식: $\frac{\Delta M}{M} = \frac{\Delta P}{P} + \frac{\Delta Y}{Y}$

이 경우 목표하는 물가상승률과 경제성장률을 대입하면 필요 통화증가율을 구할 수 있다.

필요 통화증가율: $7\% = 5\% + 2\%$

(2) 화폐수요가 다음과 같이 표현된다고 하자.

$M/P = kY - hi$

화폐유통속도를 도출하라. V는 무엇에 의존하는가?

해 설

주어진 화폐수요함수를 화폐유통속도의 정의식에 대입하면 다음과 같다.

화폐유통속도: $V = \frac{PY}{M} = \frac{Y}{M/P} = \frac{Y}{kY - hi}$

이 식에서 화폐유통속도는 소득과 이자율에 모두 영향을 받는다.

(3) 경제에서의 어떤 변화가 V에 영향을 줄 수 있는가? $h > 0$인 경우와 $h = 0$인 경우를 모두 생각해 보자.

해 설

$h=0$인 경우에는 $V=\frac{1}{k}$이 된다. 이 경우 화폐유통속도는 소득 및 이자율에 영향을 받지 않는 고정된 상수가 된다. 반면 $h>0$인 경우에는 화폐유통속도는 소득 및 이자율에 모두 영향을 받는다.

(4) 위에서 설명한 중앙은행의 통화증가율 결정방법은 화폐수요가 이자율에 민감하지 않을 때만 유용함을 설명하라.

해 설

(1)에서의 통화증가율 결정방식은 화폐유통속도가 고정인 경우에만 타당하다. 화폐유통속도가 소득 및 이자율에 영향을 받지 않기 위해서는 $h=0$이 성립해야 한다.

06. 아래와 같은 변화가 발생할 경우 $M1$과 $M2$에 각각 어떤 변화를 가져올 것인지를 평가하라. 각 변화와 관련된 화폐의 기능은 무엇인가?

4번 문제에 설명된 통화공급방정식에 대한 내용을 참고하면 다음 답을 얻을 수 있다.

(1) 은행에 24시간 예금을 찾을 수 있는 현금지급기가 생겼을 경우

해 설

현금비율(c)하락, $M1$ 증가, $M2$ 증가, 교환의 매개수단

(2) 당신의 거래은행이 입출금 담당 은행원을 고용한 경우

해 설

현금비율(c)하락, $M1$ 증가, $M2$ 증가, 교환의 매개수단

(3) 예상물가상승률이 증가할 경우

해설

현금비율(c)하락, $M1$ 증가, $M2$ 증가, 가치저장수단

(4) 신용카드가 널리 이용될 경우

해설

현금비율(c)하락, $M1$ 증가, $M2$ 증가, 교환의 매개수단

(5) 정부가 갑작스런 붕괴 위험에 처할 경우

해설

위험증가로 인한 현금비율(c)과 초과지급준비율(r)상승, $M1$ 감소, $M2$ 감소, 모든 기능

(6) 정기예금의 이자율이 증가할 경우

해설

저축성예금비율(t)상승, $M1$ 불변, $M2$ 증가, 가치저장수단
(단, $r_D > r_T$를 가정한다)

07. 자산선택이론에 근거한 토빈의 화폐수요함수를 상정하고, 이자율 상승에 따른 채권수익률의 증가가 채권에 대한 수요와 현금에 대한 수요에 미칠 영향을 그림으로 설명하라.

해 설

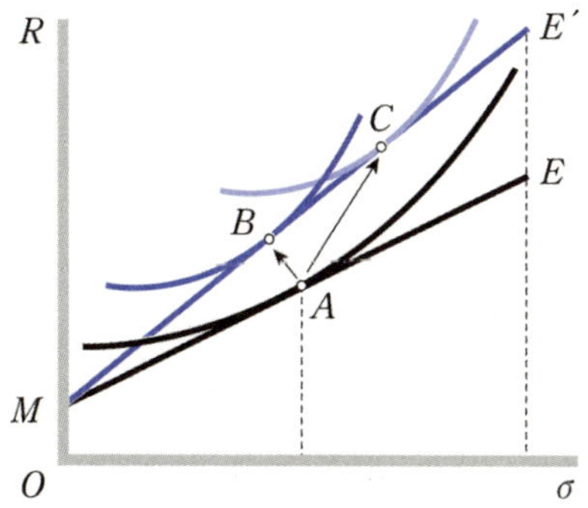

그림 15-7 채권수익률 상승의 효과

토빈의 자산선택모형에서 사람들은 자신의 부(자산)와 위험에 대한 태도에 따라 화폐와 채권의 보유비율을 결정하게 된다. [그림 15−7]의 M점이 화폐의 수익률 및 위험을, E점이 채권의 수익률 및 위험을 나타낸다고 하자. 이때 대표적인 소비자가 현재 A를 선택하고 있다고 할 때 $\frac{MA}{ME}$는 위험자산인 채권보유비율이 되고, $\frac{MA}{ME}$는 안전자산인 화폐보유비율이 된다. 이때 채권수익률이 상승하면 예산선이 ME곡선에서 ME'곡선으로 회전이동한다.

이 경우 화폐보유에 영향을 미치는 두 가지 효과가 나타난다. 먼저 대체효과는 위험부담에 대한 보상을 증가시켜 화폐보유비율을 감소시키고 채권보유비율을 증가시키는 방향(우상방)으로 작용한다. 반면 소득효과는 상대적으로 부유해진 투자자가 위험보유를 줄이는 방향(좌상방)으로 작용하므로 화폐수요를 증가시키게 될 것이다. 이러한 상반된 효과 중 소득효과가 크다면 B점의 경우처럼 화폐보유는 증가할 것이며 대체효과가 크다면 C점의 경우처럼 화폐보유는 감소할 것이다. 이 중 어떤 경우가 나타날지는 명확하지 않으나 대체로 이자율이 상승하면 채권을 더 많이 보유하는 것이 일반적임을 고려하면 현실적으로 대체효과가 더 크게 작용하는 것으로 판단할 수 있다.

참고사항

그렇다면 채권의 위험도가 상승하는 경우 포트폴리오에서 채권과 현금 중 채권이 차지하는 비율에 어떤 영향을 미칠까? 채권의 위험도 상승시 대체효과와 소득효과가 모두 위험자산의 비율을 줄이는 방향으로 작용하므로 포트폴리오에서 채권이 차지하는 비중은 분명이 낮아진다. 단 위험자산의 비율은 감소하지만 위험자산의 위험도가 높아지므로 투자자가 부담해야 하는 위험의 절대적인 크기는 증가할 수도 있고 감소할 수도 있다.

08. 우리나라는 1993년 8월 12일부터 '금융실명거래 및 비밀보장에 관한 긴급명령'에 의해 금융실명제를 전격적으로 시행하였다. 정부는 1993년 8월과 9월 사이 통화공급을 대폭 증가시켰다. 그러면서 정부는 '통화를 공급해도 물가가 오르지 않는다'고 주장하며 국민을 안심시켰는데, 정부의 이러한 주장은 어떤 근거를 갖고 있는지 설명하라.

해 설

금융실명제는 민간의 화폐수요를 급격히 증가시키는 요인이 된다. 이러한 화폐수요의 급증은 화폐유통속도가 급격히 감소함을 의미한다.

교환방정식: $MV = PY$

교환방정식에서 통화량이 일정할 때 V가 급격히 하락하면 좌변이 감소하기 때문에 우변에서의 물가 또는 소득이 감소하며 경기후퇴를 유발할 수 있다. 따라서 이러한 경우에 M을 증가시켜 대응한 정부의 대응은 적절했다고 본다. 왜냐하면 M을 시키더라도 좌변이 증가하지 않으므로 우변의 물가에 큰 영향을 미치지 않고 원치 않는 경기후퇴가 발생하는 것도 막을 수 있기 때문이다.

09. 어떤 사람이 매달 160만원을 벌어서 균등하게 지출한다고 하자. 저축예금으로부터의 이자율은 매달 0.5%이고, 저축예금 인출시의 거래비용이 매회 1,000원이라고 하자.

(1) 전체 현금관리비용을을 최소화하는 인출횟수를 결정하라. 단 인출횟수는 정수여야 한다.

해 설

보몰의 최적현금 재고관리모형에 따라 거래비용과 기회비용의 합을 최소화하는 소비자의 최적화문제는 다음과 같다.

$$\min C = nP\gamma + \frac{PY}{2n}i$$

1계조건 $\frac{dC}{dn} = P\gamma - \frac{PY}{2n^2}i = 0$에서 정리하면 $n^* = \sqrt{\frac{iY}{2\gamma}}$이 된다.

이 식에 주어진 값들을 대입하면 최적 방문횟수를 구할 수 있다.

최적방문횟수: $n^* = \sqrt{\frac{0.005 \times 160}{2 \times 0.1}} = 2$(회)

(2) 개인의 평균 현금잔고는 얼마인가?

해 설

은행방문회수가 n회일 때 개인의 평균 현금잔고는 $M^d = \frac{PY}{2n}$이다. 이 식에 (1)의 결과를 대입하면,

평균 현금잔고: $M^d = \frac{160}{2 \times 2} = 40$(만원)

(3) 월급이 180만원으로 증가하면 개인의 화폐수요는 몇 % 변화하는가?

해 설

$M^d = \frac{PY}{2n}$의 식에 $n^* = \sqrt{\frac{iY}{2\gamma}}$를 대입하면 화폐수요함수 $\left(\frac{M}{P}\right)^d = \sqrt{\frac{\gamma Y}{2i}} = L(Y, i)$를 구할 수 있다. 분석의 편의를 위해 인출횟수가 정수여야 한다는 제약은 없다고 하자. 이때 화폐수요의 소득탄력성은 다음과 같이 정의된다.

화폐수요의 소득탄력성$= \frac{\text{화폐수요의변화율}}{\text{소득의변화율}}$ 또는 $\varepsilon = \frac{dL}{dY}\frac{Y}{L}$

위 식을 변형하면 다음의 관계식을 얻는다.

화폐수요의 변화율=화폐수요의 소득탄력성×소득의 변화율

우선 화폐수요의 소득탄력성을 구하면,

$\varepsilon = \frac{dL}{dY}\frac{Y}{L} = \left(\frac{1}{2}\times\sqrt{\frac{\gamma}{2iY}}\right)\times\frac{Y}{\sqrt{\frac{Yr}{2i}}} = \frac{1}{2}$이 된다. 그리고 160만원에서 180만원까지의 소득변화율은 12.5%이므로 정리하면 다음과 같은 결과를 얻는다.

$$화폐수요의\ 변화율 = \frac{1}{2}\times 12.5\% = 6.25\%$$

(단 이 문제에서 소득의 증가는 실질소득의 증가를 반영하는 것으로 가정하였다. 만약 소득의 증가가 물가상승에서 비롯한 것이라면 실질화폐수요는 불변이며 명목화폐수요는 소득의 증가와 동일한 비율로 증가한다.)

10. (2014년 5급 행정고시) 투자자 A는 확정수익률 6%인 무위험자산(risk-free asset)과 기대수익률 9%, 표준편차 3%인 위험자산(risk asset)으로 구성된 시장포트폴리오에 전 재산을 투자한다. 투자자 A가 보유하고 있는 전 재산은 1이고, 이 중 위험자산에 x만큼 투자할 때, 다음 물음에 답하라.

(1) A가 보유한 시장포트폴리오의 기대수익률(r_P)과 표준편차(σ_P) 간의 관계식을 도출하고, 그래프를 활용하여 위험성의 가격(price of risk)을 설명하라. (단, 그래프의 수직축은 기대수익률(r_P), 수평축은 표준편차(σ_P)로 표시한다)

해설

기대수익률: $r_p = x\times 0.09 + (1-x)\times 0.06 = 0.06 + 0.03x$ ································ 식 1

표준편차: $\sigma_p = x\times 0.03$ ·· 식 2

위 식들을 정리하면 다음의 관계식을 얻는다. 이는 [그림 15－10－1]의 선분 AB로 나타낼 수 있다.

예산제약식: $r_p = 0.06 + \sigma_p$ ·· 식 3

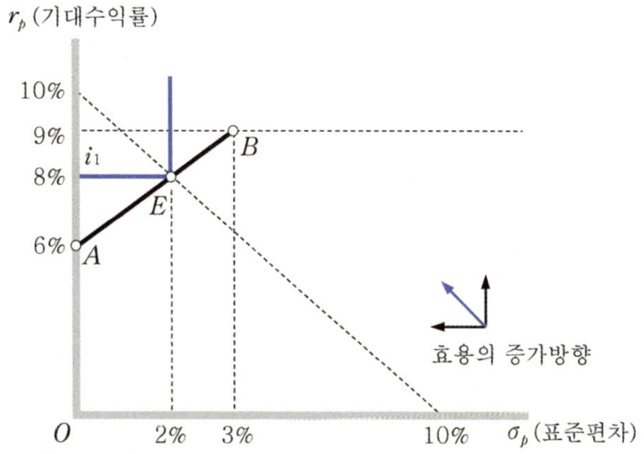

그림 15-10-1 투자자의 최적선택

[그림 15－10－1]에서 선분 AB의 기울기는 1이 되는데 이를 위험성의 가격(price of risk)라고 부를 수 있다. 위 관계식에서 포트폴리오의 위험성(표준편차)이 한 단위 커지면 이에 대한 보상으로 수익성은 기울기에 해당하는 크기만큼 커지게 된다. 즉 증가한 수익률은 투자자가 추가로 위험을 부담한 것에 대한 보상으로 볼 수 있다(위험성의 가격을 샤프비율(The Sharp ratio)이라고도 한다).

(2) A의 효용함수가 다음과 같이 주어졌을 때, 효용함수의 특성을 설명하고 시장 포트폴리오의 최적 기대수익률(r_P)과 표준편차(σ_P)를 구하라.

A의 효용함수: $u(r_P,\ \sigma_P) = \min(r_P,\ B - \sigma_P),\ B = 10\%$

해 설

주어진 효용함수의 특징은 다음과 같다. 첫째, $r_p > 10\% - \sigma_p$인 경우 σ_p가 증가할수록 u가 감소한다. 즉 A는 위험기피자이다. 둘째, A는 수익률의 증가(r_p)와 위험의 감소($10\% - \sigma_p$)를 완전보완재(perfect complement)로 느낀다. 즉 A는 항상 $r_p = 10\% - \sigma_p$가 성립시키려 한다. 셋째, A의 무차별곡선을 기대수익률(r_p)과 표준편차(σ_p)를 축으로 하는 평면에 나타내면 [그림 15－10－1]의 i_1과 같이 L자를 좌우로 뒤집은 모습이 된다.

주어진 효용함수에서 최적소비조건은 $r_p = 0.1 - \sigma_p$이므로 이를 제약식에 대입하면 $r_p^* = 0.08$, $\sigma_p^* = 0.02$이 된다. 이는 [그림 15−10−1]의 E점에 해당한다.

(3) A가 효용을 극대화하기 위해 전 재산의 얼마만큼을 위험자산에 투자할지를 구하라.

해설

식 1에 최적수익률을 대입하면 $r_p = x \times 0.09 + (1-x) \times 0.06 = 0.06 + 0.03x = 0.08$이다. 이 식에서 $x^* = 2/3$이다. 즉 A가 효용을 극대화하기 위해서 전 재산의 2/3를 위험자산에 투자해야 한다. 이는 [그림 15−10−1]에서 $\frac{AE}{AB}$의 비율과 일치한다.

11. (2018년 5급 행정고시) 아래 표와 같은 보상이 제공되는 두 개의 금융상품 R과 F가 있다. A의 효용함수는 화폐금액 W에 대하여 $U(W) = \sqrt{W}$이며, 폰 노이만-모르겐슈턴 기대효용(von Neumann-Morgenstern expected utility)체계를 따른다고 한다. 다음 질문에 답하라.

경기상황	확률	R	F
호황	1/2	100	50
불황	1/2	0	50

(1) 금융상품 R과 F의 기대보상금액, 보상금액의 표준편차, 그리고 이 금융상품들로부터 누리게 되는 A의 기대효용을 각각 계산하라.

해설

우선 금융상품 r의 경우를 구하면 다음과 같다.

기대보상금액 : $E(W) = \frac{1}{2} \times 100 + \frac{1}{2} \times 0 = 50$

보상금액의 분산 : $\sigma^2 = \frac{1}{2} \times (100-50)^2 + \frac{1}{2} \times (0-50)^2 = 2500$

보상금액의 표준편차 : $\sigma = \sqrt{2500} = 50$

기대효용 : $EU(W)=\frac{1}{2}\times\sqrt{100}+\frac{1}{2}\times\sqrt{0}=5$

금융상품 F의 경우는 다음과 같다.

기대보상금액 : $E(W)=\frac{1}{2}\times 50+\frac{1}{2}\times 50=50$

보상금액의 분산 : $\sigma^2=\frac{1}{2}\times(50-50)^2+\frac{1}{2}\times(50-50)^2=0$

보상금액의 표준편차 : $\sigma=0$

기대효용 : $EU(W)=\frac{1}{2}\times\sqrt{50}+\frac{1}{2}\times\sqrt{50}=5\sqrt{2}$

비교컨대 F가 R에 비해 기대효용이 높다. 이는 다음 두 가지에 기인한다. 첫째, VNM 효용함수가 $U'>0$, $U''<0$이므로 A는 위험기피자이다. 둘째, R은 위험자산이며, F는 무위험자산이다.

(2) A는 금융상품 R과 F가 각각 y단위와 $(1-y)$단위로 구성된 포트폴리오를 보유하고 있다. 이 포트폴리오의 기대보상금액과 표준편차, 그리고 기대효용을 각각 y의 함수로 계산하라. y가 증가하면 포트폴리오의 기대보상금액, 표준편차 및 기대효용이 어떻게 변화하는지 보여라(단, $0\le y\le 1$이라고 가정한다).

해설

각 상황별 수익은 다음과 같다.

호황시: $100\times y+50\times(1-y)=50+50y$

불황시: $0\times y+50\times(1-y)=50-50y$

이로부터 다음을 구할 수 있다.

기대보상금액 : $E(W)=\frac{1}{2}\times(50+50y)+\frac{1}{2}\times(50-50y)=50$

보상금액의 분산 : $\sigma^2=\frac{1}{2}\times(50+50y-50)^2+\frac{1}{2}\times(50-50y-50)^2=2500y^2$

표준편차 : $\sigma=50y$

기대효용 : $EU(W)=\frac{1}{2}\times\sqrt{50+50y}+\frac{1}{2}\times\sqrt{50-50y}$ ······················ 식 1

이상의 분석에서 y가 증가할 때 기대보상금액은 일정하며, 표준편차는 증가한다.

(3) 금융상품 R과 F의 가격이 동일하다고 하자. A가 위 (2)번에서 구성한 포트폴리오의 y를 임의로 선택할 수 있다고 할 때, A의 기대효용을 극대화시키는 y값을 계산하라(단, $0 \le y \le 1$이라고 가정한다).

해설

식 1을 1계미분하면 다음과 같다.

$$\frac{dEU(W)}{dy} = \frac{1}{2} \times \frac{1}{2} \times \frac{1}{\sqrt{50+50y}} \times 50 + \frac{1}{2} \times \frac{1}{2} \times \frac{1}{\sqrt{50-50y}} \times (-50)$$
$$= \frac{25}{2}\left(\frac{1}{\sqrt{50+50y}} - \frac{1}{\sqrt{50-50y}}\right)$$

위 식에서 y가 0보다 큰 어떤 값을 갖더라도 $\frac{dEU(W)}{dy} < 0$이며 $\frac{dEU(W)}{dy} = 0$가 성립하는 유일한 경우는 $y^* = 0$이다. 즉 기대효용을 극대화하기 위해서는 R에 전혀 투자하지 않는 것이 바람직하다. 이 경우 포트폴리오의 어떤 조합에 대해서도 기대보상이 동일한 반면, R의 비율인 y가 높아질수록 위험을 반영하는 표준편차가 증가한다. 따라서 위험기피자인 A는 자산 R을 포트폴리오에 포함시키지 않는다.

(4) 시장의 모든 투자자들이 A와 동일한 효용함수를 가지고 있다면, 위 (3)번에서와는 달리 금융상품 R과 F의 가격이 동일할 수 없다는 것을 논증하라.

해설

만약 두 자산의 가격이 같고 두 자산에서 얻을 수 있는 기대보상이 동일하다면 두 자산의 유일한 차이는 위험이다. 위험기피자인 A의 입장에서 두 자산의 기대보상금액이 같기 때문에 위험자산을 선택할 이유가 없다. 이른바 지배원리(dominance principle)에 의하면 기대효용을 극대화하는 투자자는 수익률이 동일할 때 위험이 높은 자산을 보유하지 않으며, 위험이 동일하다면 수익률이 낮은 자산을 보유하지 않는다. 이처럼 시장에서 아무도 R을 구입하려하지 않는다면 자산 R의 가격은 하락할 것이다. 결과적으로 효율적 자본시장에서 위험이 높은 자산 R은 더 낮은 가격과 더 높은 수익률을 갖게 된다.

Chapter

16 통화정책

01. 다음의 경우 명목이자율을 중간목표로 하는 통화정책과 통화량을 중간목표로 하는 통화정책하에서 나타날 거시균형을 비교하여 설명하라.

(1) 물가하락에 대한 기대감이 팽배할 때

해 설

제4장에서 논의된 인플레이션 기대를 반영한 *IS*－*LM*모형을 사용할 경우 소득－명목이자율 평면에서 물가하락에 대한 기대는 *IS*곡선을 하방으로 이동시킨다. 이는 주어진 명목이자율에 대해 실질이자율이 상승하면서 투자가 감소하는 효과를 반영하는 것으로 볼 수 있다. 이때 중앙은행이 통화량을 일정하게 유지한다면 균형은 [그림 16－1]의 (a)에서 *E*점으로부터 *F*점으로 이동하며 소득은 감소하고 명목이자율은 하락한다. 반면 중앙은행이 명목이자율을 일정하게 유지하려 한다면 통화량을 감소시켜야 하며 이 경우 균형은 *G*점이 되어 명목이자율은 일정하게 유지되지만 소득은 더욱 큰 폭으로 감소한다.

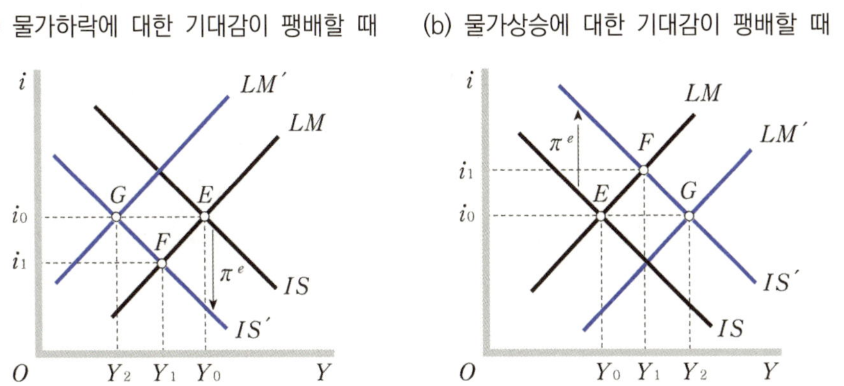

그림 16-1 물가기대를 반영한 *IS*－*LM*모형

(2) 물가상승에 대한 기대감이 팽배할 때

해 설

인플레이션 기대를 반영한 $IS-LM$모형을 사용할 경우 소득-명목이자율 평면에서 물가상승에 대한 기대는 IS곡선을 상방으로 이동시킨다. 이는 주어진 명목이자율에 대해 실질이자율이 하락하면서 투자가 증가하는 효과를 반영하는 것으로 볼 수 있다. 이때 중앙은행이 통화량을 일정하게 유지한다면 균형은 [그림 16-1]의 (b)에서 E점으로부터 F점으로 이동하며 소득은 증가하고 명목이자율은 상승한다. 반면 중앙은행이 명목이자율을 일정하게 유지하려 한다면 통화량을 증가시켜야 하며 이 경우 균형은 G점이 되어 명목이자율은 일정하게 유지되지만 소득은 더욱 큰 폭으로 증가한다.

02. 총수요-총공급 모형을 이용하여 다음의 충격이 통화량을 일정하게 유지하는 통화정책과 제로 물가상승률을 목표로 하는 통화정책하에서 각각 거시경제에 어떤 영향을 미칠 것인지를 설명하라.

(1) 총수요에 충격이 있는 경우

해 설

총수요-총공급모형에서 통화량을 일정하게 유지하는 정책은 총수요곡선을 일정하게 유지하는 정책으로 볼 수 있고, 제로 물가상승률을 목표로 하는 정책은 물가수준을 일정하게 유지하는 정책으로 볼 수 있다.

[그림 16-2]의 (a)에서 총수요충격이 발생하여 AD곡선이 AD_1곡선에서 AD_2곡선까지 움직인다고 하자. 만약 중앙은행이 통화량을 일정하게 유지한다면 균형은 A점에서 B점까지 소득은 Y_1에서 Y_2까지 변동하게 된다. 반면 물가수준을 일정하게 유지하려 한다면 이동한 총수요곡선을 다시 원래 위치로 되돌려 놓을 것이기 때문에 균형은 E점에 머물게 되며 소득도 Y_0에서 안정화된다.

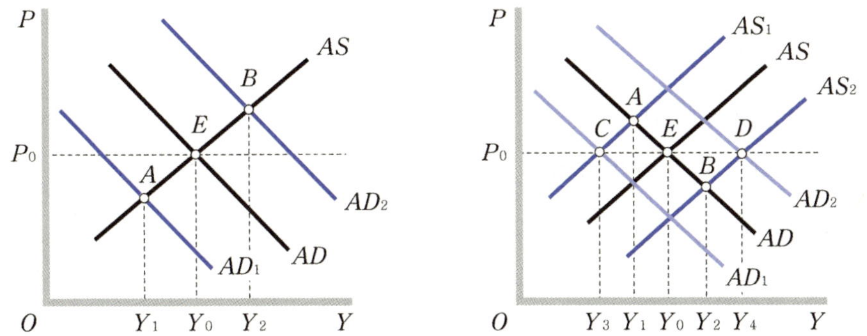

그림 16-2 통화량 목표제와 물가상승률 목표제

(2) 총공급에 충격이 있는 경우

해설

[그림 16−2]의 (b)에서 총공급충격이 발생하여 AS곡선이 AS_1곡선에서 AS_2곡선까지 움직인다고 하자. 만약 중앙은행이 통화량을 일정하게 유지한다면 균형은 A점에서 B점까지 소득은 Y_1에서 Y_2까지 변동하게 된다. 반면 물가수준을 일정하게 유지하려 한다면 물가가 원래수준으로 돌아올 때까지 통화량을 조정할 것이기 때문에 AD곡선이 AD_1곡선 또는 AD_2곡선까지 이동하여 균형은 C점 또는 D점이 되고 소득은 Y_3점에서 Y_4점까지 큰 변화를 보이게 된다.

이상의 내용에서 물가안정목표제를 채택하고 있는 국가에서 중앙은행의 대응으로 인해 총수요충격은 자동적으로 안정화되지만, 총공급충격은 오히려 증폭되는 효과가 있음을 확인할 수 있다.

03. 중앙은행이 금리준칙 통화정책을 수행함으로써 얻어지는 다음의 통화정책반응곡선과 필립스곡선을 생각해보자.

$$u = \overline{u} + \beta(\pi - \overline{\pi})$$

$$\pi = \pi^e + \lambda(u - u_n)$$

다음의 경우 단기균형인플레이션율과 실업률에 미치는 영향을 설명하라.

(1) 금융혁신에 따른 화폐수요의 감소

해설

[그림 16-3-1]에서 2사분면은 테일러준칙, 3사분면은 *IS*곡선, 4사분면은 오쿤의 법칙을 나타낸다. 1사분면의 통화정책반응곡선은 이들을 통합하여 도출한 것이며 이를 *MR*(monetary response)로 나타내기로 한다. [이를 *AD*곡선으로 표기하기도 한다.] 우상향하는 *MR*과 우하향하는 단기필립스곡선 *SPC*가 만나는 곳에서 거시경제의 단기일반균형이 이루어진다.

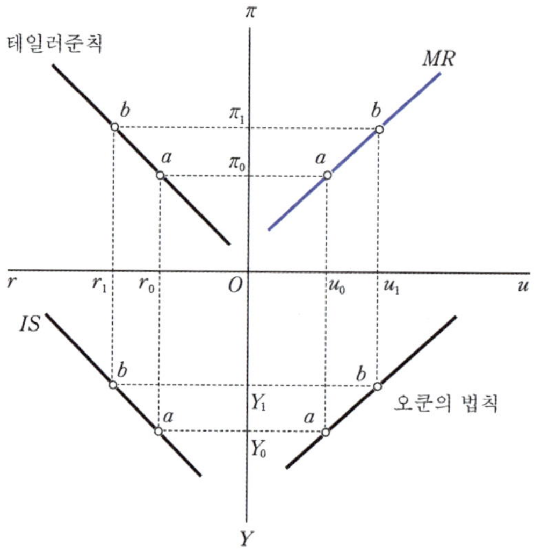

그림 16-3-1 통화정책반응곡선의 도출

테일러준칙을 포함한 모형에서 화폐수요가 얼마이든 중앙은행이 준칙에 따라 정책금리를 결정하며 통화량은 이에 따라 내생적으로 변하게 된다. 결과적으로 화폐수요의 변화는 단기인플레이션율 실업률에 아무런 영향도 미치지 못한다.

(2) 해외수입 수요증가에 따른 수출증가

해설

[그림 16−3−2]에서 최초균형이 각 사분면의 a점이라고 하자. 해외수입수요가 증가하면 3사분면에서 *IS*곡선이 바깥쪽(좌측)으로 이동한다. 이 경우 주어진 인플레이션에 대응되는 실업률이 낮아지므로 1사분면에서 *MR*곡선이 좌측으로 이동한다. 새로운 균형은 b점이 되며 단기 인플레이션율은 상승하고 실업률은 하락한다.

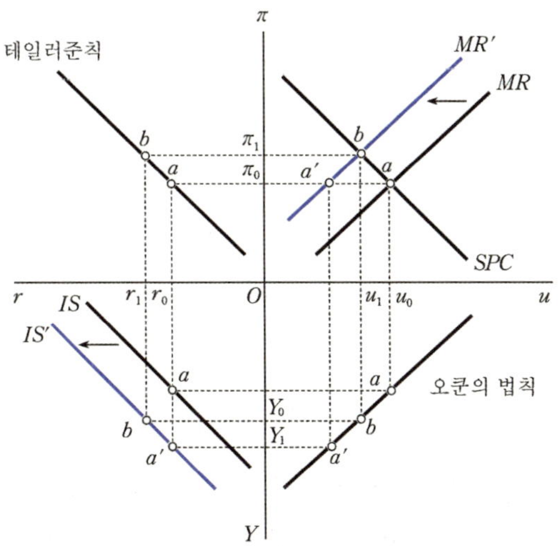

그림 16-3-2 해외수입수요의 증가

(3) 긴축적 재정정책

해설

[그림 16−3−3]에서 최초균형이 각 사분면의 a점이라고 하자. 긴축적 재정정책이 이루어지면 3사분면에서 *IS*곡선이 안쪽(우측)으로 이동한다. 이 경우 주어진 인플레이션에 대응되는 실업률이 높아지므로 1사분면에서 *MR*곡선이 우측으로 이동한다. 새로운 균형은 c점이 되며 단기 인플레이션율은 하락하고 실업률은 상승한다.

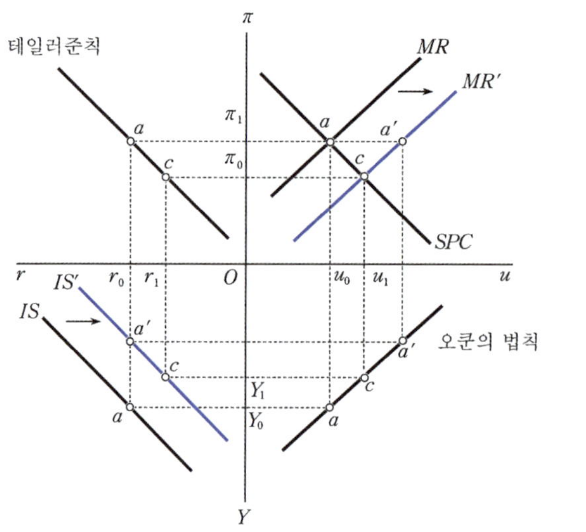

그림 16-3-3 긴축적 재정정책

04. $DAS-DAD$ 모형에서 독립지출이 증가하는 경우 금리준칙이 인플레이션율에 대해 더 민감하게 설정되어 있을 때 새로운 균형에서의 인플레이션율 증가폭이 더 작아짐을 다음과 같이 증명해 보라.

(1) 먼저 λ의 값에 관계없이 DAD곡선의 수평 이동폭이 동일함을 증명하자. 총수요곡선의 수평이동폭은 총수요곡선의 Y축 절편값의 변화에 의해 측정될 수 있다. (16-2)식과 (16-3)식으로부터 동태적 총수요곡선의 식을 구하라.

해설

MP곡선 $:i=\bar{i}+\lambda\pi+\mu Y$

IS곡선: $i=\dfrac{\overline{A}}{b}-\dfrac{1-c}{b}Y$

위 두식을 연립하여 정리하면 DAD곡선이 도출된다.

$$\bar{i}+\lambda\pi+\mu Y=\frac{\overline{A}}{b}-\frac{1-c}{b}Y$$

$$\left(\mu + \frac{1-c}{b}\right)Y = \frac{\overline{A}}{b} - \overline{i} - \lambda\pi$$

$$\Rightarrow DAD\text{곡선: } Y = \frac{\overline{A}}{b\mu+1-c} - \frac{b\overline{i}}{b\mu+1-c} - \frac{b\lambda}{b\mu+1-c}\pi$$

위 식에서 DAD곡선의 기울기는 $-\frac{b\mu+1-c}{b\lambda}$이다.

금리준칙이 인플레이션에 민감하게 반응할수록, 즉 λ가 클수록 DAD곡선이 완만해진다.

(2) 위에서 구한 식으로부터 Y축 절편의 값을 구하라. 독립지출($\overline{A}$)가 $\Delta\overline{A}$만큼 증가하는 경우 절편의 값은 얼마나 증가하는가를 구하라. 절편값의 증가분이 λ와 관계없이 결정됨을 보여라.

해 설

DAD곡선의 수평절편은 $\pi=0$일 때의 Y값인 $\frac{\overline{A}}{b\mu+1-c} - \frac{b\overline{i}}{b\mu+1-c}$이다. 이 경우 독립지출이 $\Delta\overline{A}$만큼 증가하면 절편은 $\frac{\Delta\overline{A}}{b\mu+1-c}$만큼 증가한다. 즉 독립지출의 변화에 대한 수평이동폭은 λ와는 무관히 결정된다.

(3) DAS곡선과 DAD곡선을 그리되 DAD곡선은 기울기가 완만한 경우와 가파른 경우의 두 개 곡선을 그려라. 단, 두 DAD곡선이 DAS곡선을 만나는 점이 동일하도록 그려라. 이제 두 DAD곡선을 우측으로 수평이동시킨 곡선을 각각 그리되 수평이동폭이 동일하도록 그려라. 우측으로 이동한 두 DAD곡선과 DAS곡선이 만나는 점을 비교하라. 어느 점에서 인플레이션율이 더 높아지는가?

해 설

[그림 16−4]에서 DAD_0는 금리준칙이 인플레이션율에 민감하여 완만한 형태를 가지며, DAD_1은 금리준칙이 인플레이션에 덜 민감하여 가파른 형태를 가진다. 또한 독립적 지출이 증가하기 전 균형은 동일하게 E점이 된다. 이 경우 독립적 지출의 증가로 두 곡선이 동일한 폭으로 수평이동했다고 하자. 이 경우 DAD곡선이 완만한 경

우 새로운 균형은 E'점이 되고, DAD곡선이 가파른 경우 새로운 균형은 E''점이 된다. 즉 $DAS-DAS$모형에서 독립지출이 증가하는 경우 금리준칙이 인플레이션율에 대해 더 민감하게 설정될수록 새로운 균형에서 인플레이션 상승폭이 작다. 다시 말하면 인플레이션을 보다 강하게 안정화시킨다.

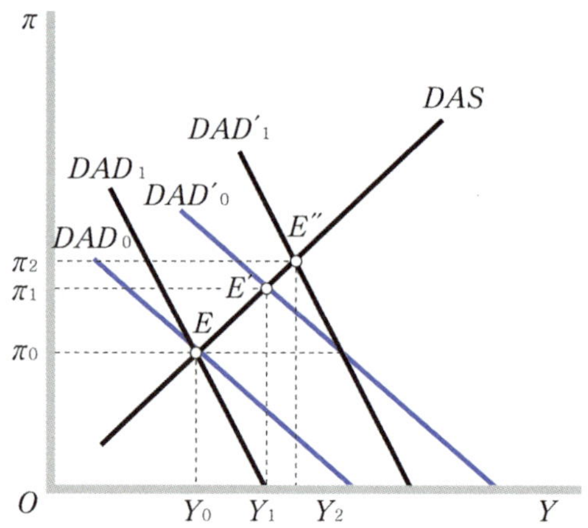

그림 16-4 금리준칙의 성격과 인플레이션의 변화

05. $DAS-DAD$모형은 통화정책의 기조 자체가 더 긴축적으로 또는 더 팽창적으로 변하는 경우를 분석하는 데에도 사용될 수 있다. 예를 들어 중앙은행이 추구하는 목표인플레이션율이 이전에 비해 더 낮아진다고 하자. 이는 $DAS-DAD$ 모형에 어떤 영향을 미치며, 그 결과 단기균형에서의 인플레이션율은 어떻게 영향을 받을 것인지 분석해 보라.

해 설

현재 인플레이션율이 π_0이고 중앙은행의 목표인플레이션율이 $\overline{\pi_0}$라고 하자. 이 경우 통화정책반응을 나타내는 곡선이 MP_0라고 하자. 이때 균형이 [그림 16-5-1]의 (a) 및 (b)에서 A점이며 동태적 총수요곡선은 DAD_0가 된다. 이때 중앙은행의 목표인플레이션율이 $\overline{\pi_1}$로 하락했다고 하자. 이 경우 통화정책반응곡선은 MP_1으로 좌상방 이동하며 새로운 균형은 B점이 된다. 이 경우 새로운 동태적 총수요곡선은 B점을 지나는 DAD_1이 된다. 즉 중앙은행이 목표인플레이션율을 낮게 잡는 것은 통화정책을 긴축적으로 운영한다는 것을 의미한다.

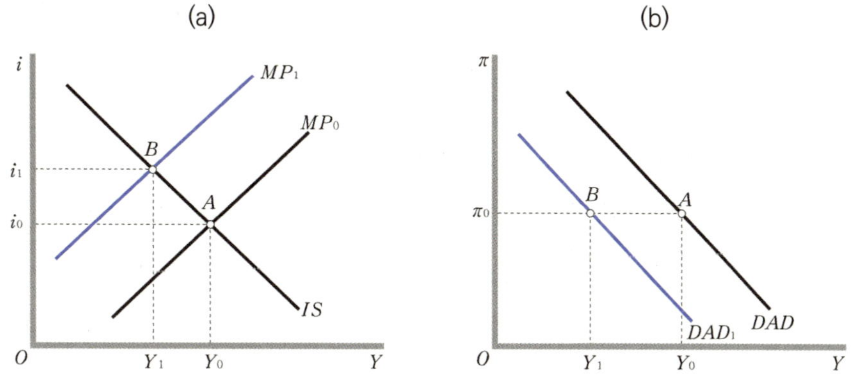

그림 16-5-1 목표인플레이션율 인하의 효과

이러한 DAD곡선의 좌측이동으로 일반균형은 [그림 16-5-2]의 A점에서 C점으로 이동한다. 이 경우 국민소득은 감소하고 실제 인플레이션율도 하락한다.

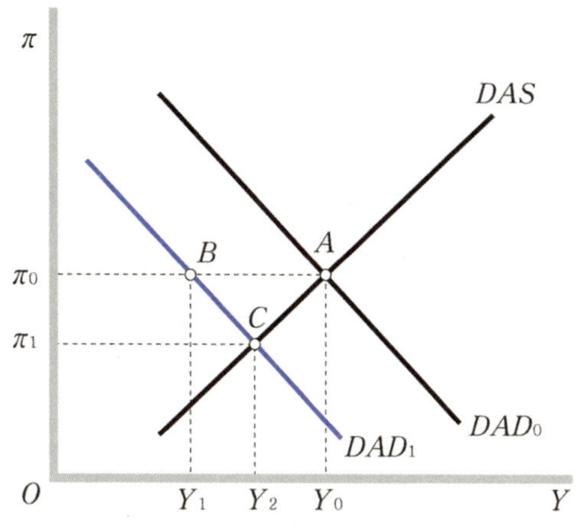

그림 16-5-2 인플레이션율의 변화

Chapter 17

금융시장과 금융위기

01. 수익률곡선이 처음에는 하락하다가 다시 상승하는 U자형의 모습을 가지고 있다고 하자. 기대이론에 따르면 미래 이자율이 어떻게 변할 것으로 기대될 경우 이와 같은 모습의 수익률곡선이 나타날 수 있는가?

해 설

이자율의 만기구조에 대한 기대이론(expectation theory)에 따르면 장기이자율은 미래 예상되는 단기이자율의 평균과 같다. 따라서 사람들이 미래의 단기이자율이 하락할 것으로 예상하면 수익률곡선은 우하향하고, 미래의 단기이자율이 상승할 것으로 예상하면 수익률 곡선은 우상향한다. U자형의 수익률곡선이 나타났다는 것은 일정시점까지는 단기이자율이 지속적으로 하락할 것으로 예상하지만 그 이후에는 단기이자율이 지속적으로 상승할 것이라고 예상하고 있다는 것을 의미한다.

02. 만기가 3년이고, 액면금액이 1만원, 이표율(coupon rate)이 10%이고 매년 말 이자를 지급하고 만기시에 원금을 지급하는 이표채를 생각해 보자.

(1) 이 이표채를 6,000원에 살 경우 만기수익률은 얼마인가?

해 설

만기가 n년, C원의 이자를 연간 m번 지급하며, 만기시 지급액이 F인 채권의 현재 가격 P_C와 만기수익률(yield to maturity) y간의 관계를 나타내는 식은 다음과 같다.

$$P_C = \frac{C}{\left(1+\frac{y}{m}\right)} + \frac{C}{\left(1+\frac{y}{m}\right)^2} + \frac{C}{\left(1+\frac{y}{m}\right)^3} + \cdots + \frac{C+F}{\left(1+\frac{y}{m}\right)^{mn}} \quad \text{식 1}$$

문제의 경우 연 1회 쿠폰을 지급하며 만기 3년, 액면가 10,000원의 경우이므로 다음 식을 만족시키는 y값이 만기수익률이 된다.

$$6,000 = \frac{1,000}{1+y} + \frac{1,000}{(1+y)^2} + \frac{1,000+10,000}{(1+y)^3}$$

이 식을 풀면 $y=0.33$이 구해진다.

(2) 현재 수익률곡선에서 읽은 3년 만기 채권의 만기수익률이 8%라 하자. 이 채권의 시장 가격은 얼마에 형성되겠는가?

해설

식 1에 만기수익률 $y=0.08$을 대입하면 채권의 현재가격을 구할 수 있다.

$$P_C = \frac{1,000}{1+0.08} + \frac{1,000}{(1+0.08)^2} + \frac{1,000+10,000}{(1+0.08)^3} = 10,515.42(\text{원})$$

(3) 현재 이 채권을 6,000원에 사서 일년 후에 판다고 하자. 일년 후 2년 만기 채권의 만기수익률이 8%라 할 때 위와 같은 거래로부터 발생하는 수익률은 얼마인가?

해설

1년 후 만기수익률이 8%라 할 때 이 채권의 1년 후 예상가격은 다음과 같다.

$$P_C = \frac{1,000}{1+0.08} + \frac{1,000+10,000}{(1+0.08)^2} = 10,356.65(\text{원})$$

이러한 투자의 수익률은 다음 식을 만족시키는 y값이 된다.

$$6,000 = \frac{10,356.65}{(1+y)}$$

이 식을 풀면 $y=0.73$이 구해진다.

03. 현재 단기금리가 장기금리보다 높은 현상이 관찰된다고 하자. 기대이론에 근거하여 다음 질문에 답하라.

(1) 사람들이 미래의 이자율에 대해 어떤 기대를 가지고 있는가?

해 설

기대이론(expectation theory)에 따르면 장기이자율은 미래 예상되는 단기이자율의 평균과 같다. 따라서 사람들이 미래의 단기이자율이 하락할 것으로 예상하면 수익률 곡선은 우하향하고, 미래의 단기이자율이 상승할 것으로 예상하면 수익률 곡선은 우상향한다. 따라서 현재 사람들은 미래의 단기이자율이 하락할 것으로 예상하고 있다고 판단할 수 있다.

(2) 이와 같은 현상이 미래 경기 침체에 대한 신호라고 볼 수 있는가?

해 설

우리나라의 경기선행지표 중 채권시장에서 경제주체들의 기대를 반영하는 값으로 장·단기 금리차가 있다. 장·단기 금리차가 클수록 수익률 곡선은 가팔라지는데 이러한 경우 경기가 호전될 가능성이 크다고 한다. 이는 단기금리가 낮은 경우 투자 및 소비의 증가로 미래 경기를 호전시킬 것으로 예상된다. 그리고 장기금리가 높은 것은 장기적으로 투자증가로 인한 실질금리의 상승 또는 경기호전으로 인한 물가상승을 반영한 것이라 볼 수 있기 때문이다. 이와 반대로 장·단기 금리차가 줄어들거나 수익률 곡선이 우하향한다는 것은 미래 경기가 침체될 가능성이 크다는 기대가 반영된 것으로 볼 수 있다.

04. 10년 만기 이표채가 액면가격에 발행된다고 하자. 즉 액면가격이 10,000원인 채권을 발행시에 10,000원에 판다고 하자.

(1) 현재 금융시장에서의 일반적인 이자율 수준이 연 10%라 하자. 이 채권을 액면가격에 팔기 위해서는 연간 이표율이 얼마가 되어야 하겠는가? 단 이자는 연 1회 지급한다고 하자.

해설

문제 2번에서 설명한 채권의 현재가격 P_C와 만기수익률(yield to maturity) y간의 관계를 나타내는 식에 의하면 주어진 조건을 만족하는 쿠폰가격은 다음 식을 만족시키는 C^*이다.

$$10,000 = \frac{C^*}{1+0.1} + \frac{C^*}{(1+0.1)^2} + \cdots + \frac{C^* + 10,000}{(1+0.1)^{10}}$$

이 식을 풀면 $C^* = 1,000$(원)이 구해진다. 따라서 연간 이표율은 10%가 된다.

(2) 이 채권을 발행한 직후에 금융시장의 이자율 수준이 5%로 하락했다고 하자. 이 채권의 거래가격에 어떤 변화가 생기겠는가? 단 이표율은 위 (1)번 문항에서 계산된 값으로 정해졌다고 가정하자.

해설

만약 이자율이 5%수준으로 하락한다면 위 식은 다음과 같이 수정된다.

$$\frac{C^*}{1+0.05} + \frac{C^*}{(1+0.05)^2} + \cdots + \frac{C^* + 10,000}{(1+0.05)^{10}} = 13,861 > 10,000$$

즉 이자율이 하락하면 이 채권의 가격은 상승하게 된다(이처럼 일반적으로 이자율과 채권가격 간에는 역의 관계가 성립한다).

05. (2015년 5급 행정고시) 국내투자자들이 포트폴리오를 구성함에 있어서 투자할 수 있는 금융자산은 국내화폐, 국내채권 및 해외채권이라고 가정하자(단, 국내채권과 해외채권의 국내공급은 고정되어 있다). 이와 관련하여 다음 물음에 답하라.

(1) 중앙은행이 공개시장을 통하여 국내채권을 매입하는 경우 국내이자율과 국내채권가격, 그리고 환율에 미치는 영향을 설명하라.

해설

각각의 금융자산들은 불완전대체재이며 투자가들은 위험기피적(risk averse)이라고 하자. 또한 소규모 개방경제를 가정하여 국제이자율 및 해외채권의 외국화폐표시가격은 고정된 것으로 가정한다.

이 경우 중앙은행이 국내채권을 매입하는 경우 국내채권공급은 감소하고 화폐공급은 증가한다. 이때 국내채권의 초과수요로 인해 국내이자율이 하락한다. 국내이자율이 하락하면 국내채권과 대체관계에 있는 화폐와 해외채권에 대한 수요가 증가한다. 해외채권 수요가 증가함에 따라 환율이 상승한다. (해외채권 수요증가에 따라 해외채권 국내가격이 상승하는데, 해외채권국내가격은 환율과 해외채권 외화표시가격의 곱이다. 이 중 해외채권 외화표시가격은 고정되어 있다고 가정했으므로 해외채권 초과수요는 환율을 상승시킨다.)

(2) 중앙은행이 공개시장을 통하여 해외채권을 매입하는 경우 국내이자율과 해외채권의 자국통화표시가격, 그리고 환율에 미치는 영향을 설명하라.

해설

중앙은행이 해외채권을 매입하는 경우 화폐공급이 증가하고 해외채권공급은 감소한다. 그 결과 화폐에 대한 초과공급과 해외채권에 대한 초과수요가 발생한다. 해외채권에 대한 초과수요로 인해 해외채권의 국내가격이 상승하는데, 해외채권 외화표시가격은 고정되어 있다고 가정했으므로 해외채권 초과수요는 환율을 크게 상승시킨다. 한편 해외채권 국내가격 상승으로 인해 해외채권의 매력이 감소하고 그 결과 국내채권의 수요가 증가하며, 이에 따라 국내이자율이 하락한다.

중앙은행이 해외채권을 매입하는 경우 국내채권을 매입하는 경우에 비해 환율에 대한 영향이 크고 국내이자율에 대한 영향은 상대적으로 작은 이유는 무엇인가? 그것은 두 경우 모두 해외채권 초과수요가 발생하지만 정도의 차이가 발생하기 때문이다. 우선 전자의 경우는 해외채권 매입규모가 직접적으로 거의 모두 해외채권 초과수요가 된다. 반면, 후자의 경우는 국내이자율 하락에 따라 간접적으로 해외채권 수요가 증가하며 초과수요가 발생하는데, 이 경우 자산간 불완전 대체성을 가정하므로 해외채권 수요의 국내이자율 탄력성(대체탄력성)이 국내채권 수요의 국내이자율 탄력성에 비해 크지 않을 것이다. 따라서 해외채권 매입의 경우가 환율변화가 더 크게 나타나는 반면 국내이자율 하락폭은 상대적으로 작다.

참고사항

이 문제를 포트폴리오밸런스모형($MM-BB-FF$모형)을 사용하여 답하면 다음과 같다.[3)]

1. 기본모형

   M(자국화폐), B(자국채권), F(외국채권)는 외생변수, S(환율)와 i(이자율)는 내생변수이다.

   이 경우 국내자산의 총공급은 $W=M+B+SF$로 나타낼 수 있으며 개별자산시장의 균형은 다음과 같다.

   국내화폐 : $M=m(i,i^*)W$ $\qquad m_i<0,\ m_{i^*}<0$

   국내채권 : $B=b(i,i^*)W$ $\qquad b_i>0,\ b_{i^*}<0$

   해외채권 : $SF=f(i,i^*)W$ $\qquad f_i<0,\ f_{i^*}>0$

   여기서 m, b, f는 각각 총부 중 국내화폐, 국내채권, 해외채권에 대한 보유비율을 의미하며 $m_i+b_i+f_i=0$, $m_{i^*}+b_{i^*}+f_{i^*}=0$가 성립한다.[4)] 위 세 가지 균형식을 그림으로 나타내면 각각 [그림 17-5-1]의 MM, BB, FF가 된다. MM곡선은 우상향하며, BB곡선과 FF곡선은 우하향하는데 국내채권시장이 국내이자율에 더 민감하게 반응하므로 BB곡선이 더 가파른 기울기를 가진다. 이 세 가지 곡선이 만나는 A점에서 S와 i가 결정된다.

---

3) 국제금융연구회 저 국제금융론 제5판(경문사) 제9장 환율결정이론 pp.330-335을 참고하였습니다.

4) 즉 한 자산의 기대수익률이 변하더라도 자산수요의 총변동은 0이 된다.

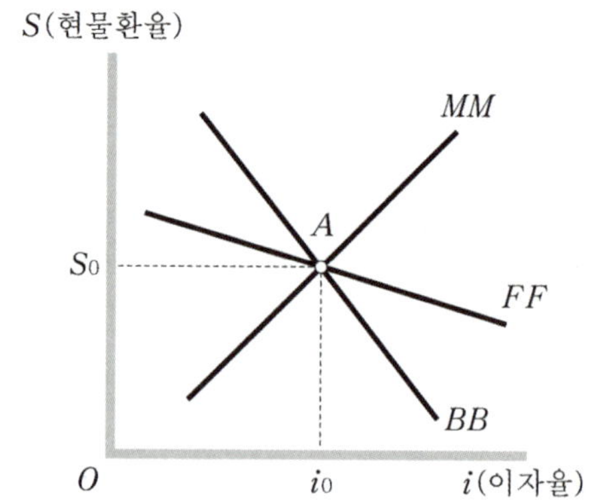

그림 17-5-1 포트폴리오 밸런스 모형의 균형

2. 중앙은행이 국내채권을 구매하는 공개시장조작($\Delta M = -\Delta B$)

중앙은행이 국내채권을 매입하면 [그림 17-5-2]에서 통화량이 증가하며 MM곡선이 좌측으로 이동한다. 또한 국내채권이 감소하면서 BB곡선도 좌측으로 이동하여 새로운 균형은 B점이 된다. 이 경우 국내이자율은 하락한다.

3. 중앙은행이 외국채권을 구매하는 공개시장조작($\Delta M = -S\Delta F$)

중앙은행이 외국채권을 매입하면 [그림 17-5-3]에서 통화량이 증가하며 MM곡선이 좌측으로 이동한다. 또한 외국채권이 감소하면서 FF곡선이 우측으로 이동하여 새로운 균형은 C점이 된다. 이 경우 국내이자율은 하락한다.

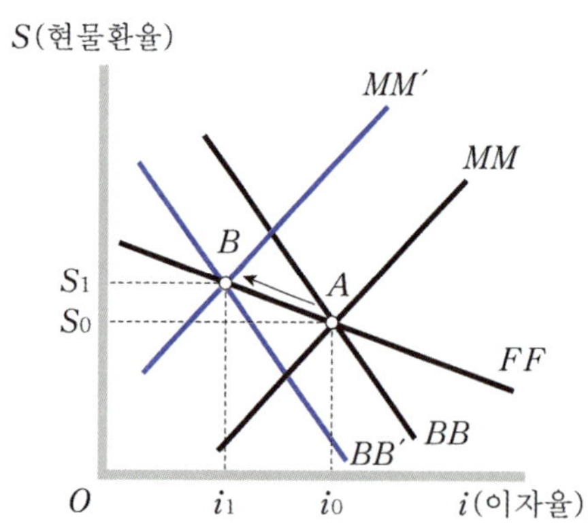

그림 17-5-2 국내채권을 구매하는 공개시장조작

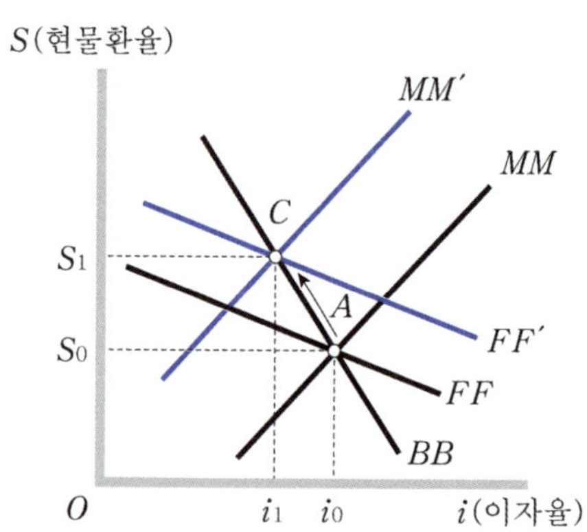

그림 17-5-3 외국채권을 구매하는 공개시장조작

4. 비교평가

위 두 가지 경우 모두 균형환율은 상승하고 이자율은 하락한다. 그러나 국내채권을 매입한 경우에 비해 외국채권을 매입한 경우에 환율의 상승폭은 커지고, 이자율의 하락폭은 작아진다.

06. (2022년 외무고사) 채권의 n년 만기수익률을 i_{an}으로 정의할 때, A 국에서 B 회사채의 1년 만기 채권수익률(i_{a1}), 2년 만기 채권수익률(i_{a2}), 3년 만기 채권수익률(i_{a3}), 4년 만기 채권수익률(i_{a4})을 각각 12%, 11%, 10%, 9%라고 가정하자. 다음 물음에 답하시오.

(1) 기대이론에 따른 4차연도 B 회사채 기대수익률을 구하시오.

해 설

기대이론(expectation theory)에 의하면 장기이자율은 미래에 예상되는 단기이자율의 움직임에 의해 결정된다. 즉 t기 시점에서 n년 만기 장기이자율과 각 시점의 1년 만기 이자율 간에 다음과 같은 근사관계를 구할 수 있다. 이에 의하면 장기이자율은 단기이자율의 평균과 같다.

$$i_{t,n} = \frac{i_{t,1} + i^e_{t+1,1} + \cdots\cdots + i^e_{t+n-1,1}}{n} \quad \text{(단 } t\text{는 측정시점, } n\text{은 만기)}$$

기간별 기대수익률의 도출

$$i_{0,2} = \frac{i_{0,1} + i^e_{1,1}}{2} = \frac{12\% + i^e_{1,1}}{2} = 11\% \Rightarrow i^e_{1,1} = 10\%$$

$$i_{0,3} = \frac{i_{0,1} + i^e_{1,1} + i^e_{2,1}}{3} = \frac{12\% + 10\% + i^e_{2,1}}{3} = 10\% \Rightarrow i^e_{2,1} = 8\%$$

$$i_{0,4} = \frac{i_{0,1} + i^e_{1,1} + i^e_{2,1} + i^e_{3,1}}{4} = \frac{12\% + 10\% + 8\% + i^e_{3,1}}{4} = 9\% \Rightarrow i^e_{3,1} = 6\%$$

따라서 현재를 1차연도라고 할 때 4차연도의 1년 만기 B회사채의 기대수익률은 6%이다.

(2) (1)의 결과로부터 수익률곡선이 우상향으로 나타나는지 혹은 우하향으로 나타나는지를 밝히고, 그 이유를 설명하시오.

해 설

수익률곡선이란(yield curve)이란 한 시점에서 다른 조건이 동일한 채권들의 수익률이 만기에 따라 어떻게 달라지는지를 보여주는 곡선이다. B회사채의 수익률곡선을 나타내면 [그림 17-6-1]과 같이 우하향하는 형태가 된다. 이와 함께 각 시점에서 만기가 동일한 채권의 수익률이 시점에 따라 어떻게 달라질 것으로 예상되는지를 나타내는 이자율의 예상경로를 나타내면 [그림 17-6-2]와 같다.

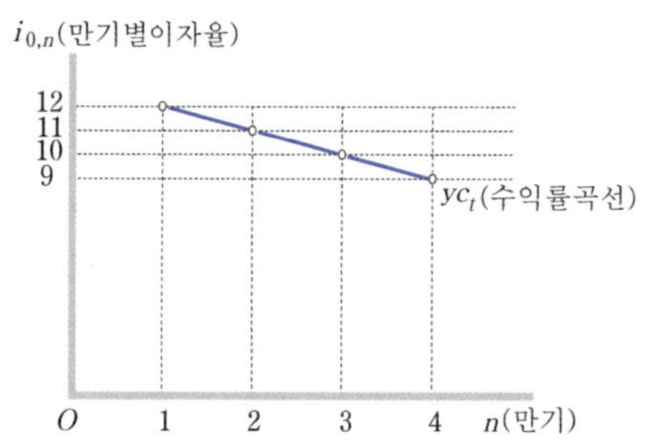

그림 17-6-1 수익률곡선

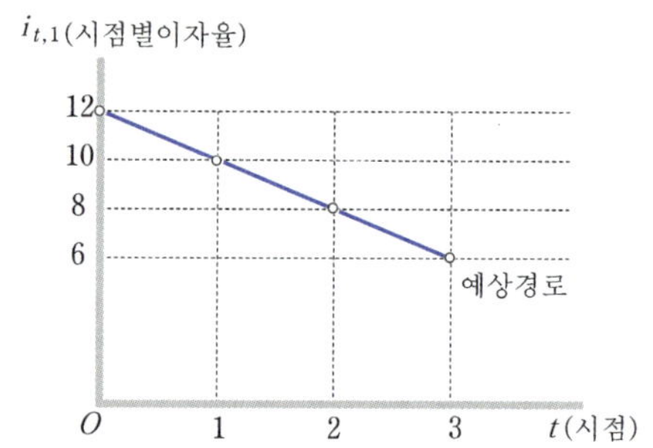

그림 17-6-2 동일만기 채권이자율의 예상경로

기대이론에 의할 때 수익률곡선의 형태는 미래에 예상되는 단기이자율의 움직임에 의해 결정된다. 즉 향후에 단기이자율이 지속적으로 상승할 것이라 예상되면 수익률곡선은 우상향하며, 단기이자율이 지속적으로 하락할 것이라 예상되면 수익률곡선은 우하향한다.

이에 따르면 수익률곡선이 우하향하는 것은 채권시장 참여자들이 미래 단기이자율이 하락할 것으로 예상하고 있기 때문이다. 일반적으로 채권시장 참여자들은 수익률곡선이 우하향하는 경우 이를 미래 경기에 대한 부정적 신호로 받아들이는 경우가 많다.

(3) 유동성 프리미엄 이론에 근거한 4차연도 B 회사채 기대수익률을 구하고 (1)의 기대이론에 따른 수익률과 비교하시오. (단, 2년 만기 채권, 3년 만기 채권, 4년 만기 채권에 대

한 유동성 프리미엄은 각각 0.5%, 1.0%, 1.5%이고, 채권은 무위험, 무이표채이다)

해설

유동성 프리미엄이론(liquidity premium theory)에 의하면 장기이자율은 미래에 예상되는 단기이자율뿐만 아니라 투자자들이 각각의 만기에 대해 요구하는 만기할증(term premium)이 함께 반영하여 결정된다.
이 이론에 의하면 투자자들은 유동성을 선호하여 만기가 긴 채권일수록 장기간 투자하는 대가로 높은 프리미엄을 요구한다. 따라서 t기 시점에서 n기 만기 채권에 대한 만기할증 $k_{t,n}$는 만기가 길수록 커지며 다음 관계가 성립한다.

$$i_{t,n} = k_{t,n} + \frac{i_{t,1} + i^e_{t+1,1} + \cdots\cdots + i^e_{t+n-1,1}}{n} \qquad \text{(단 } t\text{는 측정시점, } n\text{은 만기)}$$

기간 별 기대수익률을 도출하면 다음과 같다.

$$i_{0,2} = k_{0,2} + \frac{i_{0,1} + i^e_{1,1}}{2} = 0.5\% + \frac{12\% + i^e_{1,1}}{2} = 11\% \Rightarrow i^e_{1,1} = 9\%$$

$$i_{0,3} = k_{0,3} + \frac{i_{0,1} + i^e_{1,1} + i^e_{2,1}}{3} = 1\% + \frac{12\% + 9\% + i^e_{2,1}}{3} = 10\% \Rightarrow i^e_{2,1} = 6\%$$

$$i_{0,4} = k_{0,4} + \frac{i_{0,1} + i^e_{1,1} + i^e_{2,1} + i^e_{3,1}}{4} = 1.5\% + \frac{12\% + 9\% + 6\% + i^e_{3,1}}{4} = 9\%$$

$$\Rightarrow i^e_{3,1} = 3\%$$

비교컨대 동일 수익률곡선으로부터 추론할 때 유동성프리미엄이론에 근거한 미래의 단기 기대수익률이 더 낮은 수준이며 더 빠른 속도로 하락한다.

Chapter 18

경제성장

01. 어떤 경제의 생산함수가 다음과 같다고 하자.

$Y_t = 3K_t^{2/3}L_t^{1/3}$

감가상각률이 10%, 인구증가율이 5% 그리고 저축률이 30%라 할 때 다음 물음에 답하라.

(1) y_t를 1인당 생산량, k_t를 1인당 자본량이라 할 때 1인당 생산함수를 구하라.

해 설

총생산함수의 양변을 L_t로 나누어 정리하면 다음과 같다.

$$\frac{Y_t}{L_t} = 3\left(\frac{K_t}{L_t}\right)^{2/3} \Rightarrow \text{1인당 생산함수: } y_t = f(k_t) = 3k_t^{\,2/3}$$

(2) 균제상태에서의 1인당 생산량, 1인당 자본량 및 1인당 소비량을 구하라.

해 설

균제상태의 조건을 정리하면 다음과 같다.

$$\dot{k}_t = sf(k_t) - (n+\delta)k_t = 0.3 \times 3k_t^{\,2/3} - (0.1+0.05)k_t = 0$$

$$\Rightarrow k_t^{\,1/3} = \frac{0.9}{0.15} = 6$$

정리하면 $k_t^{\,*} = 216,\ y_t^{\,*} = 108,\ c_t^{\,*} = (1-s)y_t^{\,*} = 75.6$

(3) 이 경제가 균제상태에서 동태적 효율성을 가지는지의 여부를 논하라.

해 설

이 경제에서 1인당 소비를 극대화하는 저축률 $s^G = \frac{2}{3}$이다.

$s^G = \frac{2}{3} > s = 0.3$이므로 $k^G > k^*$가 성립한다. 즉 이 경제는 균제상태에서 황금률상태에 비해 과소한 자본을 가지게 되고 동태적 효율성을 가진다.

02. 기술진보가 없는 Solow 모형을 생각해 보자. 경제가 현재 균제상태에 도달해 있다고 하자. $sf(k)$와 $(n+\delta)k$의 그림을 이용하여 다음 두 경우에 있어서 각각 일인당 자본량에 있어서 어떤 변화가 발생할 것인지를 설명하되 새로운 균제상태로 갈 때까지의 과정까지 포함해서 설명하라.

(1) 다른 조건에 변화 없이 인구증가율이 갑자기 감소한다.

해 설

인구증가율이 갑자기 감소하면 필요투자를 나타내는 $(n+\delta)k$가 완만해진다. 실제투자 $sf(k)$가 필요투자 $(n+\delta)k$보다 더 크기 때문에 1인당 자본이 점차 증가한다. 이러한 과정을 나타내면 [그림 18−2−1]과 같다.

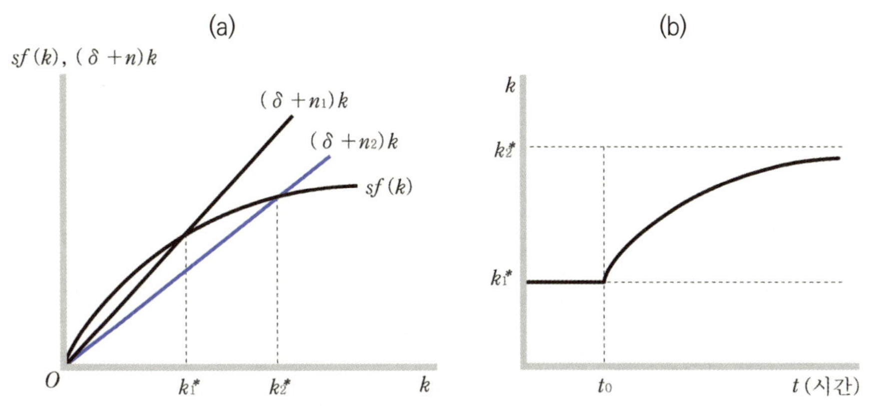

그림 18-2-1 인구증가율 하락의 효과

(2) 이 경제에서 갑자기 전염병이 발생하여 자본스톡에는 변화가 없이 인구만 순간적으로 10% 감소한다. 단, 전염병은 곧 해소되고 그 이후 인구는 n의 속도로 증가한다.

해설

인구규모의 1회적 변화는 $sf(k)$와 $(n+\delta)k$ 어느 곡선에도 영향을 주지 않는다. 단지 균제상태에 있던 경제를 균제상태에서 벗어나게 할 뿐이다. 인구의 1회적 감소는 즉각적으로 1인당 자본을 증가시킨다. 그러나 $sf(k)$가 $(n+\delta)k$보다 작아짐에 따라 1인당 자본은 서서히 감소하여 다시 원래의 균제상태로 돌아온다. 이러한 과정을 나타내면 [그림 18-2-2]와 같다.

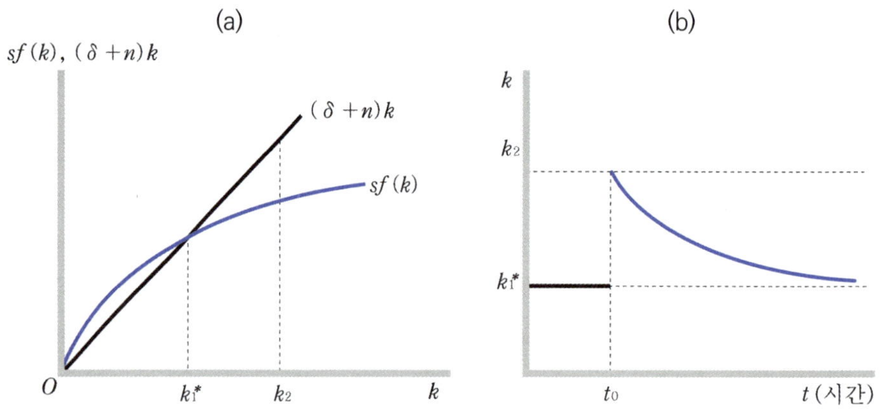

그림 18-2-2 일회적 인구감소의 효과

03. 어떤 경제의 생산함수가 다음과 같다고 하자.

$$Y_t = 3K_t^{1/3}(A_tL_t)^{2/3}$$

감가상각률이 5%, 인구증가율이 1%, 외생적으로 주어진 기술진보율이 2%, 그리고 저축률이 16%라 할 때 다음 물음에 답하라.

(1) 효율노동단위당 생산함수를 구한 후, 균제상태에서의 효율노동단위당 자본량을 구하라.

해설

$k_t = \dfrac{K_t}{A_t L_t}$, $y_t = \dfrac{Y_t}{A_t L_t}$라고 하자. 이때 주어진 총생산함수를 $A_t L_t$로 나누면 다음과 같다.

$$\frac{Y_t}{A_t L_y} = 3\left(\frac{K_t}{A_t L_t}\right)^{1/3} \Rightarrow \text{효율노동 1인당 생산함수: } y_t = f(k_t) = 3k_t^{1/3}$$

균제상태의 조건을 구하면 다음과 같다.

$$\dot{k_t} = sf(k_t) - (n+\delta+g)k_t = 0.16 \times 3k_t^{1/3} - (0.05+0.01+0.02)k_t = 0$$

정리하면 $k_t^* = 6^{3/2}$이 된다.

(2) 균제상태에서의 Y_t의 증가율, 즉 $g_y = \dot{Y_t} / Y_t$ =/을 구하라.

해설

균제상태에서 $\dfrac{\dot{y_t}}{y_t} = \dfrac{\dot{Y_t}}{Y_t} - \dfrac{\dot{A_t}}{A_t} - \dfrac{\dot{L_t}}{L_t} = \dfrac{\dot{Y_t}}{Y_t} - 2\% - 1\% = 0$이므로 $\dfrac{\dot{Y_t}}{Y_t} = 3\%$가 된다.

같은 방식으로 $\dfrac{\dot{k_t}}{k_t} = \dfrac{\dot{K_t}}{K_t} - \dfrac{\dot{A_t}}{A_t} - \dfrac{\dot{L_t}}{L_t} = \dfrac{\dot{K_t}}{K_t} - 2\% - 1\% = 0$이므로 $\dfrac{\dot{K_t}}{K_t} = 3\%$가 된다.

(3) 균제상태에서의 이 경제의 성장회계를 작성해 보라. 즉 위 (2)번 문제에서 구한 Y의 증가율 중 얼마만큼이 자본, 노동, 총요소생산성에 의해 설명될 수 있는지를 구해보라.

해설

총생산함수를 전미분한 후 정리하면 성장회계방정식을 얻는다.

$$\frac{\dot{Y_t}}{Y_t} = \frac{1}{3}\frac{\dot{K_t}}{K_t} + \frac{2}{3}\frac{\dot{A_t}}{A_t} + \frac{2}{3}\frac{\dot{L_t}}{L_t} = \frac{1}{3} \times 3\% + \frac{2}{3} \times 2\% + \frac{2}{3} \times 1\% = 3\%$$

즉 총 3%의 성장률 중 자본이 기여한 부분이 1%p, 기술진보가 기여한 부분이 $\frac{4}{3}$%p,

노동증가가 기여한 부분이 $\frac{2}{3}$%p이다.

04. 인구증가율이 n, 자본의 감가상각률이 δ, 저축률이 s로 외생적으로 주어진 Solow 경제를 생각해 보자. 이 경제의 생산함수가 다음과 같을 때 아래 질문에 답하라.

$Y = F(K, L) = BK^{\alpha}L^{1-\alpha} + AK$

단, A와 B는 양의 상수이고 $0 < \alpha < 1$임.

(1) F가 일차동차임을 증명하고, 이 성질을 이용하여 일인당 생산함수를 구하라.

해설

1차 동차생산함수의 정의는 임의의 수 h에 대해 다음의 조건이 성립하는 것이다.

$F(hK, hL) = hF(K, L)$

주어진 함수를 정리하면 다음과 같다.

$$\begin{aligned} F(hK, hL) &= B(hK)^{\alpha}(hL)^{1-\alpha} + A(hK) \\ &= h\left(BK^{\alpha}L^{1-\alpha} + AK\right) \\ &= hF(K, L) \end{aligned}$$

즉, 이 생산함수는 1차 동차생산함수이다. 따라서 이 생산함수에 $h = \frac{1}{L}$을 대입하여 정리하면 다음과 같다.

1인당 생산함수: $y = f(k) = \frac{1}{L} \times F(K, L) = Bk^{\alpha} + Ak$

(2) 일인당 자본의 증가율인 $\dot{k}_t / k_t$의 움직임을 나타내는 식을 구하고 이를 그림으로 그려라. 이 그림을 이용하여 위의 모형이 수렴현상의 존재를 설명할 수 있는지를 판단하라.

해 설

1인당 자본의 증가율: $\dfrac{\dot{k}_t}{k_t} = \dfrac{s\left(Bk_t^{\alpha} + Ak_t\right)}{k_t} - (n+\delta)$

$$= sBk_t^{\alpha-1} + [sA - (n+\delta)]$$

위 식에서 $sBk_t^{\alpha-1}$은 k_t가 증가함에 따라 0으로 수렴한다. 따라서 $sA \geq n+\delta$이면 수렴현상이 성립하지 않으며 영원히 1인당 자본이 증가한다. 이를 나타내면 [그림 18−4−1]과 같다. 반면 $sA < n+\delta$라면 안정적 균형상태가 존재하며 수렴현상의 존재를 설명할 수 있다. 이를 나타내면 [그림 18−4−2]와 같다.

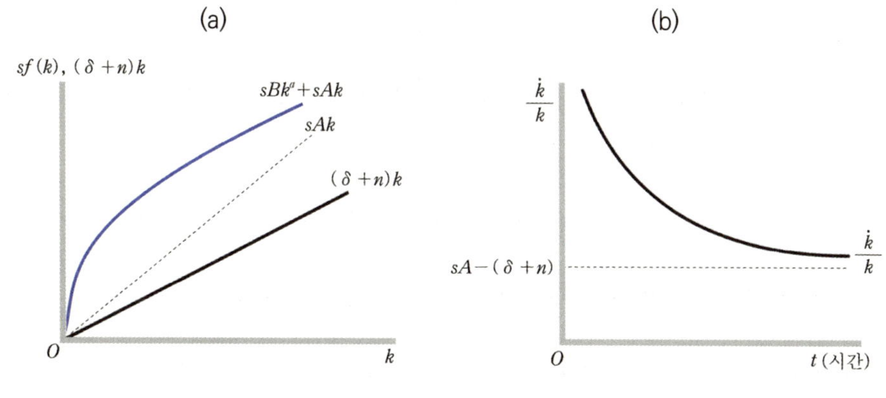

그림 18-4-1 안정적 균제상태가 존재하지 않는 경우

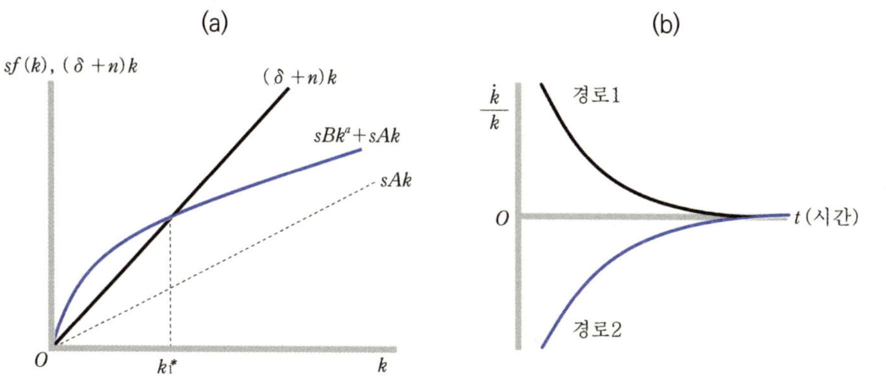

그림 18-4-2 안정적 균제상태가 존재하는 경우

05. 신고전적 생산함수하에서 생산요소시장이 완전경쟁적일 때 노동자의 임금이 모두 소비되고 자본소득이 모두 저축된다면 균제상태에서 황금률이 성립함을 보여라.

해설

솔로우 모형에서 규모수익 불변이고 한계생산이 체감하는 일반적인 생산함수를 가정하였을 때, 균제상태의 조건은 다음과 같다.

균제상태의 조건: $\dot{k} = sf(k) - (n+\delta)k = 0$ ··· 식 1

또한 본문에서 1인당 소비를 극대화 시키는 황금률의 조건이 다음과 같다는 것을 살펴보았다.

황금률의 조건: $f'(k) = (n+\delta)$ ··· 식 2

소득분배의 한계생산력설에 따르면 1인당 생산량 중 자본소득이 모두 저축된다고 하였으므로 다음의 관계가 성립한다.

1인당 자본소득: $MP_K \times k = f'(k) \times k = sf(k)$ ··· 식 3

이제 식 3을 식 1에 대입하면 다음 식을 얻을 수 있다.

균제조건의 변형: $\dot{k} = sf(k) - (n+\delta)k = f'(k)k - (n+\delta)k = 0$

위 식을 정리하면 $f'(k)k = (n+\delta)k$이 된다. 이 식의 양변을 k로 나누면 식 2가 성립됨을 증명할 수 있다.

황금률의 자동적 성립: $f'(k) = (n+\delta)$

06. 솔로우 모형에서 $f'(k) > \frac{g+n+\delta}{s}$ 일 때 즉, 자본의 한계생산물이 언제나 $\frac{g+n+\delta}{s}$ 보다 클 때 균제상태가 존재하는지의 여부와 그 이유를 설명하라.

해 설

기술진보가 존재할 때 솔로우 모형의 균제조건은 다음과 같다.

균제상태의 조건: $\dot{k} = sf(k) - (g+n+\delta)k = 0$

이 식에서 $sf(k)$는 실제투자량을, $(g+n+d)k$는 효율성 노동자 1인당 자본이 유지되기 위해 필요한 투자량을 의미한다. 이 두 가지 투자를 그래프에 나타냈을 때 [그림 18−6]의 (a)에서처럼 두 곡선이 만나는 점에서 변수간의 관계가 일정하게 유지되는 균제상태가 나타나게 된다.

설문에서의 조건 $f'(k) > \frac{g+n+\delta}{s}$을 정리하면 $sf'(k) > g+n+\delta$이 되는데 이 식의 좌변은 실제투자의 기울기를 의미한다. 반면 이 식의 우변은 필요투자의 기울기를 의미한다. 따라서 설문에서 말한 관계가 지속적으로 유지된다면 [그림 18−6]의 (b)에서처럼 실제투자가 항상 필요투자보다 가파른 기울기로 증가한다. 따라서 이러한 조건하에서는 두 곡선은 만나지 않으며 균제상태는 존재하지 않는다.

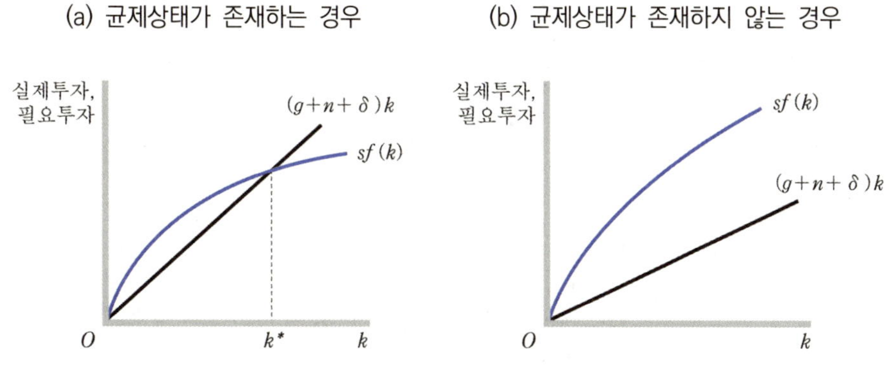

그림 18-6 균재상태의 존재

07. 생산함수가 $Y_t = F(K_t,\ A_tL_t)$의 형태일 때 솔로우 잔차를 나타내는 식을 유도하라.

해 설

주어진 생산함수는 다음과 같다(첨자 생략).

생산함수: $Y= F(K,\ AL)$

이 식을 전미분하면 다음 관계식을 얻는다.

$$dY= F_K dK+ LF_{AL}dA + AF_{AL}dL+ AF_{AL}dL$$

$$\text{단 } F_K = \frac{\partial Y}{\partial K},\ F_{AL} = \frac{\partial Y}{\partial AL}$$

식의 양변을 dt로 나누고 정리하면 다음과 같다.

$$\dot{Y}= \frac{dY}{dt}= F_K\frac{dK}{dt}+ LF_{AL}\frac{dA}{dt}+ AF_{AL}\frac{dL}{dt}$$

$$= F_K\dot{K}+ LF_{AL}\dot{A}+AF_{AL}\dot{L} \quad \cdots\cdots \text{식 } 1$$

다음으로 주어진 생산함수에서 한계생산을 구하고 이를 통해 각 요소에 대한 소득분배비율을 나타내면 다음과 같다.

자본에 대한 분배비율: $\dfrac{MP_KK}{Y}= \dfrac{F_KK}{Y}(= \alpha)$ ············ 식 2

노동에 대한 분배비율: $\dfrac{MP_LL}{Y}= \dfrac{AF_{AL}L}{Y}(= 1- \alpha)$ ············ 식 3

이제 식 1의 양변을 Y로 나누면서 정리하면 다음의 관계식을 얻는다.

$$\frac{\dot{Y}}{Y}= \frac{F_KK}{Y}\frac{\dot{K}}{K}+ \frac{LF_{AL}A}{Y}\frac{\dot{A}}{A}+ \frac{AF_{AL}L}{Y}\frac{\dot{L}}{L}$$

이 식에 식 2와 식 3을 대입하여 정리하면 다음의 성장회계방정식을 구할 수 있다.

성장회계방정식: $\dfrac{\dot{Y}}{Y}= \alpha\dfrac{\dot{K}}{K}+ (1- \alpha)\dfrac{\dot{A}}{A}+ (1- \alpha)\dfrac{\dot{L}}{L}$

이제 이 식을 $\dfrac{\dot{A}}{A}$에 대해 정리하면, 솔로우 잔차를 구할 수 있다.

솔로우 잔차: $\dfrac{\dot{A}}{A}= (1- \alpha)^{-1}\left[\dfrac{\dot{Y}}{Y}- \alpha\dfrac{\dot{K}}{K}- (1- \alpha)\dfrac{\dot{L}}{L}\right]$

08. 다음의 생산함수를 생각해 보자: $y=f(k)=k^{\alpha}$

(1) 실질금리를 소득 y의 함수로 표시하라.

해설

감가상각이 존재하지 않는 1재화 모형에서 실질금리는 자본의 한계생산성과 같아진다.

실질금리: $r=MP_K=f'(k)=\alpha k^{\alpha-1}$

$y=k^{\alpha}$에서 $k=y^{\frac{1}{\alpha}}$로 나타낼 수 있으므로 이를 대입하면 실질금리를 얻는다.

실질금리: $r=MP_K=f'(k)=\alpha\left(y^{\frac{1}{\alpha}}\right)^{\alpha-1}=\alpha y^{\frac{\alpha-1}{\alpha}}$

(2) 선후진국간 소득의 격차가 10배라면 실질금리의 격차는 얼마나 되는지 (1)의 답으로부터 유도하라. 단, $\alpha=1/3$로 가정할 것

해설

실질금리 $r=\alpha y^{\frac{\alpha-1}{\alpha}}$에서 $\alpha=\frac{1}{3}$을 대입하면 $r=\frac{1}{3}y^{-2}$이 된다.
이때 후진국의 소득을 y_0, 선진국의 소득을 $y_1=10y_0$라고 할 때 실질금리는 다음과 같다.

후진국의 실질금리: $r_0=\frac{1}{3}y_0^{-2}$

선진국의 실질금리: $r_1=\frac{1}{3}(10y_0)^{-2}=\frac{1}{100}\times\frac{1}{3}y_0^{-2}$

즉 후진국의 실질금리는 선진국의 실질금리의 100배가 될 것으로 예상된다.

(3) 만약 $\alpha = 2/3$일 때 선후진국간 실질금리의 격차는 국제자본이동성에 대해 어떤 함의를 가지는지 설명하라.

해설

실질금리 $r = \alpha y^{\frac{\alpha - 1}{\alpha}}$에서 $\alpha = \frac{2}{3}$을 대입하면 $r = \frac{2}{3} y^{-\frac{1}{2}}$이 된다.

이때 후진국의 소득을 y_0 선진국의 소득을 $y_1 = 10y_0$라고 할 때 실질금리는 다음과 같다.

후진국의 실질금리: $r_0 = \frac{2}{3} y_0^{-\frac{1}{2}}$

선진국의 실질금리: $r_1 = \frac{2}{3}(10y_0)^{-\frac{1}{2}} = \frac{1}{\sqrt{10}} \times \frac{2}{3} y_0^{-2}$

즉 후진국의 실질금리는 선진국의 실질금리의 $\sqrt{10} = 3.16$배가 될 것으로 예상된다. 즉 다른 조건이 일정할 때 a이 증가함에 따라 국가간 실질금리차가 감소하며 이는 국가간 자본이동을 감소시키는 요인으로 작용하게 된다. 극단적으로 $\alpha = 1$이 되는 경우에는 다른 조건이 일정할 때 소득수준과 무관히 자본의 한계생산이 동일해져서 국가간 자본이동이 전혀 발생하지 않게 된다.

09. (인적자본 모형) 생산요소로서 노동, 물적자본과 함께 인적자본이 투입되는 다음의 생산함수를 생각해 보자.

$$Y_t = K_t^{\alpha} H_t^{\beta} (A_t L_t)^{1-\alpha-\beta} \qquad \beta > 0,\ 1 - \alpha - \beta > 0,\ 0 < \alpha < 1$$

K와 H가 각각 다음과 같은 함수적관계를 통하여 축적된다고 하자.

$$\dot{K}_t = s_k Y_t,\ \dot{H}_t = s_H Y_t$$

모수 s_K와 s_H는 각각 물적자본과 인적자본의 투자 재원 조달을 위한 저축의 비율이다. 따라서 여기서는 $s_K + s_H$가 저축률이 된다. 기술의 발전과 인구증가율은 솔로우 모형과 동일하다고 가정한다. 즉, $\dot{A}_t / A_t = g$, $\dot{L}_t / l_t = n$이다.

(1) 생산함수를 노동의 효율성 단위로 측정한 $y = f(k,\ h)$의 꼴로 표시하라.

해설

총생산함수인 $Y_t = K_t^{\alpha} H_t^{\beta} (A_t L_t)^{1-\alpha-\beta}$의 양변을 $A_t L_t$로 나누어주면 효율성 노동 1단위당 생산함수를 구할 수 있다.

효율성 노동 1단위당 생산함수: $y = f(k,\ h) = K_t^{\alpha} H_t^{\beta} (A_t L_t)^{-\alpha-\beta} = k^{\alpha} \cdot h^{\beta}$

단 여기서 $y = \dfrac{Y_t}{A_t L_t}$, $k = \dfrac{K_t}{A_t L_t}$, $h = \dfrac{H_t}{A_t L_t}$이다.(이하 아래첨자 t는 생략함)

(2) $\dot{K}$과 $\dot{H}$식을 구하라.

해설

우선 $\dot{k}$의 식을 구하기 위하여 $\dfrac{\dot{k}}{k} = \dfrac{\dot{K}}{K} - \dfrac{\dot{A}}{A} - \dfrac{\dot{L}}{L}$에

$\dot{K} = s_K Y$, $\dfrac{\dot{A}}{A} = g$, $\dfrac{\dot{L}}{L} = n$을 대입하면,

$$\frac{\dot{k}}{k} = \frac{s_K Y}{K} - g - n = \frac{s_K Y/AL}{K/AL} - g - n$$

양변에 k를 곱하고 정리하면 다음 관계식을 얻는다.

물적자본의 축적공식: $\dot{k} = s_K k^{\alpha} h^{\beta} - (g+n)k$ ······················ 식 1

같은 식으로 $\dot{h}$의 식을 구하기 위하여

$\dfrac{\dot{h}}{h} = \dfrac{\dot{H}}{H} - \dfrac{\dot{A}}{A} - \dfrac{\dot{L}}{L}$에 $\dot{H} = s_H Y$, $\dfrac{\dot{A}}{A} = g$, $\dfrac{\dot{L}}{L} = n$을 대입하면,

$$\frac{\dot{k}}{k} = \frac{s_H Y}{H} - g - n = \frac{s_H Y/AL}{H/AL} - g - n$$

양변에 h를 곱하고 정리하면 다음 관계식을 얻는다.

인적자본의 축적공식: $\dot{h} = s_H k^{\alpha} h^{\beta} - (g+n)h$ ······················ 식 2

(3) 균제상태에서 균형성장이 존재함을 보이고 균형성장률을 구하라. 균형성장률이 솔로우 모형과 차이가 있는가? 그 이유는 무엇인가?

해 설

이 모형에서 균제상태는 $\dot{k}=\dot{h}=0$이 되는 상태이다. 식 1과 식 2의 값을 0으로 두고 연립하여 정리하면 다음의 결과를 구할 수 있다(과정이 지나치게 복잡하므로 도출과정 생략).

$$k^*=\left(\frac{s_K}{g+n}\right)^{\frac{1-\beta}{1-\alpha-\beta}}\left(\frac{s_H}{g+n}\right)^{\frac{\beta}{1-\alpha-\beta}}$$

$$h^*=\left(\frac{s_K}{g+n}\right)^{\frac{\alpha}{1-\alpha-\beta}}\left(\frac{s_H}{g+n}\right)^{\frac{1-\alpha}{1-\alpha-\beta}}$$

이 경우 균제상태에서 $k=\frac{K}{AL}$와 $h=\frac{H}{AL}$이 일정해지기 때문에 $y=k^{\alpha}h^{\beta}$도 일정해진다. 그런데 이때 $\frac{\dot{y}}{y}=\frac{\dot{Y}}{Y}-\frac{\dot{A}}{A}-\frac{\dot{L}}{L}=0$의 관계를 이용하면 총성장률은 $n+g$가 되며 이는 솔로우 모형에서의 균형성장률과 일치한다. 이 모형은 새로운 성장동력으로 인적자본을 도입하였으나 인적자본 역시 한계생산이 체감하며 물적자본과 인적자본을 결합한 복합자본에 대해서도 한계생산이 체감하기 때문에($1-\alpha-\beta>0$) 이러한 변화가 장기성장률에 영향을 미치지 못하기 때문이다.

10. (R&D 모형) 다음의 생산함수와 기술진보율 함수를 생각해 보자.

$$Y_t=A_t(1-a)L_t$$

$$\dot{A}_t=aL_tA_t^{\theta},\ \ \dot{L}_t/L_t=n$$

(1) 기술진보율 $g_t=\dot{A}_t/A_t$가 시간에 관계없이 일정할 조건을 구하라. 균제상태에서 일인당 소득의 증가율은 무엇인가? 이는 솔로우 모형과 어떤 차이가 있는가?

해설

기술진보율 함수로부터 $g = \frac{\dot{A}}{A} = aLA^{\theta - 1}$가 된다. 이 식을 변형하면 다음 관계식을 얻는다(편의상 첨자 t는 생략함).

기술진보율의 변화: $\frac{\dot{g}}{g} = \frac{\dot{a}}{a} + \frac{\dot{L}}{L} + (\theta - 1)\frac{\dot{A}}{A}$ ······ 식 1

기술진보율 g가 일정할 조건은 식 1이 0이 되는 것이며 $\frac{\dot{a}}{a} = 0$(a는 상수), $\frac{\dot{L}}{L} = n$을 대입하면 다음 조건을 얻는다.

기술진보율이 일정할 조건: $\frac{\dot{g}}{g} = 0 \Rightarrow g = \frac{\dot{A}}{A} = \frac{n}{1-\theta}$ ······ 식 2

이 식을 다시 기술진보율 함수에 대입하면 다음의 조건을 얻는다.

기술진보율이 일정할 조건: $LA^{\theta - 1} = \frac{n}{a(1-\theta)}$ (단 $\theta < 1$ 가정)

다음으로 일인당 소득증가율을 구하기 위해 총생산함수를 변형하면 다음 관계식을 얻는다.

총성장률: $\frac{\dot{Y}}{Y} = \frac{\dot{A}}{A} + \frac{\dot{L}}{L}$ ······ 식 3

그런데 1인당 소득 $y = \frac{Y}{L}$이므로 식 2 및 식 3으로부터 1인당 성장률을 구하면 다음과 같다.

1인당 성장률: $\frac{\dot{y}}{y} = \frac{\dot{Y}}{Y} - \frac{\dot{L}}{L} = \frac{\dot{A}}{A} = \frac{n}{1-\theta}$

이 모형에서 1인당 성장률이 외생적인 기술진보율에 의해 결정된다는 점은 솔로우 모형과 동일하다. 그러나 인구성장률이 높아질 때 기술진보율이 영향을 받아 1인당 성장률에 영향을 미칠 수 있다는 점에서는 차이가 있다.

(2) $\theta < 1$일 때, $\theta = 1$일 때, $\theta > 1$일 때에 대해 각각 기술진보율(g)과 기술진보율의 변화($\dot{g}$)와의 관계를 $X-Y$좌표상에 보여라.

해 설

(1)의 식 1에 $\frac{\dot{a}}{a}=0$(a는 상수), $\frac{\dot{L}}{L}=n$을 대입하면 다음 조건을 얻는다.

기술진보율의 변화: $\frac{\dot{g}}{g}=n+(\theta-1)\frac{\dot{A}}{A}$

이때 $\frac{\dot{A}}{A}>0$임을 고려하면 θ의 값에 따른 g와 $\dot{g}$의 관계는 [그림 18−10]과 같다.

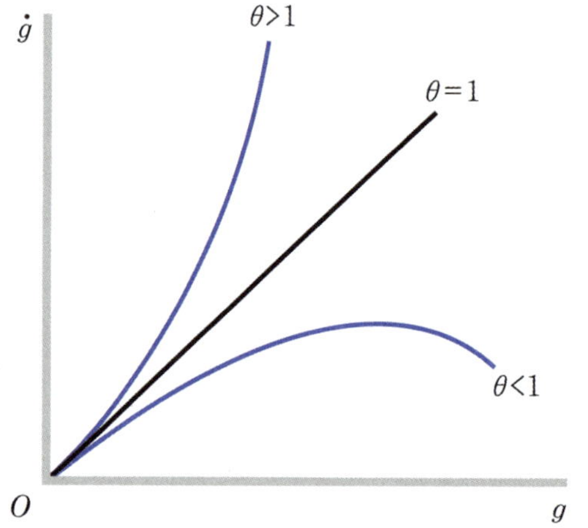

그림 18-10 기술진보율의 변화

(3) 어느 경우에 기술에 대한 투자로부터의 이득이 가장 큰가?

해 설

위 결과에 따르면 $\theta > 1$인 경우가 기술에 대한 투자로부터 가장 큰 이익을 얻을 수 있다. 이는 주어진 조건하에 기존 연구결과가 새로운 연구를 촉진하는 '어깨 위에 서는 효과'를 강하게 유발하기 때문이다.

11. 다음 일인당으로 표시한 Cobb－Douglas 생산함수를 생각해보자.

$y = Ak^{\alpha}$

(1) 자본의 한계생산물을 표시하는 식을 유도하라.

해 설

1인당 생산함수: $y = Ak^{\alpha}$ ⇒ 총생산함수: $Y = AK^{\alpha}L^{1-\alpha}$

$$MP_K = \frac{\partial Y}{\partial K} = \alpha AK^{\alpha-1}L^{1-\alpha} = \alpha Ak^{\alpha-1}$$

(이것은 1인당 생산함수를 k로 편미분한 것과 동일한 결과이다.)

(2) 노동의 한계생산물, 즉 실질임금을 표시하는 식을 구하라.

해 설

$$w = MP_L = \frac{\partial Y}{\partial K} = (1-\alpha)AK^{\alpha}L^{-\alpha} = (1-\alpha)Ak^{\alpha}$$

(3) 균제상태에서 소득 대비 자본의 비율, 즉 k/y가 일정함을 보여라.

해 설

균제상태를 나타내는 식은 다음과 같다.

$$\dot{k} = sAk^{\alpha} - (n+\delta)k = 0 \Rightarrow k^{*} = \left(\frac{sA}{n+\delta}\right)^{\frac{1}{1-\alpha}},\ y^{*} = A\left(\frac{sA}{n+\delta}\right)^{\frac{\alpha}{1-\alpha}}$$

따라서 균제상태에서 $\frac{k^{*}}{y^{*}} = \frac{s}{n+\delta}$로 일정하다.

(4) 위 문제들을 다음의 신고전적 생산함수를 이용하여 답하라.

$y = Af(k)$

해 설

$MP_K = \frac{\partial Y}{\partial K} = AF_K$이다.

$w = MP_L = \frac{\partial Y}{\partial L} = AF_L$이다.

균제상태의 조건 $\dot{k} = sAf(k) - (n+\delta)k = 0$에서 $\frac{k^*}{y^*} = \frac{k^*}{Af(k^*)} = \frac{s}{n+\delta}$로 일정하다.

12. 다음의 해로드 중립적인 Cobb-Douglas 생산함수를 생각해 보자.

$Y = K^{\alpha}(AL)^{1-\alpha}$

(1) 기술진보율, 인구증가율과 자본의 감가상률을 각각 g, n, δ라 할 때 시간에 따른 일인당 자본량의 변화를 나타내는 식 $\dot{k}_t = sf(k_t) - (n+g+\delta)k_t$을 유도하라.

해 설

주어진 생산함수를 A_tL_t로 나누어 정리하면 효율노동 일인당 생산함수를 구할 수 있다.

$\frac{Y_t}{A_tL_t} = \left(\frac{K_t}{A_tL_t}\right)^{\alpha}$ ⇒ 효율노동 일인당 생산함수: $y_t = f(k_t) = k_t^{\alpha}$ ······ 식 1

$k_t = \frac{K_t}{A_tL_t}$을 전미분해서 정리하면 식 2와 같다.

$\frac{\dot{k}_t}{k_t} = \frac{\dot{K}_t}{K_t} - \frac{\dot{A}_t}{A_t} - \frac{\dot{L}}{L_t}$ ······ 식 2

$\dot{K}_t = I_t - \delta K_t = sY_t - \delta K_t$, $\frac{\dot{A}_t}{A_t} = g$, $\frac{\dot{L}_t}{L_t} = n$이므로 이를 식 1에 대입하면 다음과 같다.

$\frac{\dot{k}_t}{k_t} = \frac{sY_t - \delta K_t}{K_t} - g - n$ ······ 식 3

식 3의 양변에 $k_t = \frac{K_t}{A_tL_t}$를 곱하고 $y_t = \frac{Y_t}{A_tL_t} = f(k_t)$를 대입하면 다음과 같다.

$\dot{k}_t = sf(k_t) - (n+g+\delta)k_t$ ······ 식 4

위 식에 효율노동 일인당 생산함수를 나타내는 식 1을 대입하면 다음과 같다.

효율노동 일인당 자본량의 변화: $\dot{k}_t = s(k_t)^{\alpha} - (n+g+\delta)k_t$ ······ 식 5

(2) 균제상태에서 실질임금의 증가율을 구하라.

해 설

식 5에서 $\dot{k}_t = 0$일 때, 즉 균제상태에서의 조건을 정리하면 다음과 같다.

효율노동 1인당 자본: $k_t = \left(\dfrac{s}{n+g+\delta}\right)^{\frac{1}{1-\alpha}}$

효율노동 1인당 소득: $y_t = \left(\dfrac{s}{n+g+\delta}\right)^{\frac{\alpha}{1-\alpha}}$

즉 균제상태에서 효율노동 1인당 자본과 소득은 일정하다. 이하 편의상 하첨자 t는 생략한다.

$Y = wL + rK$에서 양변을 AL로 나누면 $\dfrac{Y}{AL} = \dfrac{w}{A} + r\dfrac{K}{AL}$, 즉 $y = \dfrac{w}{A} + rk$가 된다. 이 경우 균제상태에서 y와 k가 일정하며, k가 일정하므로 r도 일정하다면 w는 A와 같은 속도로 증가해야 한다. 즉 실질 임금의 증가율 $\dfrac{\dot{w}}{w} = \dfrac{\dot{A}}{A} = g$가 된다(실질임금의 상승률이 g가 된다는 것은 직접 MP_L을 도출해서 확인할 수도 있다).

(3) 균제상태에서 자본의 한계생산물이 일정함을 보여라.

해 설

자본의 한계생산은 다음과 같다.

$$MP_K = \alpha K^{\alpha-1}A^{1-\alpha}L^{1-\alpha} = \alpha\left(\frac{K}{AL}\right)^{\alpha-1} = \alpha\frac{n+g+\delta}{s}$$

즉 자본의 한계생산은 일정하다. 이에 따라 자본의 임대료율 r도 일정해질 것이다.

13. 다음과 같이 생산요소(K, L)의 크기는 변하지 않지만 기술진보가 일어나는 고전적 경제를 생각해보자.

생산함수: $Y=K^{\alpha}(AL)^{1-\alpha}$

기술진보: $\frac{\Delta A}{A}=g$

(1) GDP의 증가율을 구하라.

해설

주어진 생산함수에서 성장회계방정식을 구하면 다음과 같다.

$$\frac{\Delta Y}{Y}=\alpha\frac{\Delta K}{K}+(1-\alpha)\frac{\Delta A}{A}+(1-\alpha)\frac{\Delta L}{L} \quad \cdots\cdots \text{식 } 1$$

식 1에 $\frac{\Delta K}{K}=\frac{\Delta L}{L}=0$과 $\frac{\Delta A}{A}=g$를 대입하면 $\frac{\Delta Y}{Y}=(1-\alpha)\frac{\Delta A}{A}=(1-\alpha)g$가 된다.

(2) 노동소득과 자본소득을 Y와 모수 값을 이용해 구하라.

해설

노동소득: $MP_L L=(1-\alpha)K^{\alpha}A^{1-\alpha}L^{-\alpha}L=(1-\alpha)K^{\alpha}(AL)^{1-\alpha}=(1-\alpha)Y$

자본소득: $MP_K K=\alpha K^{\alpha-1}(AL)^{1-\alpha}K=\alpha K^{\alpha}(AL)^{1-\alpha}=\alpha Y$

(3) 실질임금의 크기와 그 증가율을 구하라.

해설

실질임금은 노동의 한계생산과 같다.

$$w=MP_L=(1-\alpha)\frac{Y}{L} \Rightarrow \frac{\Delta w}{w}=\frac{\Delta Y}{Y}-\frac{\Delta L}{L}=(1-\alpha)g$$

(4) 실질금리의 크기와 그 증가율을 구하라.

해 설

1재화모형에서 감가상각률이 0이라고 가정할 때 실질금리는 자본의 한계생산과 같다.

$$r = MP_K = \alpha\frac{Y}{K} \Rightarrow \frac{\Delta r}{r} = \frac{\Delta Y}{Y} - \frac{\Delta K}{K} = (1-\alpha)g$$

(5) 기술진보 대신 생산요소의 크기가 같은 크기로 증가할 때, 즉 $\frac{\Delta L}{L} = \frac{\Delta K}{K} = g$일 때 각각의 경우에 대해 (1) - (4)에 답하라.

해 설

(1)에서 식 1에 $\frac{\Delta K}{K} = \frac{\Delta L}{L} = g$과 $\frac{\Delta A}{A} = 0$를 대입하면 $\frac{\Delta Y}{Y} = g$가 된다.

(2)는 동일하다.

(3)에서 $\frac{\Delta w}{w} = \frac{\Delta Y}{Y} - \frac{\Delta L}{L} = 0$이 된다.

(4)에서 $\frac{\Delta r}{r} = \frac{\Delta Y}{Y} - \frac{\Delta K}{K} = 0$이 된다.

14. 다음과 같은 생산함수와 모수를 가진 경제를 생각해보자.

$$y = k^{1/2}, n + g = \frac{3}{8}, \delta = \frac{1}{8}, s = \frac{1}{2}$$

단 y와 k는 효율노동단위로 표시한 생산량과 자본량이다.

(1) 효율노동단위로 표시한 균제상태의 생산량, 자본량, 투자, 소비를 구하라. 이 경제가 황금률의 조건을 충족하고 있음을 보여라.

해 설

균제상태의 조건은 다음과 같다.

$$\dot{k}= sy-(n+g+\delta)k=\frac{1}{2}k^{1/2}-\frac{1}{2}k=0 \Rightarrow k^*=1,\ y^*=1,\ i^*=\frac{1}{2},\ c^*=\frac{1}{2}$$

황금률의 조건은 다음과 같다.

$$MPK=n+g+\delta \Rightarrow \frac{1}{2}k^{-1/2}=\frac{1}{2} \Rightarrow k^G=1$$

따라서 이 경제의 균제상태가 황금률의 조건을 충족한다.

(2) 이 경제가 자본개방을 단행했다. 신고전적 경제학의 세계를 가정하고 자본개방하에서 균제상태, 즉 효율노동단위로 나타낸 생산량, 투자, 소비, 순수출, 경상수지를 구하라. 단 국제금리는 $r^*=\frac{7}{24}$로 일정하다.

해 설

신고전파 경제학의 세계를 가정할 때 자본보유의 한계편익과 한계비용(사용자비용)이 일치해야 하므로 $MPK=r^*+\delta$이 성립해야 한다. [문제에 주어진 실질이자율이 이미 감가상각을 뺀 순실질이자율일 경우 계산이 약간 달라지지만 결론은 유사하다.]

$$MPK-\delta=\frac{1}{2}k^{-1/2}-\frac{1}{8}=r^*=\frac{7}{24}$$

$$\Rightarrow k=\frac{36}{25},\ y=\frac{6}{5},\ i=(n+g+\delta)k=\frac{18}{25},\ c=y-i=\frac{12}{25}$$

경상수지(순수출)은 $NX=sy-i=\frac{1}{2}\frac{6}{5}-\frac{18}{25}=-\frac{3}{25}$이다. 만약 경상수지에 대외이자 지급분을 포함한다면 적자폭이 증가한다.

(3) 자본개방하에서 이 경제는 동태적으로 비효율적인가? 자본개방하에서 1인당 소비가 폐쇄경제보다 감소했는가? 그 이유는? (힌트: 지속가능한 소비가 GDP가 아닌 국제실질금리에 의존, 순수출이 부(-)의 값을 가짐에 유의)

개방경제에서 균제자본량 $k=\frac{36}{25}$이 황금률 자본량보다 크기 때문에 이 경제는 과다자본상태에 있으며 이로 인해 동태적 비효율성이 발생한다. 이 사례에서 세계이자율이 황금률에서의 순한계생산인 $MP_k-\delta=\frac{1}{2}-\frac{1}{8}=\frac{3}{8}$보다 낮기 때문에 과다한 자본축적을 유발한다. 이상의 사례는 자본개방으로 인한 자본의 과잉축적이 균제상태에서 소비수준을 감소시킬 수 있음을 보여준다.

15. 신고전적 접근에 따른 자본의 사용자비용이론에 의하면 $MPK = r + \delta$의 등식이 성립한다. $Y = K^{a}(AL)^{1-a}$의 생산함수를 가정하고 $L = \overline{L}$일 때 경제의 최적 1인당 자본량을 구하라. 최적 1인당 자본량이 황금률의 조건을 충족함을 보여라.

해설

1. 신고전파 접근에 따른 최적자본량

$$MPK = \alpha K^{\alpha-1}(AL)^{1-\alpha} = \alpha k^{\alpha-1} = r + \delta \Rightarrow k = \left(\frac{\alpha}{r+\delta}\right)^{\frac{1}{1-\alpha}},$$

k는 효율단위 1인당 자본량

2. 황금률의 조건

$$MPK = \alpha K^{\alpha-1}(AL)^{1-\alpha} = \alpha k^{\alpha-1} = n + g + \delta \Rightarrow k^{G} = \left(\frac{\alpha}{n+g+\delta}\right)^{\frac{1}{1-\alpha}}$$

따라서 주어진 문제에서 $r = n + g(= g)$의 조건이 만족되면 황금률의 조건이 충족된다.

16. (2024년 행정고시) 어떤 경제의 정부정책이 내생적 성장을 초래하는 모형은 다음과 같다.

총생산함수 : $Y = K^{b}G^{1-b},\ 0 < b < 1$

조세수입 : $T = \tau Y$

1인당 자본증가량 : $\dot{k} = s(1-\tau)y - \delta k$

Y, K, G, T, τ, b는 각각 총생산, 총자본, 정부지출, 조세수입, 세율 및 자본계수를 나타낸다. 이때 k, s, y, d는 각각 1인당 자본, 저축률, 1인당 생산 및 감가상각율을 나타낸다.

(1) 정부가 균형예산을 유지할 때 1인당 자본증가율을 구하시오.

해 설

균형예산의 조건 $G=T=\tau Y$를 총생산함수에 대입하여 정리하면 다음과 같다.

$$Y=K^{b}(\tau Y)^{1-b} \Rightarrow Y^{b}=K^{b}\tau^{1-b}$$

$$\Rightarrow \text{총생산함수 : } Y=\tau^{\frac{1-b}{b}}K \Rightarrow \text{1인당 생산함수 : } y=\tau^{\frac{1-b}{b}}k$$

이 생산함수에서 $A=\tau^{\frac{1-b}{b}}$로 두면 $Y=AK$의 형태가 되어 물적 자본의 한계생산이 체감하지 않는다. 내생적 성장모형에서 정부지출이 사회간접자본에 대한 투자, 인적 자본의 확충, 연구개발 등의 용도로 사용된다면 자본의 한계생산 체감을 막아주는 역할을 할 수 있다.

1인당 생산함수를 1인당 자본 증가량을 나타내는 식에 대입하여 정리하면 다음과 같다.

$$\Delta k=s(1-\tau)\tau^{\frac{1-b}{b}}k-\delta k \Rightarrow \text{1인당 자본 증가율 : } \frac{\Delta k}{k}=s(1-\tau)\tau^{\frac{1-b}{b}}-\delta$$

이 모형에서 자본의 한계생산이 체감하지 않으므로 $s(1-\tau)\tau^{\frac{1-b}{b}}>\delta$가 만족되는 경우 외생적 기술진보가 없어도 지속적 경제성장이 이루어질 수 있다. 이를 나타내면 [그림 18-16-1]과 같다.

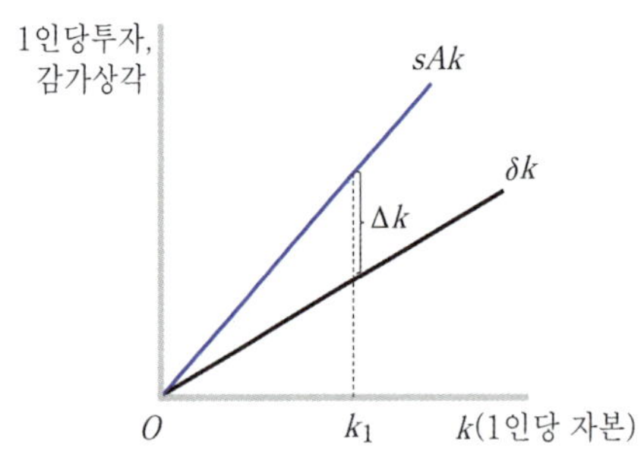

그림 18-16-1 지속적 경제성장 가능성

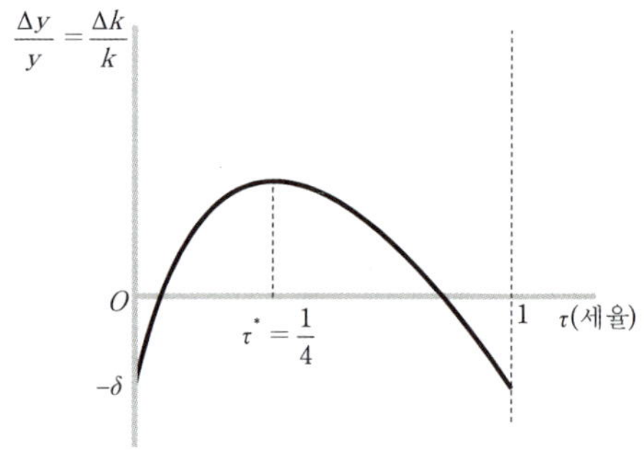

그림 18-16-2 최적세율의 도출

(2) $b=\dfrac{3}{4}$일 때 1인당 자본증가율이 극대화되는 세율을 구하시오.

해 설

s와 δ가 일정할 때 $\dfrac{\Delta k}{k}$을 극대화하는 것은 $\theta=(1-\tau)\tau^{\frac{1-b}{b}}$을 극대화하는 것 같다. $b=\dfrac{3}{4}$을 대입한 후 극대화조건을 구하면 다음과 같다.

$$\theta=(1-\tau)\tau^{\frac{1}{3}} \Rightarrow \frac{d\theta}{d\tau}=\frac{1}{3}\tau^{-\frac{2}{3}}-\frac{4}{3}\tau^{\frac{1}{3}}=\frac{1}{3}\tau^{-\frac{2}{3}}(1-4\tau)=0 \Rightarrow \tau^{*}=\frac{1}{4}$$

이를 나타내면 [그림 18-16-2]와 같다. 이 그림에서 경제성장률은 세율 및 이에 비례하는 정부지출규모에 영향을 받는다. 이 모형에서 경제성장률은 $\tau^{*}=\dfrac{1}{4}$에 이를 때까지 상승하며 그 이후로는 하락한다.

(3) 경제성장효과를 가져올 수 있는 정부지출의 정책적 함의를 설명하시오.

해 설

이 모형에서 세율인상은 두 가지 영향을 미친다. 첫째, 직접적으로 세율인상은 민간저축률을 하락시키는데 이는 경제성장률을 하락시킨다. 둘째, 이 경제에서 정부지출은 자본의 생산성을 상승시킨다. 앞서 언급한 바와 같이 정부지출이 단순 소비지출이 아니라 사회간접자본의 건설이나 연구개발에 사용되면 물적자본의 생산성을 향상시킬 수 있다. 두 가지 영향이 반대방향으로 작용하지만 두 번째 효과가 더 큰 경우 정부지출의 증가 및 세율의 인상이 경제성장률을 상승시킬 수 있다. 따라서 정부는 정부지출의 성격 및 세율수준 결정을 통해 일정수준까지 경제성장률을 상승시킬 수 있다.

17. 다음과 같이 기술진보가 일어나는 신고전적 성장모형을 생각해보자.

$$Y = F(K, LE),\ \frac{\dot{L}}{L} = n,\ \frac{\dot{E}}{E} = g,\ K = \dot{I} - \delta K$$

(1) 균제상태에서 시간대에 따른 $\log Y, \log Y/L$을 그림으로 나타내라.

해설

균제상태에서 $Y(t) = y^* L(t)E(t)$이고 $L(t) = L_0 e^{nt}$, $E(t) = E_0 e^{gt}$이므로 $Y(t) = y^* L_0 E_0 e^{(n+g)t}$가 된다. 자연로그를 취한 후 정리하면 다음과 같다. (편의상 log는 자연로그를 의미하는 것으로 가정)

$$\log Y = \log\left(y^* L_0 E_0\right) + (n+g)t$$

즉 $\log Y$의 시간경로는 절편이 $\log\left(y^* L_0 E_0\right)$이며 기울기가 $n+g$인 직선이다.

다음으로 1인당 생산 $Y(t)/L(t) = y^* E(t) = y^* E_0 e^{gt}$가 된다. 자연로그를 취한 후 정리하면 다음과 같다.

$$\log(Y/L) = \log\left(y^* E_0\right) + gt$$

즉 $\log(Y/L)$의 시간경로는 절편이 $\log\left(y^* E_0\right)$이며 기울기가 g인 직선이다.

(2) 경쟁적 시장을 가정하고 MPL, MPK를 계산하라. 단 $Y = MPL \times L + MPK \times K$를 이용하라.

해설

우선 $y = f(k) = \frac{Y}{LE}$ 또는 $Y = LEf(k)$에서 MPK를 구하면 다음과 같다.

$$MPK = \frac{\partial Y}{\partial K} = \frac{\partial [LEf(k)]}{\partial K} = LEf'(k)\frac{\partial k}{\partial K} = LEf'(k)\frac{1}{LE} = f'(k)$$

완전분배정리식인 $Y = MPL \times L + MPK \times K$을 정리하면 다음과 같다.

$$\frac{MPL}{E} = \frac{Y - MPK \times K}{LE} = y - MPK \times k = f(k) - f'(k)k$$

$\Rightarrow MPL = E[f(k) - f'(k) \times k]$

(3) n의 증가가 $MPL, MPL \times L, MPK, MPK \times K$에 미치는 파급효과를 설명하라, 단 GDP 대비 자본소득의 비율은 $a(<1)$와 같다.

$y^*(n,g) = f(k^*(n,g))$, y_n^*, k_n^*, y_g^*, $k_g^* < 0$

$$\frac{\dot{Y}}{Y} = \frac{\dot{K}}{K} = n + g, \quad \frac{\left(\dot{\frac{Y}{L}}\right)}{\left(\frac{Y}{L}\right)} = g$$

해 설

자본에 대한 분배몫을 α, 노동에 대한 분배몫을 $1-\alpha$라고 할 때 다음과 같이 정리할 수 있다.

$$MPL \times L = (1-\alpha)Y \Rightarrow MPL = (1-\alpha)\frac{Y}{L}, \quad MPK \times K = \alpha Y \Rightarrow MPK = \alpha\frac{Y}{K}$$

균제상태에서 $\log(MPL \times L)$은 기울기 $n+g$인 직선, $\log(MPL)$은 기울기 g인 직선, $\log(MPK \times K)$는 기울기 $n+g$인 직선, $\log MPK$는 수평선이 된다.

n이 증가할 때 총성장률이 증가하며 $k_n^* < 0$에서 k^*는 감소한다.

$\log(MPL \times L)$과 $\log(MPK \times K)$는 $\log Y$와 비례관계를 유지하며 기울기가 가팔라진 새로운 추세선으로 수렴한다.

MPL은 장기적으로 기울기는 변함없지만 균제자본량이 감소하며 하방으로 이동한 추세선으로 수렴한다.

MPK는 장기적으로 기울기는 변함없지만 균제자본량이 감소하며 상방으로 이동한 추세선으로 수렴한다.

(4) n대신 g의 증가가 일어날 때 (3)번을 답하라.

해 설

g가 증가할 때 총성장률이 증가하며 $k_g^* < 0$에서 k^*는 감소하지만 실제 1인당 자본량은 더욱 빠른 속도로 증가한다.

$\log(MPL \times L)$과 $\log(MPK \times K)$는 $\log Y$와 비례관계를 유지하며 기울기가 가팔라

진 새로운 추세선으로 수렴한다.

MPL은 기울기가 가팔라진 새로운 추세선으로 수렴한다.

MPK는 장기적으로 기울기는 변함없지만 상방으로 이동한 새로운 추세선으로 수렴한다.

18. 다음의 내생적 성장모형을 생각해보자.

제조업 생산함수 : $Y = K^{\alpha}[(1-g)LE]^{1-\alpha}$

R&D 생산함수 : $\dot{E} = gE$

인구증가율 : $\frac{\dot{L}}{L} = n$, 자본의 감가상각률 : δ

소비함수 : $C = (1-s)Y$

(1) 제조업 생산함수를 $y\left(= \frac{Y}{LE}\right)$와 $k\left(= \frac{K}{LE}\right)$로 나타내라.

해설

제조업 생산함수를 LE로 나누어 정리하면 다음과 같다.

$$\frac{Y}{LE} = \left(\frac{K}{LE}\right)^{\alpha}[(1-g)]^{1-\alpha} \Rightarrow y = k^{\alpha}[(1-g)]^{1-\alpha} \quad \cdots\cdots \text{식 } 1$$

(2) $\dot{k}$을 설명하는 식을 구하라.

해설

$k = \frac{K}{LE}$에서 $\frac{\dot{k}}{k} = \frac{\dot{K}}{K} - \frac{\dot{L}}{L} - \frac{\dot{E}}{E}$이 성립한다고 하자.

$\dot{K} = sY - \delta K$이며 $\frac{\dot{L}}{L} = n$, $\frac{\dot{E}}{E} = g$이므로 이를 대입하여 정리하면 다음과 같다.

$$\frac{\dot{k}}{k} = \frac{sY - \delta K}{K} - n - g$$

위 식의 양변에 $k=\dfrac{K}{LE}$를 곱한 후 식 1을 대입하여 정리하면 다음과 같다.

$\dot{k}= sy-(n+\delta+g)k = sk^{\alpha}(1-g)^{1-\alpha}-(n+\delta+g)k$ ………………………………………… 식 2

(3) 균제상태에서 1인당 경제성장률과 자본증가율을 구하라.

해설

균제상태에서 $\dot{k}=0$, $\dot{y}=0$이 성립할 것이다. 따라서 다음의 관계가 성립한다.

$$\frac{\dot{k}}{k}=\frac{\dot{K}}{K}-\frac{\dot{L}}{L}-\frac{\dot{E}}{E}=\left(\frac{\dot{K}}{K}-\frac{\dot{L}}{L}\right)-g=0 \Rightarrow \text{실제 1인당 자본증가율 : } \left(\frac{\dot{K}}{K}-\frac{\dot{L}}{L}\right)=g$$

$$\frac{\dot{y}}{y}=\frac{\dot{Y}}{Y}-\frac{\dot{L}}{L}-\frac{\dot{E}}{E}=\left(\frac{\dot{Y}}{Y}-\frac{\dot{L}}{L}\right)-g=0 \Rightarrow \text{실제 1인당 경제성장률 : } \left(\frac{\dot{Y}}{Y}-\frac{\dot{L}}{L}\right)=g$$

(4) 이 모형에서 황금률이 존재하는지 여부를 설명하라.

해설

균제상태에서 효율노동당 자본 및 소득을 구하면 다음과 같다.

$$sk^{\alpha}(1-g)^{1-\alpha}=(n+\delta+g)k$$

$$\Rightarrow k^{*}=\left[\frac{s(1-g)^{1-\alpha}}{n+\delta+g}\right]^{\frac{1}{1-\alpha}}=(1-g)\left(\frac{s}{n+\delta+g}\right)^{\frac{1}{1-\alpha}}$$

$$\Rightarrow y^{*}=(k^{*})^{\alpha}(1-g)^{1-\alpha}=(1-g)\left(\frac{s}{n+\delta+g}\right)^{\frac{\alpha}{1-\alpha}}$$

균제상태에서 효율노동당 소비극대화 문제는 다음과 같다.

$$\max\ c^{*}=(1-s)y^{*}=(1-s)(1-g)\left(\frac{s}{n+\delta+g}\right)^{\frac{\alpha}{1-\alpha}}$$

저축률과 무관한 $(1-g)$와 $(n+\delta+g)$를 제외하고 문제를 재정의한 후 풀면 다음과 같다.

$$\max\ \tilde{c}=(1-s)(s)^{\frac{\alpha}{1-\alpha}} \Rightarrow \text{1계조건 : } \frac{d\tilde{c}}{ds}=-(s)^{\frac{\alpha}{1-\alpha}}+(1-s)\frac{\alpha}{1-\alpha}(s)^{\frac{\alpha}{1-\alpha}-1}=0$$

$(1-s)\dfrac{\alpha}{1-\alpha}(s)^{\frac{\alpha}{1-\alpha}-1} = (s)^{\frac{\alpha}{1-\alpha}} \quad \Rightarrow \quad (1-s)\dfrac{\alpha}{1-\alpha} = s \quad \Rightarrow$ 황금률의 저축률 : $s_{gr} = \alpha$

이 모형에서 황금률이 존재하며 황금률의 저축률은 자본소득분배율과 동일하다.

Chapter 19

경기변동과 거시경제학의 신조류

01. 본문 (19-8)식에 주어진 균형국민소득을 구해보자.

(1) (19-6)식과 (19-7)식을 y와 p에 대해 풀면 다음과 같은 해가 구해짐을 보여라.

$$p = \frac{1}{1+b}m + \frac{b}{1+b}E(p)$$

$$y = \frac{b}{1+b}m - \frac{b}{1+b}E(p)$$

해설

본문에서 주어진 식들을 옮기면 다음과 같다.

총공급곡선: $y = b[p - E(p)]$
총수요곡선: $y = m - p$

두 식에서 y를 소거하면 다음과 같은 과정을 통해 첫 번째 식을 얻는다.

$$b[p - E(p)] = m - p$$
$$bp + p = m + bE(p)$$
$$p = \frac{1}{b+1}m + \frac{b}{b+1}E(p) \quad \cdots\cdots \text{식 } 1$$

식 1을 총수요곡선에 대입하면 두 번째 식을 얻는다.

$$y = m - p = \frac{b}{1+b}m - \frac{b}{1+b}E(p) \quad \cdots\cdots \text{식 } 2$$

(2) 위 식 중 첫 번째 식의 양변에 기대를 취하면 다음과 같은 결과를 구할 수 있음을 보여라.

$$E(p)= E(m)$$

해설

양변에 기대를 취하면 다음과 같다.

$$E(p)= \frac{1}{1+b}E(m)+ \frac{b}{1+b}E[E(p)]$$

합리적 기대의 성질상 $E[E(p)]= E(p)$이므로 위 식을 정리하면 다음과 같다.

$$E(p)= \frac{1}{1+b}E(m)+ \frac{b}{1+b}E(p) \Rightarrow E(p)= E(m) \quad \cdots\cdots \text{식 } 3$$

(3) (1)번과 (2)번의 결과를 이용하여 (19-8)식에 주어진 균형국민소득을 구하라.

해설

식 2에 식 3을 대입하면 다음의 균형국민소득 결정식을 구할 수 있다.

$$\text{균형국민소득: } y = \frac{b}{1+b}m - \frac{b}{1+b}E(m)= \frac{b}{1+b}[m - E(m)]$$

이 식에서 $m > E(m)$인 경우에는 균형국민소득 y가 증가한다. 반면 $m = E(m)$인 경우에는 균형국민소득이 변하지 않는다. 이는 예상치 못한 통화정책은 국민소득에 영향을 미칠 수 있으나, 예상된 통화정책은 국민소득에 영향을 미치지 못한다는 정책무력성의 명제(policy ineffectiveness proposition)를 담고 있다.

02. 다음의 정의식을 이용하여 본문에 제시된 루카스 모형에서 완전고용 국민소득수준의 로그 값(y_F)이 0이 됨을 증명하라.

$$y_F = \sum_{i=1}^{N} y_i^*, \quad p = \frac{1}{N}\sum_{i=1}^{N} p_i$$

해 설

본문의 내용에서 상대가격이 상승하면 기업이 선택하는 최적생산량이 증가한다.

개별기업의 생산량의 결정: $p_i - p = \alpha y_i^*$ ………… 식 1

문제에서 주어진 식들은 완전고용국민소득은 개별기업들의 최적생산량의 합으로, 물가는 개별가격의 평균으로 구해짐을 의미한다.

완전고용국민소득: $y_F = \sum_{i=1}^{N} y_i^*$ ………… 식 2

물가: $p = \frac{1}{N}\sum_{i=1}^{N} p_i$ ………… 식 3

이제 식 2에 식 1을 대입하여 정리하면 다음의 식을 얻는다.

$$y_F = \sum_{i=1}^{N} y_i^* = \frac{1}{\alpha}\sum_{i=1}^{N}(p_i - p) = \frac{1}{\alpha}\sum_{i=1}^{N} p_i - \frac{1}{\alpha}Np \quad \cdots\cdots \text{식 4}$$

식 3을 변형하면 $Np = \sum_{i=1}^{N} P_i$이므로 이를 식 4에 대입하면 완전고용국민소득이 0임을 도출할 수 있다.

완전고용국민소득: $y_F = \frac{1}{\alpha}\sum_{i=1}^{N} p_i - \frac{1}{\alpha}\sum_{i=1}^{N} p_i = 0$

03. 소비자의 예산제약식 $C_0+\frac{1}{1+r}C_1=w_0L_0+\frac{1}{1+r}w_1L_1$에서 균형이 대칭적이라 하자. 즉, $w_0=w_1$, $L_0=L_1$, $C_0=C_1$이라면 항구적 기술의 발전이 일어난 후 새로운 균형에서는 ΔC_0와 ΔC_1이 각각 얼마인가?

해설

소비자의 예산제약식에 대칭적 균형의 조건을 대입하면 다음과 같다.

$$C_0+\frac{1}{1+r}C_0=w_0L_0+\frac{1}{1+r}w_0L_0$$

위 식을 정리하면 다음과 같다.

$$\frac{2+r}{1+r}C_0=\frac{2+r}{1+r}w_0L_0 \text{ 즉 } C_0=C_1=w_0L_0=w_1L_1$$

위 식을 변형하면 다음 관계식을 얻는다.

$$\Delta C_0=\Delta C_1=\Delta w_0L_0=\Delta w_1L_1$$

04. 실물적 경기변동론에 따르면 재정적자가 일시적으로 증가하였을 때 고용과 소득수준에 어떤 변화가 기대되나? 만약 재정적자의 증가가 항구적일 때는 어떠한가?

해설

(a) 일시적인 재정적자(단 재정적자는 정부구매의 증가로 발생하였다고 가정한다).
일시적으로 재정적자가 발생한 경우에는 소득효과가 나타나지 않으므로 직접적으로 노동공급 또는 소비계획에 영향을 미치지 않는다. 따라서 정부지출증가로 인해 RAD곡선은 우측으로 이동하지만 RAS곡선은 이동하지 않는다. 이러한 이동으로 생산물시장에 초과수요가 발생하고 이는 균형이자율을 상승시킨다. 이자율이 상승하면 기간간 교역조건 $\frac{w_0(1+r)}{w_1}$이 상승함에 따라 노동공급곡선이 우측으로 이동하며 고용이 증가한다.

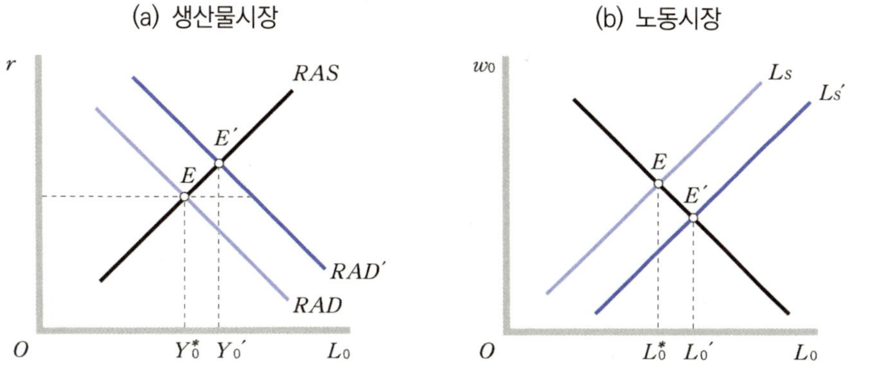

그림 19-4-1 일시적인 재정적자

(b) 항구적인 재정적자

항구적으로 재정적자가 발생한 경우에는 음(−)의 소득효과가 나타난다. 이러한 음(−)의 소득효과의 일부는 노동공급의 증가로 나타날 것인데 이는 노동공급곡선을 우측으로 이동시키며 결국 RAS곡선을 우측으로 이동시킬 것이다. 또한 음(−)의 소득효과 중 일부는 소비를 감소시키는 것으로 나타날 것인데 이는 RAD곡선의 우측이동을 일부 상쇄한다. 결국 재정적자의 항구적 증가는 고용과 산출량을 증가시킨다. 그러나 RAD곡선과 RAS곡선의 이동폭에 따라 이자율은 상승할 수도 있고 하락할 수도 있다. [그림 19−4−2]는 두 곡선의 이동폭이 동일해서 이자율이 불변인 경우를 보여주고 있다.

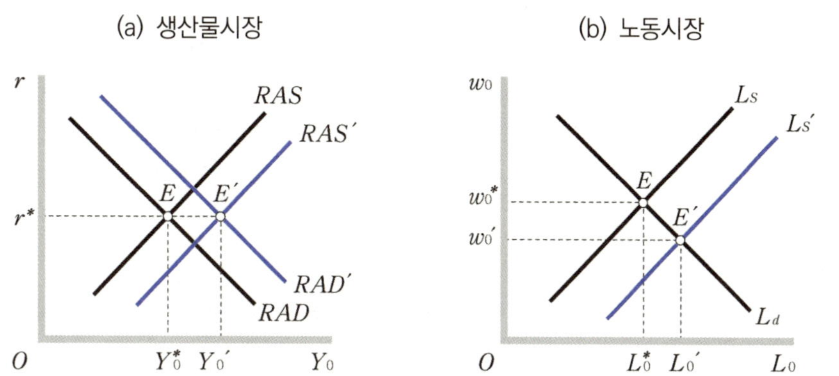

그림 19-4-2 항구적인 재정적자

05. 다음 문장의 진위를 밝히고 그 이유를 설명하라.

"고용수준과 소비는 양의 상관관계를 가진다."

해 설

(a) 기술충격이 일시적일 경우

일시적인 기술충격이 발생하면 노동수요가 증가하며 현재임금이 상승하면서 고용 및 생산량이 증가하므로 RAS곡선이 우측으로 이동한다. 이때 생산물시장에 초과공급이 발생하고 이는 균형이자율을 하락시킨다. 이자율이 하락하면 기간간 교역조건 $\frac{w_0(1+r)}{w_1}$이 하락함에 따라 노동공급 곡선이 좌측으로 이동하며 고용증가를 일부 상쇄한다.

이러한 과정에서 고용이 증가하고 이자율이 하락하면서 소비도 증가하였으므로 고용과 소비간에 양의 상관관계가 나타난다.

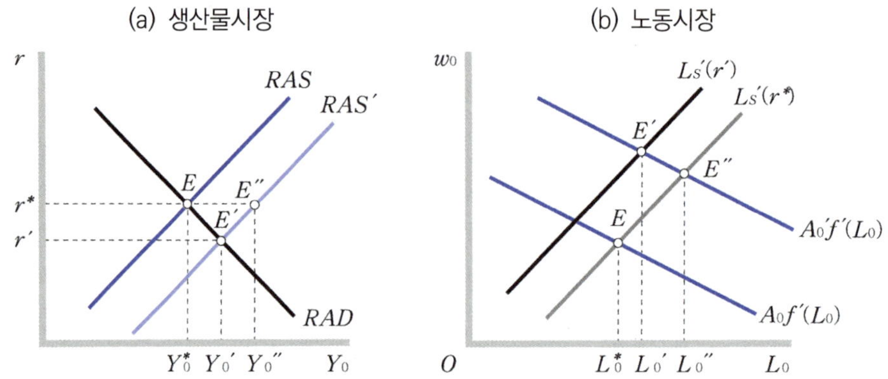

그림 19-5-1 일시적인 기술충격

(b) 기술충격이 항구적일 경우

항구적인 기술충격이 발생한 경우에도 노동수요가 증가하며 현재임금이 상승한다. 그러나 미래임금 역시 똑같은 폭으로 상승할 것이기 때문에 기간간 교역조건(기간간 상대임금)에는 직접적으로 변화가 없다. 이러한 영향으로 현재임금 상승에도 불구하고 노동공급이 불변이어야 한다는 점을 고려하면 노동공급은 원래의 고용수준이 이루어질 때까지 상방으로 이동한다. 그러나 항구적 기술충격이 발생한 경우에는 소득효과로 인해 노동공급이 감소하는 효과가 추가로 나타난다. 이를 고려하면 다시 한번 노동공급이 좌측으로 이동하여 고용은 오히려 감소한다. 그러나 이러한 고용감소의 효과는 기술진보 자체의 효과보다는 작을 것이기 때문에 RAS곡선은 우측으로 이동한다.
한편 소득효과로 인해 소비가 증가하고, 투자도 함께 증가한다면 RAD곡선도 우측으로 이동하게 될 것이다. 이 경우 RAS곡선의 이동폭과 RAD곡선의 이동폭에 따라 이자율은 상승할 수도 있고 하락할 수도 있으나 두 곡선이 동일한 폭으로 이동한다면 이자율은 변화가 없을 것이다.
이러한 과정에서 고용은 불변 또는 감소하지만 소비는 증가한다. 즉 기술충격이 항구적인 경우에는 고용과 소비간에 양의 상관관계는 나타나지 않는다.

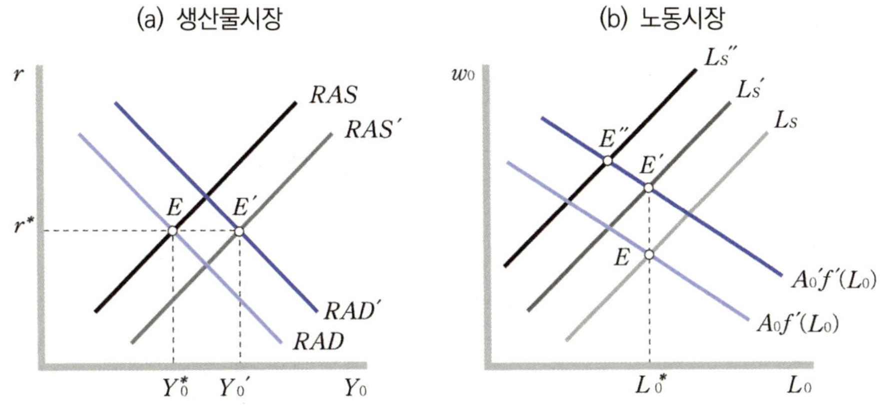

그림 19-5-2 항구적인 기술충격

06. 기술충격이 다음과 같은 시계열상의 패턴을 보인다고 가정하자.

$$A_{t+1} = \rho A_t + u_{t+1}$$

u_{t+1}는 백색잡음이다.

(1) $\rho = 1$일 때 $u_t > 0$이라면 t기 고용상의 변화는 무엇인가?

해설

주어진 식에서 $\rho=1$이라는 것은 기술충격이 항구적인 요인에서 비롯하였음을 의미한다. 이러한 경우에는 t기의 고용에 변화가 증가할 수도 있고 감소할 수도 있다.

(2) 만약 $\rho=0$이라면 (1)의 답은 어떻게 달라지나?

해설

주어진 식에서 $\rho=0$이란 것은 기술충격이 일시적인 요인에서 비롯하였음을 의미한다. 이러한 경우에는 t기의 고용이 증가한다.

07. 다음과 같은 식을 생각해보자.

$$y_t=\rho y_{t-1}+u_t$$

(1) y_{t+T}를 y_t와 $u_{t+i}(i=1,\ 2,\ \cdots)$의 식으로 표시하라.

해설

매기 동일한 관계가 성립한다고 할 때 순차적으로 식을 대입하여 정리하면 다음과 같다.

$$y_t=\rho y_{t-1}+u_t$$

$$y_{t+1}=\rho y_t+u_{t+1}$$

$$y_{t+2}=\rho y_{t+1}+u_{t+2}=\rho^2 y_t+\rho u_{t+1}+u_{t+2}$$

동일한 방식으로 $t+T$까지 확장하면 다음과 같다.

$$y_{t+T}=\rho^T y_t+\rho^{T-1}u_{t+1}+\rho^{T-2}u_{t+2}+\ldots\ldots+\rho u_{t+T-1}+u_{t+T}$$

(2) 어떤 조건하에서 $T\rightarrow\infty$일 때 y_{t+T}를 확률적 교란항 u_{t+T}만의 식으로 표시할 수 있는가?

해설

주어진 조건을 만족시키기 위해서는 $\rho=0$가 성립하면 된다.

08. 실질이자율평가가 성립하는 소규모 개방경제에서 부의 공급충격이 발생하였다고 하자. 신축적 가격을 가정하고 다음의 각 경우에 국민소득, 국제수지, 고용 및 실질임금에 미치는 영향을 설명하라. (힌트: 소규모 개방경제에서 실질이자율평가가 성립될 경우 국내 실질이자율은 전세계 실질이자율에 의해 외생적으로 결정된다).

(1) 공급충격이 일시적일 때

해설

부(−)의 공급충격은 생산성을 하락시키므로 노동수요곡선이 좌측으로 이동한다. 이때 고용이 감소하며 실질총수요곡선이 좌측으로 이동한다. 그러나 충격이 일시적이므로 노동공급이나 소비, 투자는 영향을 받지 않는다. 실질이자율평가가 성립하므로 총생산은 Y_3에서 Y_2로 감소하며 경상수지 흑자폭은 $Y_3 - Y_1$에서 $Y_2 - Y_1$로 악화, 자본수지는 같은 폭으로 개선, 고용은 L_1에서 L_2으로 감소, 실질임금은 w_1에서 w_2으로 하락한다(단 r^*는 외생적으로 주어진 국제이자율이며 편의상 원래 경상수지 흑자를 얻고 상황을 가정하였다).

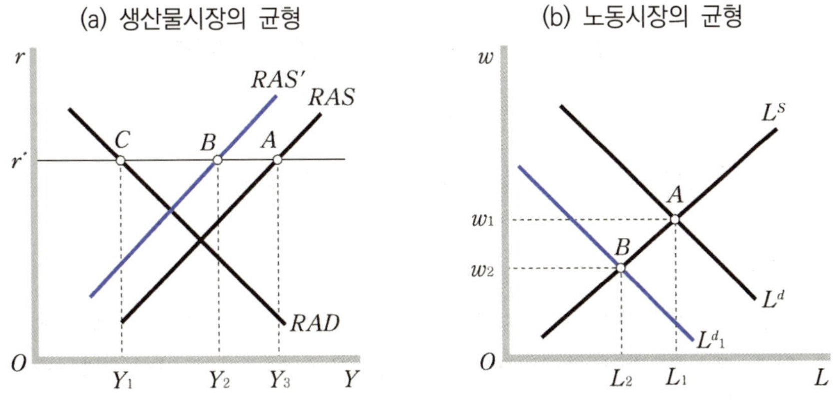

그림 19-8-1 일시적인 부정적 공급충격의 효과

(2) 공급충격이 항구적일 때

해설

부(−)의 공급충격은 생산성을 하락시키므로 노동수요곡선이 좌측으로 이동한다. 또한 충격이 항구적이므로 미래임금의 하락 및 평생부의 감소로 인해 노동공급곡선도 우측으로 이동한다. 결과적으로 고용의 증감여부는 불확실하지만 실질공급곡선은 좌측으로 이동한다. 충격이 항구적이므로 평생부의 감소로 인한 소비감소, 생산성하락으로 인한 투자감소가 나타날 것이므로 실질총수요곡선이 좌측으로 이동한다. 결과적으로 총생산은 Y_4에서 Y_3로 감소하며, 경상수지는 $Y_4 - Y_2$에서 $Y_3 - Y_1$으로 개선 또는 악화, 고용은 증가 또는 감소, 실질임금은 w_1에서 w_2로 하락한다.

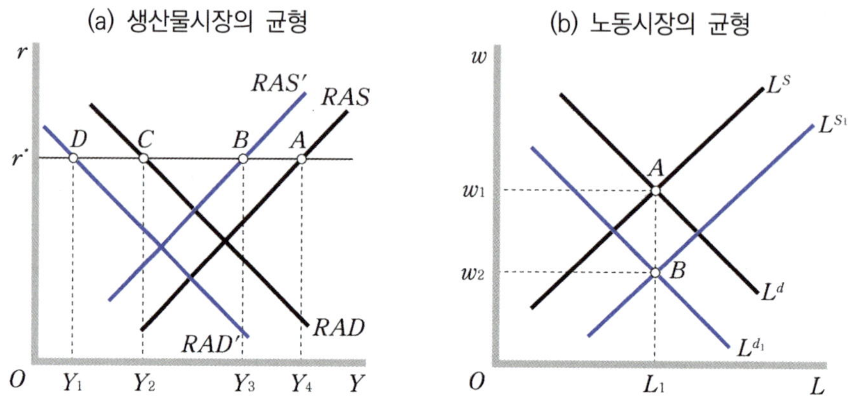

그림 19-8-2 항구적인 부정적 공급충격의 효과

(3) 부의 공급충격이 실현되지는 않았으나 향후 예상될 때

해 설

부의 공급충격이 현재 나타난 것은 아니므로 노동수요곡선은 이동하지 않는다. 그러나 향후 부의 충격이 나타나면 미래시점에서의 임금이 하락할 것이므로 기간대체효과로 인해 현재 노동공급이 증가하며 실질총공급곡선이 우측으로 이동한다. 만약 부의 공급충격이 투자를 감소시킨다면 실질총공급곡선이 좌측으로 이동한다. 결과적으로 총생산은 Y_3에서 Y_4로 증가하며, 경상수지는 $Y_3 - Y_2$에서 $Y_4 - Y_1$으로 개선, 고용은 L_1에서 L_2로 증가, 실질임금은 w_1에서 w_2로 하락한다.

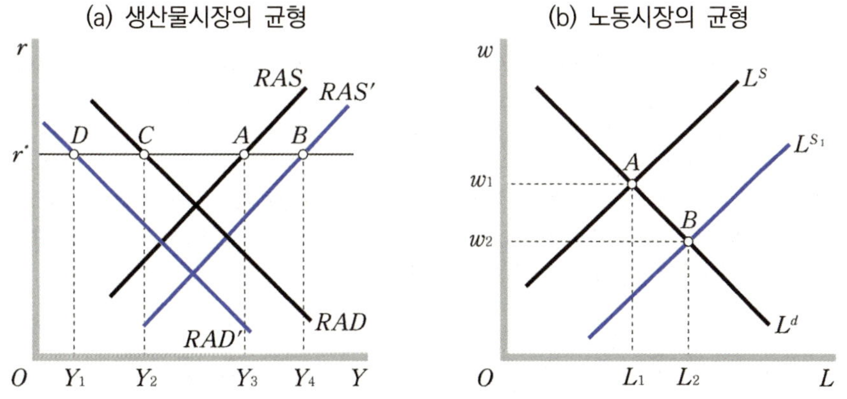

그림 19-8-3 예상된 부정적 공급충격의 효과

저자약력

김경수

성균관대학교 명예교수는 성균관대학교(1988.9~2019.2)와 미 툴레인대학교(1984.5~1988.8)에서 경제학 강의를 했으며 잠시 대학을 떠나 한국은행 금융경제연구원장(2007.3~2011.2)으로 일했다. 서울대학교 경제학과(1978.2)를 졸업하고 미 펜실베이니아 대학교(1984.5)에서 학위를 마쳤으며 국내외 학술지 및 학술서적에 60여편의 거시, 금융, 국제경제학 관련 연구논문을 기고했다. 최근 『팬데믹과 전쟁 이후 국제경제질서 변화와 대응』(공저, 대외경제정책연구원 2022), 두 나라 이야기(한국경제포럼, 한국경제학회 2020) 등을 발표했으며 교양도서 『빅픽처 경제학, 위험한 글로벌시대를 항해하는 기술』(들녘, 2020)을 출간했다. 제48대 한국경제학회 회장과 제22대 한국금융학회 회장을 역임했다.

박대근

한양대학교 명예교수는 서울대학교 경제학과를 나와 한국과학기술원 경영공학 석사(1983.2)를 취득했으며, 미국 Harvard대학교(1989.5)에서 경제학 박사를 취득했다. 그 후 미국 뉴욕주립대학교(1989.9~1991.8) 경제학과 조교수로 재직한 후 한양대학교(1991.9~2023.9) 경제금융학부 교수로 재직했다. 주로 거시경제학과 국제금융론을 강의하며, 국내외 학술지 및 학술서적에 거시, 금융, 국제금융 관련 연구논문을 기고했다. 주된 논문으로는 가계부채의 결정요인에 대한 패널자료 분석(경제연구, 2015), Population Aging and Financial Markets(Seoul Journal of Economics, 2007) 등이 있다. 제7대 한국국제금융학회회장과 제41대 한국국제경제학회 회장을 역임했다.

김진욱

베리타스에듀㈜ 강사는 서울대학교 경제학과를 졸업하고, 동 대학원 재학 중 제40회 행정고등고시(1996년 10월)에 합격하였다. 이후 행정자치부(현 행정안전부)와 정보통신부(현 과학기술정보통신부)에서 근무하였으며, 현재는 베리타스에듀㈜에서 5급 공채(행정고시), 국립외교원(외무고시), 입법고시 준비생을 대상으로 경제학, 재정학, 국제경제학, 통합논술을 강의하고 있다.

주요 저서로는 『경제학의 ZIP』(7판, 네오시스), 『경제학 실전문제집 시리즈』(5판, 필통북스 · 네오시스), 『이준구 · 조명환의 재정학 연습문제 해설집』(6판, 문우사) 등이 있으며, 역서로는 『크루그먼의 경제학 해법』(4판, 시그마프레스)이 있다.

제7판
거시경제학-연습문제 해설집-

초판발행 2009년 7월 30일
제7판발행 2025년 6월 15일

지은이 김경수 · 박대근 · 김진욱
펴낸이 안종만 · 안상준

편 집 전채린
기획/마케팅 조성호
표지디자인 권아린
제 작 고철민 · 김원표

펴낸곳 (주) 박영사
서울특별시 금천구 가산디지털2로 53, 210호(가산동, 한라시그마밸리)
등록 1959. 3. 11. 제300-1959-1호(倫)
전 화 02)733-6771
f a x 02)736-4818
e-mail pys@pybook.co.kr
homepage www.pybook.co.kr
ISBN 979-11-303-2329-9 93320

정 가 18,000원